1880 CENSUS:
BLOUNT COUNTY, TENNESSEE

Transcribed by:

Byron Sistler and Barbara Sistler

JANAWAY PUBLISHING, INC.
Santa Maria, California

1880 Census: Blount County, Tennessee

Copyright © 1980 by Byron Sistler.
All rights reserved. Permission to reproduce in any form
must be secured from the Publisher.

Originally printed, Evanston, Illinois
1980

Reprinted by

Janaway Publishing, Inc.
732 Kelsey Ct.
Santa Maria, California 93454
(805) 925-1038
www.JanawayGenealogy.com

2007, 2013

ISBN: 978-1-59641-166-1

Made in the United States of America

IMPORTANT INFORMATION

You cannot utilize the material in this booklet at all effectively unless you read the following.

This booklet is an exact transcription of the county schedule, household by household. A transcription in sequence from the schedules is very useful in placing the relationships of neighboring families. When the county by county transcription is completed, a state-wide index of heads of household and of individuals whose surnames differed from that of the household head will be prepared to be used either with the printed transcriptions or the microfilm.

Surnames appear in capitals. Where a surname does not appear before the person's given name in a family listing he has the same surname as the entry immediately preceding him. Given names were copied as read with the exception of Francis--Frances to indicate sex of person. Where there is a doubt about gender of a name we have followed it with (m) or (f).

Age of each person is listed after his name. Unless indicated by (B) (Black) or (Mu) (Mulatto), the person is Caucasian (W). In a household, unless a symbol for race appears after a name, person is of same race as the preceding household member(s).

Occupations were shown on the schedules for all persons but young children. These are listed in our transcription with the following exceptions--farmer or farm labor for men and housekeeping for females. Thus, if no occupation is given, farmer or housekeeeper can be assumed.

Illnesses and infirmities at time of the census enumeration are shown as indicated on the schedules.

The place of birth of each individual was to be included on the schedules along with place of birth of each of his parents. We have used standard Post Office abbreviations for the states, except where Tennessee is indicated we simply use a T. If the individual and both parents were born in Tennessee this item is omitted. Also in households where the parents were born in other states but the children were born in Tennessee the birthplaces of the father and mother are not repeated unless there is a discrepancy.

Relationship of all persons in the household to the head of household was to be indicated. We have omitted this where it was obvious that the second person was the wife and succeeding individuals were the offspring of the father. Where identification in this fashion seemed unclear we entered what we thought were appropriate notations.

An example from the transcription (fictitious entry) should be informative:

> SHELTON, George 47 (T AL GA), Susan 37, Bettie 20, Narcissa 18, Mary 15 (KY), Ada 13 (blind); WALKER, Caroline 40 (sister) (widow) (T AL GA), George 21 (nephew); MAXWELL, Eli (B) 35 (farmhand), Louisa 28 (servant); SCRUGGS, Henry 28 (W) (boarder) (schoolteacher), Josie 24 (Henry's wife), Mamie 3 (Henry's dau)

This translates into George Shelton age 47, a white man born in Tennessee whose father was born in Alabama and mother in Georgia; his wife Susan age 37, born in Tennessee and parents also born in Tennessee; George's children Bettie, Narcissa, Mary and Ada. The first two were born in Tennessee, Mary in Kentucky and Ada in Tennessee. Ada is blind. George's sister Caroline Walker lives with the family with her son George (though conceivably George Walker is not Caroline's child). A black man, Eli Maxwell, lives here and works as a farmhand for George Shelton. Louisa Maxwell, listed as servant, is probably Eli's wife, but she could be a sister. The Henry Scruggs family is made rather clear in the schedules, as noted above; they were Caucasian.

Keep in mind that this is a copy from handwritten schedules. Although the condition of the schedules and the handwriting is much improved in 1880 over earler censuses, it is still quite possible to misinterpret individual names (or letters).

Byron & Barbara Sistler

BLOUNT COUNTY

Page 1, District 1

1. HALE, John C. 39 (T T GA), Sarah M. 37 (T VA T), Eliza Jane 17, James S. 11, Samuel H. 8, Laura E. 10, John P. 5, Robet M. 8/12 (b. Sep)
2. RORCH?, J. M. 32, Bell G. 23 (wife), Jennie A. 6, Henry L. 5, Georgia M. 3, Lillie C. 1, COOK, Eli (B) 20 (servant)
3. SHELBY, W. M. 27 (work in flour mill), Laurinda 24, Billy 7 (son), Jonas 2
4. MONTGURVY, W. G. 64 (insane), Mary Jane 55 (VA VA VA), Elisabeth 21, John 19, Margret A. 16, George W. 14, Elbert R. 11
5. ALLISON, G. M. 27 (NC NC NC), Sarah J. 23 (GA GA GA), Nancey A. 6, Caldonia 3, Betty M. 4/12 (b. Jan), MALICOTE, William 17 (nephew) (GA GA GA)
6. McCASLINE, J. W. 32, Arminta 21, Lucinda C. 14, Mary S. 10, Nancey A. 8, Ida B. 1
7. MONTGUMERY, S. 55, Hetty A. 43 (wife) (T VA T), Samuel O. 19, Robert G. 17, Floyd H. 12, Florid A. 10 (dau)
8. HENSON, Archey 47 (NC NC NC), Rebecca Ann 46 (NC NC NC), James Willy 22 (NC), Merit D. 15 (T), Edmond W. 10, John F. 7

Page 2, District 1

9. RHYNER, L. J. 51 (crippled) (NC NC NC), Eviline H. 45 (T NC T), Marthey C. 23, Marnot? M. (son), Lincon L. 18, Mary A. 16, Tennessee A. 13, Phebe E. 10, Minney A. 7, Labom I. 5, Maud 2, FALKNER, Linck 14 (servant?), HOWARD, Alexander 15 (servant?)
10. TAYLOR, John C. 67 (NC NC NC), Ellen C. 51 (wife) (T T SC)
11. GRAY, W. B. 30 (blacksmith), Sarah A. 31 (NC NC NC), Joseph B. 7, John W. 5, Charley F. 4, Cenora B. 2 (son), Rachel 61 (mother), McCALL, John B. 23 (relationship omitted) (work blacksmith)
12. RHYNER, John B. 28 (T NC T), Amanda E. 26 (T AL T), Carles S. 4 (son), Arden L. 2 (son)
13. CALDWELL, Thomas 61 (T VA VA), Mary Jane 55 (T T SC), John 20, Samuel M. 15, William R. 14
14. UDEY, John 47, Marthey E. 32 (wife), Luisa 13, George W. 11, James A. 9, Amor A. 7 (son), William K. 4
15. HENLEY, Frank (B) 38 (T NC T), Darker Ann 35 (T NC T), John B. 12, Kitty C. 9, Orlenia 7, Margret A. 5
16. BREWER, Eligah 28, Mordenia 29 (GA T T), Dolly Ann 5, James Thomas 6/12 (b. Oct)
17. MILLER, Thomas J. 36 (T VA VA), Mary A. 29, Clementine L. 10, William A. 8, Orison L. 4 (son), Dariah Ann 1

Page 3, District 1

18. DEWBERRY, A. S. 45 (teacher) (crippled), (T SC NC), Mary Jane 40 (wife) (T NC T), Florence B. 18, Rachel D. 16
19. WILLIAMSON, Alexander 70 (T NC NC), Mary 65 (T T NC), CRY, Nancey 45 (dau) (widow), William 22 (g son), IDNER?, Andrew 30
20. CRY, John 26, Caroline 26, William A. 8, Samuel H. 6, Nancy Jane L. A. 2
21. SCOTT, Sarah 91 (widow) (NC NC SC), Catheran 65 (dau) (NC VA NC)
22. TULLACH, Samuel 74 (T Scot VA), Catheran M. 68, Hannah Elizabeth 44, John C. 41
23. ARMSTRONG, L. M. 57 (widower), Mary T. 19, Samuel M. 16, William G. 13, Eliza 72 (sis)
24. ARMSTRONG, Robt. 64, Marthey 64
25. BASS, Cooney 28 (T NC NC), Mary E. 22, Eliza D. 6, Phebe E. 3, Caldonia 1/12 (b. Mary), Eliza Adiline 25 (sis) (T NC NC)
26. ARMSTRONG, John M. 31, Mary E. 25, James Robt. 2
27. HEDRICK, William 27, Sarah Ann 26 (T NC T), Hetty J. 8, Magga L. 7, Emiline 4, Marthy Jane 2, Kinney 1/12 (b. May) (dau)
28. RUSSEL, Bartley (Mu) 47, Bety Alvira 36, Hance H. 20, Mathew 15, James H. 12, Elisabeth 10, Ocaner 5 (son), Nancey L. 1

BLOUNT COUNTY (2)

Page 4, District 1

29. NELSON, W. M. 51, Margret Mann 36 (wife), James H. 18, William A. 14, Olivida A. 13, Lula E. 6, Margret J. 4, Ira Francis 3/12 (b. Feb), REEDE?, John W. 33 (bro in law) (carpenter)
30. AKENS, Robert M. 46, Louvenia N. 36 (T NC T), Mary L. 20, Marthey M. 15, Jinney A. 13, Margret E. 12, George C. 10, Samuel R. 8, Nancey L. 3, Lorie Allice 7/12 (b. Dec)
31. CANNON, James H. 39, Sarah A. 38, Marthy Jane 19, William J. 10, Samuel N. 9, Ellen 7, Sallie 6, James P. 3
32. MONTGUMRY, J. H. 70, Sarah B. 60, Jane K. 28, Alvira 26, Henry (B) 24 (servant)
33. HENLEY, Lindy (B) 35 (widow), Washington 12, Milly 10, Mathew 5
34. CAGLE, Allen 31 (T T GA), Marthey I. D. 25, Sarah C. 9, William H. 6, James S. 1, MONTGUMRY, Vig (B) 24 (m) (teacher), Louis 14 (servant)

Page 5, District 1

35. CANNON, Sarah A. 46 (widow), Robrt E. 15 (typhoid), Sarah Adiline 12
36. MONTGUMERY, James W. 30, Marey E. 25, Loria C. 5, Louaner 2, James C. 4/12 (b. Feb)
37. HOWARD, Harison (B) 43 (T NC T), Adiline 27? (wife) (T NC T), Magga E. 12 (dau), Mary Ann 11, Susan 9, William F. 7, Joseph L. 5, Diddy C. 10/12 (dau)
38. MONTGUMRY, C. M. 21, Marthey E. 19 (wife)
39. COOK, Joseph A. 40 (T NC T), Elisabeth E. 32, John A. 12, William W. 10, Flora N. 7, Samuel B. 5, Ida L. 2, James 1/12 (b. Apr), July A. 20 (niece)
40. LOGAN, Leroy 55 (working in mill), Nancy Jane 54
41. TEDFORD, H. C. 56 (T T NC), Elisabeth Ann 56 (wife), Mary Ann 34, Sarah Jane 31, James P. 21, Luiza L. 18, PARR, John 16 (relationship omitted)
42. DUNLAP, Marget L. 21, Sarah Jane 17 (sis), Mary E. T. 15 (sis), HACKNEY, Marthey S. 64 (relationship omitted) (T NC NC)
43. DUNLAP, Aaron L. 59 (carpenter) (T NC NC), Elisabeth J. 42 (wife)
44. SHERREL, John 36, Salena Jane 28, Matildy C. 13, George Thomas 11, William Carvriel? 9, Sarah Elisabeth 7, David Wilson 5, Aaron Alx 2

Page 6, District 1

45. KING, Ephram C. 44 (T NC NC), Malindia 45, Sarah M. 20, William A. 18, Margret K. 15, George W. 11, Elisabeth A. 8, Amanda L. 4
46. HATCHER, E. L. 51, Hannah Jane 48 (wife), Robrt 18, Noah Levi 11, Samuel Huston 6
47. HUTHE?, Elisabeth 69 (widow) (arm broke), Harvy A. 33 (son), HEREN, John 12 (bound)
48. BROWER, William 41, Phebe C. 36, Joseph C. 18, Kickler L. 14 (son), Elisabeth J. 12, Doctor H. 10, Florence U. 4, Saloma C. 2
49. HEFFSTELLER, M. A. 46 (carpenter) (T NC NC), Margrat A. 38 (VA VA VA), Melissa E. 18, Mary J. 16, John D. 14, Sarah L. 12, Robrt M. 10, Lewy T. 8 (dau), Florid A. 6 (dau), Charley E. 2, George Washington 1/12 (b. Apr), BIRD, James L. 22 (servant?)
50. BROWER, James C. 49, Sarah Jane 45, Rachel C. 18, Malindia C. 18, John 16, Andrew J. 12, Joseph 10, Sarah M. 8
51. NATIONS, William W. 44 (NC NC NC), Eliza Jane A. 42 (NC NC NC), James Robrt 14, John Russel 12, George W. 10, Sarah Ann 8

Page 7, District 1

52. BROWER, Stephen M. 26, Nancy M. 25 (VA NC VA), Dancy E. 6 (son), Dockter A. 4, Newton H. 1
53. JOHNSON, H. L. W. 49, Mary A. 47 (wife), Doddridge M. 18 (son), Allice J. 16, Alva M. 13, Marsamna 10 (dau), CALDWELL, Sarah J. 54 (sis in law)
54. BROWER, Nickless 74 (T NC NC), Elisabeth Ann 68 (IN T T), Alexander R. 29, BRYANT, Polly Ann 24 (relationship omitted), BROWER, Albert A. 12 (g son), William 1 (g son)

BLOUNT COUNTY (3)

Page 7, District 1 (continued)

55. WOODS, S. T. 53 (widower), Christopher A. 24, William H. 20, Sarah E. 16, Samuel P. 14, Charles W. 12, James N. 9, Caswell B. 7, WOODES, Jane 78 (mother)
56. RHAY, James R. 26 (married within yr) (T NC T), Cordia J. 21
57. RHAY, John W. 24 (bro--of 56?)
58. JENTRY, Hester 56 (widow), Marthey S. 22
59. HOWARD, Joseph 58, Marry Ann 31 (wife) (T VA VA), Florince 7, Joseph Franklin 3, Joseph 12 (g son), Sarah Jane 8 (g dau), Caswell 4 (g son)
60. HOWARD, Samuel 51, Ann 51 (hemorrhage), James D. 26, Mary Jane 22
61. HOYLS?, S. E. L. 32 (T NC T), Hannah C. 30 (wife), Eliza Jane 11
62. STUART, John A. 45 (blacksmith), Elisabeth Jane 42, John C. 16, Marey E. P. 15, Marthey M. 12, Hariet C. 12, Charles J. 10, Laura E. 17, Ira B. 5 (dau), Ethe A. 5 (dau), Margret E. 3

Page 8, District 1

63. WALKER, James A. 35, Eliza Jane 32, Jenney 10, Osker A. 9, Joseph M. 7, John D. 4, James C. 2, Hamer N. 5/12 (b. Jan) (son)
64. McHALL?, James H. 51, Marthey L. 26 (wife), James E. 19 (son), John C. 8
65. JACKSON, Samuel 68 (SC SC SC), Sarah M. 48 (wife) (NC NC NC), Uarcak C. 21 (dau) (NC), Jefferson B. 18 (NC), Lucy Jane 14 (NC), James Robert 12 (T), George A. 9
66. BINGHAM, W. B. 76 (NC VA VA), Glaphrey L. 27 (dau) (T NC T)
67. STOUT, Samuel S. 67 (T T VA), Sarah 64 (T NC NC), George W. 21, Samuel C. 17 (these 2 were sons)
68. LAMBET?, Levi 42 (T NC NC), Miamia 40 (wife), Ross J. 16, Joseph 14, Margaret 11, John Martin 9, James 6, Hack 4, Mickel G. 2, HOWARD, John 84 (relationship omitted)
69. RIDG, Jacob E. 21, Hanna D. J. 18, John Franklin 8/12 (b. Jun)
70. NELSON, Mary C. 53 (widow) (T SC NC), John M. F. 21, VAUGHN, Joal 94 (SC SC SC) Johannah 85 (NC NC NC) (relationship of these 2 couples omitted)

Page 9, District 1

71. PARTS, Robert 50 (Eng Eng Eng), Margret 48 (Eng Eng Eng), Mary 25 (Eng), William 22 (Eng), John 20 (Eng), Sarah Ann 17 (T), James 15, Robert 8
72. BEST, John F. 38, Virgina 28 (wife), John Ryley 11, Daniel 9, Laria 7 (dau), Betty 2, James M. 36 (relationship omitted)
73. JONES, John W. 40, Hannah 34 (NC VA NC)
74. COLLENS, Mary C. (widow) 38 (T NC T), James J. 17, HUSE, John 78 (relationship omitted) (widower) (NC NC NC), Jackson 47 (son) (T NC T), McINTURF, James J. 23 (relationship omitted), Winney 19 (wife), Ida C. 2 (dau)
75. LANE, James N. 60, Eliza H. 46 (wife), James R. 18, William F. 14, Nancy Ann 12, Eliza L. 10, Thomas H. 8, John Edker 6, Osker M. 1 (son)
76. MELSON, Andrew A. 30, Mary C. 26, Maloge 7 (dau), Minny B. 1
77. MARTIN, William G. 31, Rachel E. 24, Recapey? Jane 4, Mary E. 2, John C. 5/12 (b. Jan)
78. WALLACE, Lewis (B) 47 (AL AL AL), Amanday 36, Edward B. 18, Charley F. 16, Paras 12 (son), Fredrick D. 8, Elisabeth Ann 6, William 3, PORTER, Elisabeth 60 (relationship omitted)

Page 10. District 1

79. MELSON, Lucinda 59 (widow), Jisabell 28, William 25, Ransom 23
79. LARGE, B. P. 26 (crippled), Mary E. N. J. 25, Bruckston 3 (son) (this family was grouped with 79 above, but is a separate family)

BLOUNT COUNTY (4)

Page 10, District 1 (continued)

80. JACKSON, E. S. 33 (T NC NC), Matilda 28 (NC NC NC), Fanney 14 (NC), John Alx 11 (T), Isabell 9, Samuel 4, Franklen 1
81. MACONTURFF, G. A. 50, Margret 36 (wife), Floriance Tenn 6, Safronia 5, George A. 3, Roda 2, Mary Ann 6/12 (b. Feb)
82. WILLIAMSON, L. A. 50 (widow) (NC NC NC), Burnice B. 21 (son) (NC NC NC), John W. 19 (T), Nancy N. 16
83. ROSS, Sarah 52 (widow) (NC NC NC), Lavina N. 18 (T T NC), George Washington 16, Ruthey J. 15 (typhoid fever)
84. HATCHER, William L. 30, Marthey Jane 26 (NC NC NC), Kindrick 8, John J. 5
85. MACONTURFF, A. C. 50, Jane 44, Samuel 13, John H. 8, Laben D. 6 (son), Elisha B. 3, Eliza M. 1, CUMMINS, Sarah A. 12, TUCK, Elisabeth 70 (widow) (relationship of last 2 individuals omitted)
86. GARNER, Temprance 50 (widow) (T SC NC), John R. 16, Marthey Jane 13, Joseph A. 11, BELT, Mary E. 21 (dau), Robert 19 (son), William G. 22 (son?), Lucy Jane 18 (wife of Wm.) (married within yr), DUBERRY, Rachel 81 (relationship omitted) (NC NC NC)

Page 11, District 1

87. COOK, Samuel 46, Jane C. 43 (NC NC NC), Charley M. 21, William T. 15
88. COOK, James A. 17 (T T NC), Marthey 17 (married within yr)
89. NEEDHAM, Thomas 33 (NC NC NC), Louisa W. 25 (T NC T), Becky Ann 9, Loria Tenn 7, Adaline A. 4, SMITH, Margret S. 16 (relationship omitted) (T VA T)
90. McTEER, H. F. 51 (blacksmith) (T T Ire), Elisabeth 42, Hetty Ladora 2
91. BEST, Vaneburan 43, Darly? 40 (wife), Bell 12, Aaron 10, Jacop 8, Jerrey 6, Ladoria 4, Mary E. 7/12
92. DRYER, Samuel J. 35, Pheba Ann 33, William M. 9, Samuel L. 7, Anderson D. 3
93. RHYNER, Elisha 31 (T NC NC), Preshew E. 25 (wife), John Alford 8, Valentine H. 6, Margret Ann 4, Mary Lutish 4/12 (b. May), Mary L. 45 (relationship omitted) (T NC NC)
94. PEDIGO, E. W. 33 (T __ __), Ann Eliza 34 (wife) (T NC T), William Milburn 8, Ellin Ludark 2, HUSE, Sarah M. 45 (relationship omitted) (T NC T), PEDIGO, Sarah E. 25 (relationship omitted)
95. COOK, T. W. 36, Marthey E. 25 (wife), Margaret 3, James M. 1, Margaret 78, Louisa 45, MCONTURFF, Alx 14 (relationship of last 3 individuals omitted)

Page 12, District 1

96. CRISP, Andrew J. 40, Isabell 28 (wife) (T VA VA), James F. 8, Joseph M. 6, Serana K. 5, Caut? 4 (son), George W. 2, Eliza A. 5/12
97. DOWNEY, George T. 27 (T T SC), Tressir P. 29 (wife) (T VA VA), Edde C. 6 (son), William L. 3
98. BRANNUM, Parmer 67 (T VA SC), Sarah 44 (wife), John M. 15, Malinda C. 5
99. THOMPSON, M. A. 50 (widow) (AL T VA), Samuel E. 30 (T T AL), Z. T. 31 (son?), Mary Ann 24 (wife of Z. T.) (NC NC NC), Jason Bell 1 (dau)
100. HENRY, William (B) 40, Hanner Eliza 36, Elisabeth 11, Lidorah A. D. 10, John 7, Mary Ann 4, Susan E. 2, George B. 6/12
101. TULLOCH, Mary A. 62 (widow), James C. 24
102. TULLOCH, William H. 35, Eviline M. 32, Samuel Henry 10, Emma E. 7, Udora Ann 4
103. KALER, George 35, Margret C. 27, Thomas J. 7, Sarah Jane 2
104. MCLALL, Samuel R. 21, Mary Jane 19
105. HEDRICK, Mary Jane 40 (widow) (T T NC), Samuel H. 18, Sarah E. 15, Charley 2
106. CALDWELL, Marget 65 (widow) (T VA VA), John L. 32, Jame N. 22 (son?)

Page 13, District 1

107. STEEL, John W. 60 (NC NC NC), Elizabeth 50 (T NC T), Rebeck 17, Eliza L. 13 (typhoid), Margret L. 10 (typhoid)
108. HOWARD, G. W. 42 (T NC T), Ann Eliza 43, Samuel B. 10, Margret Jane 8
109. RAY, Obediah 47 (T VA VA), Louizy Jane 37 (GA NC NC), Amberce C. 20 (son) (T T T), Denice A. 12 (son) (deaf & dumb) (T T GA), Burton L. 11 (deaf & dumb) (T T GA), Elisabeth C. 9 (deaf & dumb) (T T GA), Evy P. 6 (T T GA), Olly C. 4 (T T GA), TAYLOR, Marthey 24 (relationship omitted), Columbus O. 1 (son)
110. CAPE, Jacob 40 (NC NC NC), Beckey A. 45 (T NC NC), Marthey A. 20, James R. 15, Honey S. 11 (dau)
111. HOWARD, Eupema 64 (T VA T), James C. 40 (son) (T NC T)
150. HACKNEY, Levi 40 (widower) (work in flour mill)
112. STEEL, Eliza 35 (widow), John A. 14, Rebecky E. 13, Marady F. 8 (son), Nancey Ann 7, William T. 5
113. CUMMINS, Jose 32 (f--married) (T NC T), Mary Josie 11, Margret A. 8, July E. 6 (dau), Sarah A. 2, William 7/12
114. ARMSTRONG, James Z. 61 (widower), Lane 25 (son), Margret Jan 20 (wife), Marthey Jane 3 (dau)
115. HOWARD, James 54 (B) (T GA GA), Elisabeth 51, Seeney Jane 21, Jabin M. 18 (son), Eliza Ellen 16, Nancey E. 15, Mary A. 11, William 9, David 5, POLARD, Elisabeth 9 (g dau) (T SC T), Maty A. 6 (g dau) (T SC T), Buler 4 (g dau) (T SC T)

Page 14, District 1

116. MILLER, David P. 50 (GA __ __), Sarah Ann 40, Nancey A. 21 (GA), Mary Jane 19 (GA), James W. 12 (T), Sarah L. 10, Matilda C. 6, Rebeckie 4, Charles Alexander 11/12 (b. Apr), Pehela Megrander 11/12 (dau) (b. Apr)
117. MELSON, Sarah 80 (widow) (NC SC SC)
118. THOMPSON, Lee 34, Sarah J. 26, Idia 8, Rachel C. 7, Ann Eliza 5, Davied F. 3, John Henry 9/12 (b. Feb)
119. MONTGUMRY, A. B. (B) 24, Lucinda C. 26, Louiza 5, Mary E. 3, Adore 1 (dau)
120. SPARKS, Harriet C. 39 (widow) (NC SC SC), Sarah L. 20 (T T NC), General M. 15, Joseph W. 11
121. PASS, Edward H. 44 (T NC NC), Mary C. 39 (T NC VA), Malinda T. 15, John A. 16, Steven 14, William C. 13, Mary R. 11, Lucinda E. 10, Ruphes A. 8, Fanny J. 7, Samiel T. 6, Sarah A. 3, James C. 1
122. VAUGHT, Sarah 75 (widow) (NC NC NC), Andrew J. 47 (T T NC), Richard H. 45, Lenard W. 29 (all blind except Sarah)
123. TAYLOR, William A.? 38, Margret M. 41 (sis), Andrew H. 34 (bro)

Page 15, District 1

124. HOCKENS, Jane 65 (widow) (NC NC NC)
125. FALKNER, Elisha 58 (NC NC NC), Catherine M. 57 (NC NC NC), Abram L. 15, Frances M. 9
126. HASTING, Mary J. 43 (widow), Henry C. 6
127. McHALL, N. W. 44, Mary E. 38, Nancy J. 10, James A. 8, Joseph W. 5, Loria Ann 3, William 5/12 (b. Dec)
128. GRAY, Willice 65 (NC NC NC), Nancey H. 72 (crippled) (T SC SC), Sarah F. 45 (T NC NC)
129. GRAY, Thomas 36 (T NC NC), Catheran W. 40 (T NC T), Joseph C. 11, Hannah 8, Hammer 3 (son)
130. JOHNSON, Eli 76 (T NC NC), Betsy A. 51 (wife) (T SC SC)
131. SMITH, Mary A. 24, HACKNEY, Peba E. 11 (niece), Mary J.? 9 (niece)

BLOUNT COUNTY (6)

Page 15, District 1 (cont'd)

132. JOHNSON, Thomas 38 (T NC T), Sarah Jane 35, Mary L. 15, Robert E. 10, Hugell 6 (son), Luther 2
133. CAYLOR, James 54 (T NC NC), Nancy 55 (T T VA), Marthey T. 32, William 30, Mary C. 27, Sidney Ann 23, John 13
134. RHYNER, Ely 41 (T NC NC), Frances E. 34 (GA NC NC), Alexander L. 14, James H. 8, John R. 5, Martin L. 3, Charley A. 10/12

Page 16, District 1

135. ALLISON, John 78 (NC MD MD), Sarah H. 66 (NC NC VA), Nancy M. 21, Marthey E. 14 (g dau) (T KY NC), Samuel A. 2 (g son)
136. MOORE, Joseph M. 47, Relca A. 47, John H. 21, Marthey M. 18, Ellen C. 17, William H. 16
137. RUDD, Vaughn 54 (NC NC NC), Abiline S. 32 (T NC NC), Harvy J. 12, Marthey E. 10, Peeter 6, Sarah C. 5, Allice L. 1
138. HOWARD, W. B. 34 (T NC T), Mary E. 30, Faid Nelson 8, Milley (B) 10 (servant), Josiah 39 (servant)
139. MORRISON, Jessey 29, Malvinia 28, Texanna 14 (dau), Tennessee 11, George W. 9, William Z. 7, Myalene 4 (dau), Clemantine 2
140. HEDRICK, James 52, Mary Jane 51 (T VA VA), Eliza Jane 17 (T T VA), Robert A. 14 (T T VA); HELTON, Amand 4 (g dau), James 3 (g son)
141. SPRADLIN, John C. 28, Marthy Jane 27, Teranner 3 (dau), Mary 2
142. BRYANT, James 57 (T NC NC), Darker L. 35 (wife) (NC NC NC), James W. 12
143. CLARK, Ellen (Mu) 54 (widow) (NC NC SC), William B. 19 (T NC NC), Mardenia C. (W) 12 (T NC NC) (dau)
144. ALLISON, Jame- A. 39 (NC NC NC), Elisabeth M. 33 (T T NC), Marthey M. 12, Robert B. 10, Sinea Jane 8, William S. L. 5

Page 17, District 1

145. VADEN, Elisabeth 44 (widow) (NC NC NC), Mary M. 22 (NC NC NC), James R. 19 (T NC NC), Lethy A. 15 (T NC NC), Rally C. 14 (T NC NC)
146. McLALL, Mary Jane 59 (widow), James 22, Eliza Jane 20, Robert 16
147. BAKER, Alford 37, Polley Ann 29, Eda Jane 9, Samuel J. 5, John H. 3, Loria Ann 1
148. MARISAN, John W. 52 (T T NC), Nancey C. 40 (wife) (T NC NC), Allice M. 12, Vady? Carline 11
149. DIVINE, Jirock? 29, Sarah 30, John W. 10, Amos 7, Tirzah 6 (dau), Thomas 2
150. NEWBURRY, A. T. 27, Eliza 21, Mary Ellen 2, Jesse T. 7/12 (b. Apr)
151. ARMSTRONG, W. A. 39, Sarah C. 42, Dolley Ann 11; CRYE, G. H. 21 (farmhand), Marthy Jane 18, John R. 15 (relationship of last two omitted)
152. CARVER?, Albert 34 (widower) (T NC T), Margret 13, John M. 11, Thomas M. 9, Sinthey Jane 7
153. RIDGE, David 37, Matilda A. 34 (T NC T), Sinthey Jane 15, Mary A. 11, John Alx. 10, Elisabeth 8, Thomas 6, Dora Bell 5, David C. 4, Hayne R. B. 2, Minny C. 7/12 (b. Oct)

Page 18, District 1

154. BREWSTER, Joseph 46 (GA GA GA), Margret 45 (NC NC NC), George 18 (GA), Thomas 15 (GA), Josies P. 13 (GA), Sarah M. 12 (GA), Georgia J. 10 (GA), Harvy Y. 8 (T)
155. MACANTURFF, Betty 23 (married), Marthey Jane 11/12 (b. Jul)
156. BEST, W. R. 40 (carpenter), Malira T. 27, Ella M. 5, Frances M. 1 (son)
157. ALLISON, William 35 (NC NC NC), Frances C. 25 (SC SC SC), John B. 7, Sarah E. 5, Mary Bell 2
158. ANDERSON, Robert 73 (T NC NC)

BLOUNT COUNTY (7)

Page 18, District 1 (cont'd)

159. BASS, Ami Jane 26 (widow) (GA NC GA), Tildy 8 (T NC GA), Catheran A. 6 (T NC GA), John Grason 5 (T NC GA)
160. BINGHAM, Joseph H. 38 (T NC NC), Sarah 34, Thomas D. 12, Samuel L. 9, Virginia Ann 6, James H. 4, Hannah L. 6/12 (b. Nov)
161. ANDERSON, David K. 36 (T SC NC), Mildred 22? (wife), Samuel P. 11 (son), George W. 10, Amandia E. 7, John H. 4, Marthey A. 10/12 (b. Aug)
162. WELLS, S. M. 50 (T NC T), Nancy Ann 46 (wife), Marthey S. 22 (deaf & dumb), Anderson P. 21, Lulie Tenn 12, Pelik? Allice 10, John B. 3, William L. 18, Hacy Leu Tenn 16 (wife--of William?) (GA GA GA); McLALL, Edd 19 (farm hand)

Page 19, District 1

163. HEDRICK, Thomas P. 67 (work in mill), Saletho 66 (wife), Margret 21
164. SWINNEY, James 62 (carpenter) (NC NC NC), Elisabeth 65 (SC SC SC), Sarah A. 47 (relationship omitted), Mary Elisabeth 13 (dau--of Sarah?) (T NC T)
165. SWINNEY, David C. 40 (NC NC SC), Sarah Jane 31, Andrew Jackson 11, John W. 8, Mary M. 6, Marthey L. 4, William A. 2; DAVIESE?, Mary M. 30 (relationship omitted), John 10 (son) (T GA T)
166. VAUGHN, B. W. 42 (T NC NC), Marthey L. 37, Mary Jane 21, Sarah Ann 18, James Thomas 16, Josh? Edward 13, John M. 11, Barbry Cathelin 9, Margret M. 6
167. WILLOCKS, Samuel T. 24, Amanda S. 25, Coria Viola 2
168. KERKLAND, W. T. 43 (NC NC NC), Mary Jane 37, John W. 17 (NC), George Alx. 15 (T), William C. 13, Tildy Ann 10 (NC), Amanda Jane 1 (T)
169. BEST, F. D. 49, Sarah 44 (wife) (T KY KY), Mary Jane 24, Samuel M. 21, Elisabeth C. 20, Hervorrell 11 (dau), Fanney Ev 8, Rebeca Ann 6, William 1/12 (b. Apr)
170. MOORE, John S. 28, Nancey Jane 25 (T VA VA), Nancy Jane Tenn 7, Pearilee 4, Arther 2, James Harvy 3/12 (b. Mar)

Page 20, District 1

171. FLANAGAN, William 27 (T VA VA), Ava Killer 27, George Alx. 8, John Frank 5, Allice V. 3, Georg T. 1
172. FLANAGAN, James 54 (VA VA VA), Nancey 54 (NC NC NC), SARTER, Thomas 48 (bro in law) (deaf & dumb) (VA VA NC); FLANAGAN, Harvie 12 (g son); GIPSON, John 18 (laborer)
173. FLANAGAN, John 29, Nancey Ann 32, William James 6, Martha Beeter 4, Thomas M. A. 2
174. HALL, George 31 (NC NC SC), Christiania 38 (wife) (GA GA GA), John 13 (NC), James A. 10 (T), Josephine 6, Arvagenia 4 (NC)
175. HARGES, Sarah A. 44 (widow), James D. 16
176. HARGES, William J. 31 (VA T T), Marthey Jane 24, John Thomas 6, Adda Ann 4, Margret Lulia 2
177. MACKMILLENT, Lewis 76 (widower) (SC SC SC), John W. 41, Nancy Jane 38 (relationships omitted--John & Nancy had fathers indicated as from NC)
178. MACKMILLEN, Silis M. 33 (T NC T), Manery Killen 31 (wife) (VA VA VA), Mary Jane 11, John Anderson 8, Martin T. 5, Sarah Adeline 3, Cleranindia 1
179. HERGER, Samuel L. 51 (T NC NA?), Mary L. 41 (wife), Robert S. 20, Mary Ellen 18, Henry Asberry 14, Benjimon F. 13, Nancey E. 11, Sarah Jane 11, Marthey A. 9, Marinda C. 6, John T. 4, Hannah T. 2, Susan K. 2/12 (b. Mar), Elisabeth J. 47 (sis)

BLOUNT COUNTY (8)

Page 21, District 1

180. BINGHAM, W. P. 41 (T NC T), Mary 43, Thomas W. 18, John H. 15
181. HENERY, Joseph N. 31, Margret L. 31, James Montgumery 3, Cavia E. 2
182. KING, Samuel L. 23, Marthy C. 21, Hetty C. 2, Francis A. 1, William 66 (re-
    lationship omitted) (T NC NC)
183. LANE, Dolly (B) 35 (widow), Lemuel 12, Nora 7, John 2/12 (b. Mar)
184. LANE, S. D. 51 (widower), William A. 20, John R. 18, Mary E. 16, James J.
    14, Martha A. 12, Eliza Jane 10, Charles M. 8, Cicero 5, Magga A. 3,
    Malind E. 8/12 (b. Oct); BIRD, Mary Ann 65 (relationship omitted) (T NC
    NC); KERR, John (B) 21 (servant)
185. JOHNSON, Richard H. 35, July 28 (wife)

Page 22, District 7

1. WILSON, James L. 35, Rebecka Jane 22 (wife), Samuel A. 1
2. WILSON, A. J. 61 (widower) (T Ire Ire), Robert H. 32, Mary L. 27, Sarah Ann
    17, William N. 14
3. HARGES, John L. 30, Margret L. 25 (T T VA), Joseph E. 3, Berthe E. 1
4. CHAMBERS, Lafaette D. 32, Salena Ann 30, Mary Ann 10, Samuel K. 9, Hannah
    Leona 7, Sarah Jane 4, Charley Edward 2, James Asker 2
5. PORTER, Marthey Jane 49 (widow), Ann Dadenia 13 (T __ T), William J. 11 (T
    __ T), Joseph A. 7
6. MATTESON, Daniel 37 (T NC NC), Emly H. 34, Alas C. 9 (dau), George W. 6
7. WHEELER, Elisabeth 54 (T VA T), Lucy 40 (sis) (T VA T); HAGER, Jane C. 23
    (relationship omitted)
8. HENRY, Ann 74 (widow), Hetty Jane 35
9. SCOTT, L. J. (f) 44 (divorced), Joseph 24, Ana Bell 16, Charles M. 13,
    William Hasten 12
10. LOGAN, Locky Jane 20 (divorced) (dau--of L. J.?), James Matison 4, Charles
    K. 2
11. HUTTON, John H. 40, Elisabeth A. 35, Jessey Small 3, Nancy S. T. 10/12 (b.
    Aug); HERAN, Granvel 12 (laborer); HUTTON, J. C. 42 (relationship
    omitted)
12. BRYANT, William R. 26 (T NC T), Nancey E. 26, Sarah Ann 8, John R. 7, Margret
    Lee 4, Lilly Bell 2, Eliza Jane 3/12 (b. Mar)

Page 23, District 7

13. MARTIN, James H. 33, Angliner 25 (wife)
14. MARTIN, William 61 (T NC NC), Rebecca 42 (wife), Hilre P. 20 (son), William
    D. 9, Joseph L. 7
15. REDDY, William M. 44 (T VA T), Palian Ann 43, Eliza Jane 15, Joseph Alx. 14,
    Elisabeth L. 11, Loria Leonia 8, James C. 6, William R. 4; HOWARD, Jeff
    39 (relationship omitted)
16. HARDEN, William Z. 54 (NC NC NC), Nancy Jane 47, John P. 20, William Joseph
    16, George M. 14, Leander Z. 13, Cinder Adiline 11, Henry A. 8, Thomas
    C. 5, James D. 2
17. LANE, S. H. 23, Eliza 19 (wife)
18. MILLER, Daniel B. 44 (T VA VA), Elisabeth 55 (sis) (T VA VA), Robert 37
    (bro) (T VA VA), Mary 30 (sis) (T VA VA)
19. WILSON, Gald 64 (T Ire Ire), Delith C. 46 (wife), Jeremiah M. 18, John H. 13,
    Charley R. 10, Hetty Ann 4
20. GEORGE, Smith 57 (VA VA VA), Bitcey 65 (sis) (VA VA VA)
21. HUFSTELER, G. W. 35 (T NC NC), Malisa E. 35, James M. 12, Samuel J. 8,
    Nnonah [sic] Jane 6, Sarah E. 3; PEN, Ella J. 16 (niece)

BLOUNT COUNTY (9)

Page 24, District 7

22. HINTON, H. C. 57 (T VA NC), Dorcas 55 (wife), James E. 20, John R. 17, Samuel G. 13, Lockey E. 10 (dau), Mary R. E. 30 (niece)
23. HINTON, S. C. 26, Celia E. 22 (VA VA VA) (wife), Archimeds 1 (son), BARLEY, Sallie 38 (sis in law) (VA VA VA)
24. HINTON, Henry C. 24, Mary A. 22 (T NC T)
25. HUFFETTLER, D. A. 33 (T NC NC), Hariet M. 31, William J. 13, Mary M. 11, Margret C. 9, George P. 7, Sarah C. M. 3, Dulcey B. 5/12 (b. Jan)
26. HANNAH, C. C. 28 (carpenter), Marthey F. 31 (T NC NC), George Lefaett 10, Sarah A. 5/12 (b. Feb)
27. BAKER, Thomas J. 41 (T VA VA), Margret Jane 43, Mary E. 8, James A. 4
28. MOORE, Soliman 67 (carpenter & farmer) (PA VT DE), Mary A. 57 (PA VT PA), CELLER, W. W. 18 (m) (laborer)
29. GIFFINE, Melvenia 53 (widow), Malisa C. 21, Sarah A. 19, David A. 18, Sevirah Jane 16, OGAL, Andrew 18 (laborer)
30. DOCKERY, William C. 18 (T T VA), Mary Ann 18 (married within yr)
31. McCONNELL, John H. 40, Mary E. 33 (nervy tubel), Susan E. 12, Jenny P. 5, Margret Ellen 3, Anna Bell 1/12 (b. May), GORMLEY, William H. 24 (laborer) (T T Eng), Nancey Hellen 20 (sis) (T T Eng), SMITH, William H. 16 (laborer) (T VA T)

Page 25, District 7

32. SCOTT, Windfield W. 29, Catheron Jane 39 (wife), Flora Mahala 1
33. MEEK?, John F. 61 (carpenter) (Ostrau--Ostrau--Ostrau--probably Austria?), Tennessee B. 47 (wife), Frances Catheline 25, Salmund Antun 21 (son), Nancey N. 19, John T. 5, Halenia Sofiah 6 (g dau)
34. TRICK, Semond 53 (1/2 bro--of 33 above?) (brick mason) (Oustrau-Oustrau-Oustrau); HIRTICE, William 15 (laborer)
35. ROSS, William A. 46, Sarah Ann 45, John B. 18, James C. 12
36. HAMIEL, Hugh A. 35, Clerisa A. 30, Charles A. 9, Lulad Idealia 7 (dau), James Newton 4, Heta Estalia 2
37. CLEMONS, Add 35 (T VA VA), Ethelinda 38 (wife) (T NC T), Marthey Ann 17, Mary Jane 13, Juda 8, Loria Bell 2
38. MACLONAHAN, Mathew 57 (T Ire Ire), Catheran 54 (T KY T), Sallie 15, Bengman 13, David 11
39. BOWMAN, A. J. M. 38, Mary E. 38 (VA VA VA), George E. 15, Mimy John 14 (dau), William R. 12, Hariet A. 10, Lora Bell 7, Hubert Alonzo 5, James F. 2, BARLEY, Magga 24 (sis in law) (VA VA VA)
40. TUCK, Moses 35, Malinda Jane 33, Joseph C. 12, Darker E. 10 (dau), Amanda 8, Mary M. 6, William H. 2

Page 26, District 7

41. CASTNER, Davied J. 41 (T NC NC), Mary Jane 33, Samuel W. 8, Isack C. 6, Maggy E. 5, Frank 3, Homer? 1, Chares 12 (son), MILLER, William 18 (farmhand) (T Eng Eng)
42. BELT, Sarah W. 43 (widow), Mary Ann 20, William T. 19, Pcba 83 (mother in law) (NC NC NC)
43. HENRY, Spencer 74 (minister) (T T NC), Elisabeth 73, Catheran 50 (dau)
44. HENRY, Samuel 45, Mary S. 40, Floriance Jane 13, Loria A. 11, Minney Bell 10, James S. 8, Eva J. 4, Ella O. 1
45. POTTER, David R. 37 (widower), Sarah 39 (sis), George W. 14 (son), Sarah C. 12, Hannah C. 11
46. BINGHAN, B. J. 45 (T NC T), Marthey C. 39 (T KY T), Samuel L. 14, Mary H. B. 12, James T. 9, Louis L. 7, Sarah E. 4, Eliza A. 4

BLOUNT COUNTY (10)

Page 26, District 7 (continued)

47. GRIFFITTS, Simeon 36 (work in flour mill) (T VA T), Mary C. 34, David H. 7, Edgar 5, Sallie Luenna 2, R. J. 50 (relationship omitted) (m) (works in saw mill) (KY VA T)
48. FERR, William H. 28, Margret F. 26 (T NC NC), Alalomia 9 (dau), Daniel C. 7, Charley R. 4, George B. 2, Leora C. 1

Page 27, District 7

50. GRIFFITTS, S. J. 51, Ruthey Jane 53 (wife), Mary A. 20, Lucy Carline 18, George Alx 17, Elizabeth 15, Samuel 11, Vicey 9 (dau)
51. BUMGARDNER, Casper 45 (carpenter) (VA VA VA), Becky Ann 45 (T NC NC), Louvena Jane 17, Susin E. 15, John Riley 12, Mary Eveline 10, Marthey J. 7, William C. 3
52. WALKER, Hiram 60, Nancey Jane 50 (wife), HARGES, Robert 16 (laborer)
53. WALKER, Marinia 49, Betcy 40 (relationship omitted)
54. FORTNER, Daniel 54 (VA VA VA), Elizabeth J. 45 (VA VA VA), Nancy Jane 26, Robert A. 15, William L. 10, Joseph F. 8
55. FORTNER, James H. 26 (T VA VA), Hariet Delila 28 (NC NC NC), Sarah B. 12 (NC), Jesse F. 9 (T), William G. 5, Lavesey 2
56. BEST, M. C. 41 (farmer, dry goods merchant) (T NC T), Luticia 43, Joseph 19, Riley F. 14, Charley 5, Adell 6, Floriance 4, Doria 6/12 (b. Dec), MOORE, Canzady 15 (servant) (T NC T)
57. BROWN, J. O. 27 (T VA T), Sarah Jane 22, Neoma Treusend? 2, Otis Eliza 1
58. DYER, Bengimon 50 (T VA T), Mary Ann 31 (wife), William L. 13, Eliza Jane 11, Margret M. 9, Lew E. 6 (dau), Eviline 3

Page 28, District 7

59. GILEST, T. J. R. 39 (T NC VA), Marthey A. 37 (wife) (MO NC T), Theodocia 8, Ellalaridy 6 (dau), Leander R. 5, Urscha? 2 (son), Elisha C. 9/12 (b. Aug)
60. McGHEE, Robert J. 21, Margret C. 24, Pery Moutherey 2
61. HANNET, A. B. 48 (carpenter), Mary L. 44 (T NC NC), Marthey A. 20, Elizabeth A. 13, POLAND, George 22 (relationship omitted) (AL T T)
62. ANDERSON, A. C. 44 (T NC T), Margret C. 37 (wife), Robert H. 20, Mary L. 18, James M. 16, Gilbert A. 12, Amand P. J. 7, Edy 5 (son), William A. 10/12 (b. Apr)
63. HANNAH, J. A. 37, Elizabeth A. 34, Sarah Jane 12, Isack A. 9, Marget S. 6, Marthey L. 4
64. HUFFSTELER, J. P. 23, Mary 19 (married within yr)
65. LAWSON, B. A. 27 (work in Patt Fackter) (T T KY), Jenny C. 26 (wife), Mary Ann 7, Ida Bell 5, Minny Luzarda 4, Charles W. 2
66. MORTON, John 51 (blacksmith), Mary 35 (wife) (NC NC NC), G. W. 25 (m) (relationship omitted), (blacksmith) (T T NC), Anna C. 17 (wife) (married within yr) (T T NC), Thomas 30 (mecanick) (relationship omitted), John F. 21 (work in shaw? shop) (relationship omitted), Mary Ann 16 (wife), John D. Alx 1 (son), James A. 1 (son)

Page 29, District 7

67. HUFFSETLES, Ely 49 (T NC NC), Mary Ann 45 (T NC NC), Ely M. 17, Shermond J. 13, William M. A. 11, Mary Conder 8, Andy R. 6, Marthey Newsmid? 4, Charley E. 2, Burta Irenia 2/12 (b. Mar) (son)
68. JAMES, John 46 (Scot Scot Scot), Sarah D. 43, William J. 13, Elizabeth 14
69. CASTNER, H. M. 35 (T NC NC), Margret L. 25, James A. 9, Nancey B. 7, Mary Lutishia 5, BEST, Marthey T. 20 (sis in law), Loria Canser 18 (sis in law), Martin Luther 14 (bro in law)
70. CASTNER, H. S. 31 (T NC NC), Adiline 23, Ira D. 4, Samuel R. 3, Phillip 1

Page 29, District 7 (continued)

71. CARPNTR(CARPENTER?), Elisha 62 (NC NC NC), Elisabeth 59 (T NC T), Melvin 22, WILKESON, Margret 15 (g dau), John 17 (g son), Jose M. 12 (g son), Elisha 9 (g son)
72. CARPENTER, Elias 31 (T NC T), Sarah E. 29, Lemma 8, Idea 6 (dau), Samuel P. 4, Magga Jane 6/12 (b. Nov)
73. POWEL, James K. 35 (work at bank) (GA NC NC), Area T. 36 (wife) (GA NC NC), James E. 10, John S. 6, Nora M. 4 (GA)
74. CASTNER, Mary 65 (widow) (NC NC NC), Asberry P. 25 (T NC NC), William S. 21, Abbit M. 19 (son), Margret 28, Cowan R. 6, Charles Edger 4

Page 30, District 7

75. CARPENTER, John 36 (T NC T), Malica Ann 30, William M. 10 (blind), Samuel R. 9 (blind), Sanders C. 8, Loroa Jane 6, George D. 4, Mary E. 2
76. WILSON, B. W. W. 40, Marthey Ann 40 (T NC NC), Mary C. 13, Luvicy S. 11, Ellen 9, Jabermelky 6 (son), Loria A. 4
77. HUFFSTELER, Mikel 80 (widower) (NC NC NC), MARTIN, Sarah A. 42 (dau) (T NC NC), (widow), John 15 (son?)
78. MURPEY, James P. 30 (SC Ire SC), Mary Jane 34 (T NC NC), William 14 (T T T), John C. 7 (T SC T), Bual Alison 4 (son) (T SC T), Margret E. 1 (T SC T)
79. BEST, A. J. 40 (T NC NC), Sarah A. 35 (T __ __), Margret E. 17, Sarah S. 15, Elisabeth E. 13, Charles L. 10, Clerice Bell 7, Mikel A. 5, Ida F. 4, Lulia May 1, THOMPSON, Thomas 36 (laborer), BEST, Jacop 17 (nephew), Frances 50 (mother) (NC NC NC)
80. HANNAH, John A. 68 (T T NC), Marget 67 (T VA VA)
81. ROSAR, Charles 23, Mary Jane 23, Margret N. 1
82. CARPENTER, T. D. 53 (NC NC NC), Marthey Jane 53, BEST, C. 27 (son in law) (T NC T), Mary E. 18 (dau), Waran D. 7/12 (b. Oct) (son--of Mary?), CHAPMOND, James 23 (laborer)

Page 31, District 7

83. RAULSTON, W. H. 50 (T VA T), Susan E. 40, Mary Jane 22 (niece), William A. 6 (nephew)
84. POLAND, Robert 26, Mary E. 22, Busty J. 9/12 (b. Sep) (dau)
85. POLAND, Mary 59 (widow), Clory Narcisa 20, John H. 18
86. BEST, Caleb 60 (NC NC NC), Elisabith H. 58 (T NC T), Sarah E. 19, LEAFTOLLER, William 12 (laborer)
87. BEST, William D. 30 (T NC T), Nancey E. 28, Mary C. 8, Sarah Idenia 5, Margret Irenia 2
88. CUNNINGHAM, H. J. 26, Hetty E. 20, Mabell M. 3, Margret Lutishia 1
89. CUNNINGHAM, Jane 44 (widow) (T NC NC), Sarah C. 15, John J. 17
90. STALIONS, John 60 (NC NC NC), Isilelia 55 (NC NC NC), Ellen 22, Marsel Ellice 17 (son)
91. STALIONS, John M. 37 (T NC NC), Matildia 48 (wife) (T NC NC)
92. PANNELS, Bengimon 25, Sarah A. 21 (T NC NC), Floriance E. 4, Loria Bell 2
93. CUNNINGHAM, E. 33 (carpenter), Marthey Jane 44 (wife), Isilalia 17, William R. 8, Osker 5, Eligah 3, Marthey 1
94. CUNINGHAM, Alfred 70 (T __ __), Mary 60 (wife), Joseph R. 19, Alford 17, Mary C. 16
95. CUNINGHAM, Moses 33, Sarah Jane 21 (wife) (T AL AL)

Page 32, District 7

96. CUNNINGHAM, Christ 26 (blacksmith), Tennessee 20, Charles L. 5, Minny Bell 6/12 (b. Dec)

BLOUNT COUNTY (12)

Page 32, District 7 (continued)

97. CARPENTER, Andrew 27 (T NC T), Marthey D. 26 (T T VA), Susan Eviline 5, Stuart W. 2, Leander Pope 10/12, FOX, Cornelies 72 (father in law), Eviline 66 (VA VA VA)
98. McCLONNELL, J. H. 42, Margret J. 37; HENRY, Luisas J. (B) 15 (servant) (T VA T), James K. 12 (servant) (T VA T), Thomas D. 7 (servant) (T VA T)
99. CLARK, George A. 42 (T SC VA), Marthey E. 42 (GA NC NC), Henry L. 19, Sarah E. 18, General B. S. 14, Sithey E. 13, Margret D. 11, Tennessee C. 7, Anna J. 6, Nancey M. 3, Serepta Lenard 3/12 (b. Feb) (dau)
100. HUTTON, Jones C. 36, Alabama T. 27, Marthey E. 8, Luby E. 7 (dau), Nancey A. 5, Joseph C. 3, Thomas M. 1
101. ROLLINS, William 30, Catheran 29, John 8, Walker 5, Pugh 3, Joseph 1/12 (b. Apr)
102. DAVICE, P. L. 59 (NC NC NC), Sarah Ann 55 (T VA VA), James M. 21 (NC NC NC), Albert S. J. 18 (T NC T), Emma L. 16 (T NC T), Lula E. 15 (T NC T)
103. JONES, James M. 35, Sarah 45 (wife) (T VA VA), Mary E. 24, Tilla Catharine 22, Cava Alvira 20, Peggy Ann 13, Eliza Jane 11, Eviline 8, Amanda N. 5, Nancy E. 2

Page 33, District 7

104. KAGLEY, W. L. 38 (VA VA VA), Elisabeth Ann 37, Mary Jane 13, David Riley 9, Sarah Luvenia 9, James A. 8, Nancey Rosey Bell 6, Lucie Lorinda 2
105. GARDNER, Jones R. 31, Susaner 30, George M. 7, William D. 2
106. GARDNER, Thomas M. 35, Mary A. 29 (T NC T), David Alx 9, Arther A. M. B. 2
107. BUMGARDNER, James R. 23 (T VA T), Cordelia A. 20 (MO T NC)
108. ROBBINS, John 52 (NC NC NC), Sarah D. 46, Margret 22, Finley A. 21, George 18, Thomas W. 14, Sarah L. 12, Andrew C. 9, Mary Jane 9, Phronia A. 6
109. KAGLEY, S. A. 27 (T VA VA), Marthey C. 24, Mariler H. 2 (dau), James S. 1
110. KAGLEY, A. A. 30 (VA VA VA), Margret J. 32; HERAN, Jery M. 8 (relationship omitted)
111. LONG, James L. 44 (T SC T), Jane 44 (T VA VA), Jacope L. 17, John H. 16, William H. 15, Marthey E. 12, Joseph W. 10, Polly Ann 8, Sarah E. 6, Alford R. 5

Page 34, District 7

112. LONG, George C. 20, Mary E. 21, John T. 1
113. KAGLEY, J. D. 26 (T VA VA), Evilindia 26, Susin E. 3, Mary Jane 1
114. KAGLEY, Lovenia 60 (widow) (VA VA VA), Margret M. 39 (VA VA VA)
115. BUMGARDNER, David K. 38 (VA KY VA), Rachel A. 36 (T NC T), Eliza S. 12, William D. 9, Granvil A. 7, Taylor Johnson 5, Loria A. 2
116. GARDNER, David 63 (T SC PA), Nancey 60 (T NC NC), William L. 23, Andrew J. 19
117. GARDNER, John B. 29, Luisa A. 29, Nancey M. 8, Robert Jachron 6, William R. 4, Margret E. 2, July S. 2/12 (b. Mar)
118. TAYLOR, James 59 (T NC Ire), Cath-ran 54 (T GA GA), David B. 20 (rumatis), James C. 17, Susan R. 15, George W. 12, Charley B. 8
119. HANNAH, John H. 37, Margret L. 36, Marthey E. 13, Iola Bell 11, Mary L. 8, Sarah 3, Bengiman L. 1
120. BLEVENS, Henry 38 (carpenter), Margaret C. 39 (T NC NC), Mary Ann 13, Samuel J. 11, John M. 8, Lilly Jane 5
121. TAYLOR, Isoah? W. 30, Mary Jane 31, Viola M. 7, Ella Enlene 4, Ida Florence 2

Page 35, District 7

122. BLEVENS, John 33, Margret 28, Sarah C. 11, Mary M. 7, Lucy 6, Charley 4, Kitty Ann 2
123. HODGE, H. J. 43 (unal carding), Dolly C. 30, Jennie 16, Minnie 12, Lorie E. 10, Lucy L. 6, Jessy A. 6/12 (b. Nov)

BLOUNT COUNTY (13)

Page 35, District 7 (cont'd)

124. GARDNER, George 27, Mary L. 22 (T NC T), Clarah E. 4, Loria Rosey Bell 6/12 (b. Nov)
125. WHITEHEAD, S. W. 29 (T __ T), Matilda 27 (wife), Sarah 6, William 4, Dash 2 (dau)
126. BEST, Christifer 57 (NC NC NC), Mary L. 44 (wife) (T NC T), Andrew B. 19, Jacob S. 17, James M. F. 15, Elisabeth Jane 13, Nickel C. 11, Margret L. 4, Daniel Lawson 5/12 (b. Jan)
127. BLEVENS, Clark 68 (T T VA), Matilda 56 (wife) (T VA T), Kithy Ann 16, John 10 (g son)
128. BLEVENS, Matison 24, Hetty 20, Frank 3
129. THOMPSON, Mary 68 (widow) (T SC SC), Margret 38 (T SC T), Martin 34, John 32, Carline 30, George 27; BARON, Marth Ann H. 6 (g dau), Sarah Hesnia 4 (g dau), Mary Elisabeth 2 (g dau)

Page 36, District 7

130. BLARE, Haston 25, Hannah E. 23, Lucy Ann 7, July 5, Sherwood 3, Charley Alx 1
131. BRIT, Jack 50 (idiotic), Becky 49, Isach 15, Rachel 13
132. TAYLOR, Bengiman 52 (T Ire Ire), Nancy 45, Isack 11, Timothy Alison 9, Sarah C. 6, Wilhamina Lutisha 4, Stirland M. 2
133. THOMPSON, Amos 66 (T SC SC)
134. DOWNEY, John A. 34 (T T SC), Nancey 27, Betty Ann 13, William Garner 10, Tildy C. 8, Mary Jane 3, James M. D. 1
135. RORER, William R. 22, Mary H. 17
136. MURR, Alexander 50 (T __ __), Mary Jane 37 (wife), John H. 15, Marthey E. 12, Ogal J. B. 9 (son), George Alx 4, Charley 2
137. GRINDESTAFF, William 33 (potter), Cancer 21 (wife), Ida Ann 5, Maney Elizabeth 3
138. ROOR?, Daniel 59, Sarah 58, Ester 25, Peter 23, Isack 22
139. MOORE, Mahaley 45, John Martin 11 (son)
140. KAGLEY, John 43 (rumatis) (VA VA VA), Polly 60 (wife) (VA VA VA), Steven M. 21 (son)
141. McGHEE, John 55, Margret 56 (T KY T), Sarah M. 13

Page 37, District 7

142. McGHEE, James B. 27, Emmely 25, Camiel Milbern 3 (son)
143. TAYLOR, B. C. 29 (T NC T), Caphira L. 30, James M. 7, Lorie R. 4
144. TAYLOR, Sarah M. 62 (widow), Hugh J. 21, July Alice 18, Sely Tenn 16
145. TAYLOR, John 22 (NC NC NC), Nancy 27 (NC NC NC), Nelly 1
146. KEGLEY, W. W. 29 (VA VA VA), Nancey Jane 36 (wife), Marthey E. 10, Samuel H. 7, Joseph F. 4, George W. 1
147. KEGLEY, Joseph 66 (VA VA PA), Mary 63 (VA VA VA), Isack A. 18
148. GARDNER, Robert S. 21, Sarah 20
149. KEGLEY, Absalom 38 (T VA VA), Eliza Rebecka 30, Mary E. 9, George R. 7
150. PETTY, R. P. 42, Sarah A. 38 (wife), Avry N. 13, George M. 12, Celey A. 10, Elzniah 5 (dau), FAISTES, Malisa J. 22 (step dau)
151. AUSBERN, George 54 (NC NC NC), Sarah E. 43, Charles F. 18, Bengimon A. 14, George E. 11, Vaime? G. 8 (son), Robert S. 5
152. KERR, Marthey A. 28 (widow) (T T NC), David 17 (stepson), John 8 (son), Elisabeth 7, James 4, Nancey 1

Page 38, District 7

153. MARLIN, Sallie 60 (widow), Daved C. 21, James M. 18, Nancey M. 14

BLOUNT COUNTY (14)

Page 38, District 7 (cont'd)

154. TULLOCH, John M. 40, Sarah C. 37, Cornelies 6, Rossey Jane 2, COLLENS, Lilly 20 (boarder) (IN IN IN), BUMGARNER, Josape 22 (laborer) (T VA T)
155. KERR, James M. 70, Elisabeth 69 (T NC NC)
156. KERR, William R. 27, Leora Ann 25, James C. 4, Marthey C. 2
157. McGHEE, Robert 45, Margret 34 (wife), William 12, Ladoskia 7, Eliza A. 4, Charles 2
158. MARTIN, Moses 69, Selia 65, John W. 23, Lucy L. 20, RIDDLE, Union 24 (m) (laborer)
159. RIDDLE, Amos 70, Nancey 65, Jane 35, Mary 20, Sabrenia 8
160. McGHEE, William W. 40, Eliza E. 28 (wife), Mary S. 3, Clery M. 1, Mary Ann 70 (mother) (T VA PA)
161. HOLIDAY, Mary 66 (widow) (Eng Eng Eng), Ellen 29 (T Eng Eng), Kuston 6 (g son)
162. GOLDINS, James 47 (minister) (Eng Eng Eng), Mary 34 (wife) (Eng Eng Eng), William E. 14, Ann Eliza 11, Joseph F. 10, James J. 6, Edward C. 3, Mary L. 1
163. STALIONS, James? F. 25, Catheron 21, John A. 5

Page 39, District 7

164. GIFFIN, Rorbet J. 25 (crippled) (IL T T), Marthey Ann 21, Prinston M. 4, David B. 2
164. DOWNEY, Tildy 69 (widow) (T NC NC), Becky 45, Rich 19 (g son) (this family was included in 164 above, but evidently should be separate)

Page 1, District 2

1. HACKNEY, Hugh 50 (T T NC), Elizabeth 59 (wife) (T PA VA), BOWERMAN, Francis 54 (bro in law) (T PA VA)
2. HACKNEY, Michael 32, Elizabeth 33, Hugh B. 7, John F. 6, Lou May 4, LANE, Rachel 22 (servant?)
3. FARR, William L. 27, Fannie L. 23, Mary M. 6, Elizabeth L. 4, William B. 2, Elizabeth 48 (mother)
4. DONALDSON, Samuel 64 (T VA VA), Rachel 53 (wife), Theodore F. 29 (physician), Harlen J. 26, John W. 23, Buena Vista 20, Adison S. 15 (abscess)
5. PESTERFIELD, James 28, Elizabeth 28, Daniel B. 8, William S. 6, Nathaniel H. 4, Mary Ann 2, Washington J. 2/12
6. LINGINGFELTER, Samuel 52, Elizabeth A. 49, Isaac S. 20, Elizabeth R. 18, Margaret R. 16, Sarah E. 7, PESTERFIELD, Henry 23
7. LEWIS, Samuel 43, Mary N. 40, Sarah D. 14, Robert H. 13, John J. 11, Elizabeth 9, Catharine 7, Josephine H. 5
7. COX, Elihu 50 (NC NC NC), Mary 45 (NC NC NC), Siras 14 (NC), Sarah 12 (NC), Garney? 10 (NC) (these were listed with 7 above, but apparently a different family--head was possibly hired man to #7)

Page 2, District 2

8. HACKNEY, James T. 31, Eliza A. 26, Sarah E. 2, Robert L. 6/12
9. HACKNEY, Susan 56 (widow), Mary J. 28, Amanda C. 22, Caledonia 13, HICKMAN, Thomas 20 (relationship omitted), Allen 9 (nephew)
10. HACKNEY, Thomas T. 24, Annis T. 23, Ida L. 10/12
11. SPEARS, Wm. W. 29, Mary J. 27, Arther 2
12. HUNT, Luther 31, Nancy A. 30, John R. 8, Robert N. 7, Sarah B. 5, Abram L. 2, Francis 1
13. RUBLE, John 38, Nancy O. H. 28 (wife), Houston R. 11, Mary J. 8
14. PARKES, Joseph 58, Nancy J. 57, Rebecca L. 20, Mary E. 18, Laura E. 15

BLOUNT COUNTY (15)

Page 2, District 2 (continued)

15. PARKES, Calvin 55, Viney E. 50, Susan 22, Eliza 19, Melissa 15, Calvin T. 10
16. PARKS, Abner 31, Ann 27, William 7, Lister 3 (son), Edgar 8/12
17. DOCHREY, George (Mu) 57 (NC NC NC), Margaret A. 35 (T VA VA), Margaret A. 13, Laura B. 8, Rhoda J. 7, George P. 3, John E. 1 (birthplaces of these children not given)

Page 3, District 2

18. GREER, Samuel L. 47 (T NC T), Elizabeth C. 41, Abraham L. 19, John S. 16, Amanda N. 13, William A. 8, Samuel E. 6, Roy 6/12
19. WINTON, Wm. H. (B) 25 (boatman), Sophia A. 26, Lucinda J. 14, Amanda 6, James N. H. 4, Anice M. J. 2, Florah E. W. 8/12
20. NELSON, Carrie (B) 57 (blacksmith), Arminty 50 (wife), Harriet 23, Henry 19, Jacob 16, LEEPER, Laurena 19 (niece), Edward 16 (nephew), Martha 13 (relationship omitted), John 3 (g son) (note--birthplaces of parents omitted on all members this household)
20. GREGG, Leason F. (W) 26 (clerk in store) (T NC T), Sarah A. 26, Robert F. 2 (this family grouped with 20 above, but should be separate, we think)
21. SPENCER, John 23, Rosey L. 20, Callie J. 2, Charles E. 3/12
22. ENDSLEY, Alexander 54 (T NC T), Nancy E. 30 (dau), Ephraim L. 26 (son), Francis M. 22 (son), Mary A. 20 (dau), Wayne A. 19 (son), Margaret C. 17 (dau), Hester L. 16 (dau), Alexander R. 14 (son), Sophronia J. 12 (dau), John C. 10 (son), Rachel L. 8 (dau)
23. GRIFFITTS, Phebe 56 (widow), Sarah 43 (dau), John V. 32, James A. 21, SPEARS, Rebeca J. 45 (servant?), Wm. B. 22, Elkana 20 (m)

Page 4, District 2

24. WARREN, Riley P. (B) 27, Susan A. 24, Thomas G. 7, Laura E. 5, Mitchel H. 4, David L. 3, Harris E. 1
25. JONES, Wm. L. 47, Easther N. 48 (IN OH T), Lydia J. 9, Luvenia T. 6, Frank N. 3
26. GOODMAN, Wm. H. 60, Rebecca 45 (wife) (NC __ __), Mary J. 19, Melissa S. 18, Wm. B. 14, Granvill 12, George E. 6, Martha Ann 2
27. GARDNER, Wm. 61 (T NC PA), TOMPSON, Jane 53 (sis in law) (T NC NC), Sarah 12 (cousin), Mary 10
28. BOWING?, Hartsell 64, Martha 57, Tennessee 25, James R. 23, Blount H. 21, Nancy E. 19, Laura E. 16
29. BEALES, Thomas 43 (NC T NC), Barbara J. 51 (wife) (T VA T), George F. 21, James A. 20, Ulisses Grant 14, Samuel H. 12, WALKER, E. (B) (f) 16 (servant)
30. HALL, James M. 24, Mary J. 18
31. COOK, Thomas 21, Eliza C. 24
32. JACKSON, Charles 48 (T T NC), Mary A. 38 (NC NC NC), Samuel T. 13, George W. 10, Texana J. 8, Laura J. 6, Andrew 4, Henry 2

Page 5, District 2

33. HAYWORTH, Mary M. 33 (widow), John H. 7, Albert W. 6, Robert F. 4, Lydy E. 2
34. GRIFFITTS, Anderson (B) 47 (GA __ __), Lucy J. 24 (wife) (SC __ VA), John E. 6, James W. 2
35. PARDNER, Mathew A. 37 (T TX T), Elizabeth E. 26 (wife) (VA VA VA), Thomas F. 6, Louvisior N. 5 (dau)
36. ADAMS, Gelespie 42 (T T Ire), Nancy 31 (wife) (T __ __), John W. 13, Cornelius O. 11, Lillie B. 6, Elizabeth A. 5, Paralie 2
37. JONES, John 75 (T __ __), Catherine 53 (wife) (Ire Ire Ire), Margaret E. 23, Andrew J. 21, Martha M. 18, Mary L. 18, BOWERMAN, Wayne (Mu) 18 (servant)
38. LOGAN, Polaska W. 24 (T __ __), Edi? S. 24 (wife) (T __ __)

BLOUNT COUNTY (16)

Page 5, District 2 (cont'd)

39. GODDARD, John 31, Nancy J. 28, Emma T. 6, Charles T. 4, Elias 2, Martha 6/12
39. [this family grouped with #39 above]
    LANE, James W. 59 (T Ire NC), Sarah D. 59 (NC NC NC), Sarah A. 21
40. HAMIL, Nancy W. 67 (T NC PA), John W. 47 (son), Sarah T. 25 (wife), Nancy 80 (aunt) (T Ire PA)
41. LANE, Joseph 54 (T T NC), Artland 50 (wife) (T T NC), Maston R. 26, Lewis J. 18, Thomas 14, George W. 11, Ada? E. 4

Page 6, District 2

42. BOWERMAN, John (B) 22 (T __ T), Aggie 23 (wife) (SC __ __), Thomas 3, Amanda 9/12
43. HARTLEY, Thomas E. 56 (MD PA PA), Talitha 44 (wife) (OH NJ OH), Samuel C. 16 (work in printing office) (OH), Joseph M. 14 (IA), Jesse N. 12 (IA), Rachel J. 7 (IA)

Village of Friendsville

44. McCONNELL, Joseph W. 34, Sarah Ann 24 (wife), William E. 7, Joseph A. L. 4, Abbie L. 5/12; JACKSON, Antine (B) 16 (servant)
45. LEE, Ephraim 51 (T NC T), Elizabeth 49 (T NC T), Nancy J. 26, Hannah 21, Ruth 19, Rachel 17, William S. 15, James E. 13, John H. 10, Robert A. 7
46. SEXTON, Nancy M. 52 (widow), Joseph H. 21 (cabinet work), James H. R. 17
46. [included in 46 above]
    COSAND, Benjamin 58 (IN NC NC), Sarah A. 41 (wife) (IN NC NC), Ludovic E. 9, William T. 8, Edmond N. 5, Almeda P. 3 (this entry crossed out), Riley L. 7/12 (b. Nov)
47. LEE, Thomas R. 45, Ruth 40, James O. 19 (clerk in store), Theophilia B. 15, Cordelia B. 13, Jeptha 8, William A. 6, Rosa E. 4, Charles F. 2, Riley W. 7/12 (b. Nov); WHITEHEAD, Suton (f) 20 (servant)?

Page 7, Village of Friendsville, District 2

47. COX, Elihu 35, Jerney 18 (son), Elizabeth 16 (dau)
48. SEXTON, Thomas F. 29 (wagon maker), Louisa 24 (IN IN IN), Jasper A. 5, Dora 3, Mary 9/12 (b. Sep)
49. BEALES, Elizabeth J. 42 (widow); Daniel 19, William H. 8
50. SEXTON, William M. 32 (blacksmith), Sarah R. 33, Cebe B. 8 (son), John A. H. 19 (bro) (blacksmith)
51. HACKNEY, David 50 (attending saw mill), Phebe E. 18 (dau) (KS)
52. PRATER, Harkless (B) 50, Charity 55 (wife), Elizabeth 26, Ann 3 (g dau), Hugh H. 4/12 (b. Feb) (nephew), William H. 1/12 (b. May) (g son), John W. 22 (servant?)
53. TABER, Ervin G. 31 (minister) (VT VT VT), Lois 31 (VT VT NY), Emma L. 5 (IA), Dora B. 2 (IA)
54. BEALES, Lindsy H. 38 (boot & sos? maker), Lucinda T. 38, Sarah J. 14, Malissa A. 11, Martha E. 8, Nancy A. 5, Mary A. 2; HOCKING, Aaron L. 45 (laborer)
55. BEALES, James F. 41 (merchant) (NC T NC), Sarah A. 32, Hester J. 13, Mary? A. 12, Amici T. 10, Francis T. R. 8, Rufus J. 6, Ann Eliza 4, James S. 3, Jacob L. 7/12 (b. Nov)
56. McTEE, George W. 33 (merchant dry goods) (NC NC NC), Gussie M. 28 (VA VA VA), Emma Martie 10/12 (b. Apr), Wm. T. 25 (bro) (merchant dry goods) (NC NC NC)

Page 8, District 2, Village of Friendsville

57. MALCOM, Esther (B) 55 (widow) (T VA T), Mary D. 18 (g dau), Dona T. 16 (relationship omitted), David S. 12 (g son); LOGAN, Loucretia 28 (niece), Georgia A. 8/12 (dau); WALKER, Martha E. 1 (g dau)
58. JONES, Cena 37 (widow) (OH VA NC), Wm. J. 6
59. JONES, Francis A. 74 (T NC NC), Ruth M. 59 (wife), Ransom P. 44, James B. 77 (bro) (T NC NC), Rebecca 70 (sis) (T NC NC)
60. HACKNEY, Hiram 55 (miler--sic), Sarah T. 22 (wife)
61. HACKNEY, John L. 33 (home carpenter), Sarah M. 28, Safrona 9, John F. 7, Richard C. 4
62. HACKNEY, Francis 63 (T NC NC), Ann 65, George T. 32, Margret J. 27 (wife), Francis L. 7, Mary L. 4, Ann B. 2, Gustaves A. 23 (nephew), Prisella B. 40 (dau in law) (NC NC NC), Henryanna C. 3 (dau)
63. REY, W. D. 51, Malinda A. 40 (wife) (NC NC NC), William T. 25, James R. 22, Silas L. 19, Wayne 17, Sherman 15, Robert 12, Samuel 6, Victorie 18 (niece)
64. HACKNEY, A. T. 52, Mary A. 50, Henry A. 21, Tennessee A. 19, Lutitia E. 13, Eliza J. 10, Francis I. 5

Page 9, District 2

65. TUCK, Melinda 50 (widow), Lucinda 28
66. MARSH, Thomas E. 50 (VA VA VA), Lydia C. 45 (VA VA VA), Henry M. 21, Thomas W. 16, Lydia P. 13, Watson P. 11
67. DUNLAP, Ephraim 47, Sarah M. 33 (wife) (GA T T), Palmyra 17 (dau), William A. 13, George R. 11, Susan 9, Charles A. 7, Harriet A. 2, Eli-abeth A. 51 (sis)
68. BOWERMAN, Moses (B) 40, Samuel 17 (son), Sarah 14 (dau), John 10 (son), William 8 (son), Elizabeth 6 (dau), James 4 (son), Mariah 83 (aunt) (VA __ __)
69. BEALS, Samuel H. 43, Sarah K. 39, James Allen 12, Mary C. B. 7, Lizie 5, Charles A. 2, Joseph 70 (father)
70. HALL, Lucinda 50 (widow), Isaac T. 25, Eliza E. 18
71. MYRES, Philip 50, Martha C. 25, Ida A. 6, Georgia E. 3, Mary E. 9/12 (b. Sep)
72. CRAIG, Hamilton 45, Elizabeth J. 38, John H. 17, Robert 14, Samuel A. 4, Jesse M. 1
73. PRATER, Collins (B) 39, Lucy Ann 32, Corda 18 (dau), California 15 (f), William R. 14, James T. 10

Page 10, District 2

74. WINTON, Abram (B) 30, Chaney 32 (wife), Martha A. 9, Mary L. 6
75. KIZER, John W. 65, Amanda E. 50 (wife), Ezkias R. 21 (son), George D. 19, Jennie A. 13, Alonzo D. 11, Flora M. 9
76. KIZER, Amzie R. 44, Phebe J. 42, Sherman S. 15, James L. 12, Wm. J. R. 9, John W. W. 7, Verda R. 5
77. HUMPHREYS, Saml. 65, Phebe M. 60 (sis), Marget A. 24 (dau)
78. WARREN, Abram (B) 57, Martha M. 36 (wife), Henry 20, John 18, Leander 10, James 8, Amandy L. A. 6, Lewis P. 4, Octavy 1 (dau)
79. KIZER, Polly A. 68 (widow), Joseph A. 38; LOGAN, Isabella 21
80. RING, Stephen 77 (VA VA VA), Winnie 70 (T VA VA); LANE, Sarah 19 (relationship omitted)
80. [included with 80 above]
    TUCK, David 35, Fanney 27, Thomas S. 8, John P. 6, Winnie J. 4, William F. 10/12 (b. Apr)
81. OSBORN, Jesse B. 23, Lucinda 20
82. CRISP, Rise 56 (NC NC NC), Ellen 36 (wife?), Caledonia 24 (dau), Sarah J. 22, Rufus 18, John 16, David 13, Martha E. 11, Albert R. 8

BLOUNT COUNTY (18)

Page 11, District 2

83. HARBINON, Mary 41 (widow), Mary J. 14; MAGGOT, Jane 70 (mother)
84. CRISP, James T. 44 (T NC NC), Martha 40 (T NC NC), Andrew J. 20, Mahaly C. 19, May L. 17, Laura L. 15, James R. 8, Amanda 6, Serenthy 4, Chesley 6/12 (b. Jan)
85. ROACH, Harison 37, Sarah A. 35, Mahaly L. D. 12, Wm. H. 9, James C. 6
86. HUMPHRYES, Mitt 42, Catharine P. 40, James S. 14, Stephen F. 12, Calvin L. 8, Martha I. 5, Samuel H. 2
87. TUCK, Hezekiah 52 (T VA VA), Rodema 40 (wife) (NC NC NC), Mary J. 26, John P. 20, Hezekiah L. 18, Moses H. 12, Dialtha C. 10, Joseph 8, Charles L. 6
88. JENKINS, Wm. 50 (T NC T), Mary E. 43, Samuel U. 21, Julia M. 12
89. HENDERSON, Wm. 42, Sarah E. 38, James W. 12, William P. 9, Eward 7, Micael 5, Andrew 9/12 (b. Nov)

Page 12, District 2

90. ROBESON, Mary 47 (widow), Cambell D. 21, Martha E. 18, Sarah M. 16
91. LOGAN, John U. 31, Margaret L. 26, Noures? M. 8, Jennie A. 2
92. ONEAL, Riley 25 (T VA VA), Nancy 31 (wife), Albert 2, James 3/12 (b. Mar)
93. KEY, Riley 38, Mary A. 35, George W. 21 (son), Margaret J. 17, Careline S. 15
94. ROSE, Andrew 62 (SC SC SC), Susan 62 (VA VA VA), Dialitia 31; ONEAL, George (g son); LANE, Elizabeth 18 (servant?)
95. CRAIG, William 23, Orlena T. 18, Lemuel A. 8/12 (b. Nov)
96. NEWBURY, Richard 30, Isabella 28, Mary C. 9, Preshey A. 6 (dau), William A. 3, Calidonia 8/12 (b. Nov)
97. CRY, Hugh H. 40 (T NC VA), Susan A. 25 (wife), Dora A. 7, David R. 2
98. CRY, William 46 (T NC VA), Mary J. 32 (wife), Joseph M. 12, Elizabeth J. 10, Mary E. 6, Martha V. 2
98. [grouped with 98 above]
ONEAL, Lucinda 49 (widow) (T VA VA), William 21, James W. 19, Henry 17

Page 13, District 2

99. BRACHET, James 25, Martha J. 21, Richard C. 7/12 (b. Sep?), Sarah 61 (mother), JONES, Mary 11 (g dau)
100. GREER, John J. 42, Elizabeth 35, Franklin A. 13, James H. 11, Samuel C. 9, Joseph A. 7, Sarah E. 5, Lola C. 2, Elizabeth C. 44 (sis), Martha J. 36 (sis)
101. HARDEN, James (B) 35, Melissy 38, Abraham 17, Martha 11, Ellen 9, Lawrence 7, Catharin 5, William D. 3/12 (b. Feb)
102. DUNLAP, Francis 40, Margaret J. 49, Martha E. 9
103. STOUT, James D. 32, Susan P. 33, Sarah E. 10, Martha J. 9, Laura C. 8, Samantha L. 5, Ann S. 3, Carson 6/12 (b. Jan)
104. GREER, Sarah 71 (NC NC NC), Martha 67 (relationship omitted) (NC NC NC); BURNAM, Martha C. 19 (relationship omitted)
105. SMITH, Andrew J. 60, Judy 55, Rebecca 30, Sarah 26, Pryor I. 24, Mary F. 13, Jane 16
106. WILLIAMSON, Nancy 52 (widow); DUNLAP, David H. 26 (relationship omitted), Nancy L. 18 (wife), William L. 1 (son)

Page 14, District 2

107. BROWN, Isaac 30, Eliza 22, William E. 7, Lewis W. 5, Cora J. 3
108. JONES, Joseph 61 (T NC NC); ENDSLEY, Jane 74 (sis) (T T T), William H. 40 (nephew) (house carpenter), Jaletty A. L. 27 (wife) (NC T T), Lorra J. 18 (dau), Sarah L. 15 (dau), Rosialie 13 (dau), Nancy E. 11 (dau), Lucinda C. 9 (dau), Joseph A. 1 (son); MILLS, David 42 (works on farm) (IL T T)

Page 14, District 2 (continued)

109. BROWN, Solamon 55, Joannah 59, Mary C. 20, Thomas U. 15, Sarah 10, JONES, Lucinda 37 (sis in law)
110. LEE, Jonathan 62 (T NC T), Sarah 58 (T NC T), Greenville S. 28, William F. 26, Elihu M. 24, Elias H. 19, Ephraim P. 15, BATYLESS?, Sarah 12 (cousin)
111. TOGGELMIRE, Wm. A. 45 (mill right) (Canada KY NJ), Martha V. 36 (NC NC NC), Alice L. 17 (MO), Robert J. 14 (NE), Laura A. 11 (NC), Ada F. 7 (AR), CURTIS, Benjamin W. 17 (bro in law) (shoe maker) (IL), Letty O. 12 (sis in law) (IL), PHILIPS, Thomas 22 (mill righting) (T NC T)
112. HEDRICK, Daniel 52, Martha C. 40 (wife), JOHNSON, James 30 (cousin), Sarah A. 26 (wife), William H. 19 (son)
113. LUNSFORD, Henry A. 51, Sarah D. 50, William 3, James Al? 2

Page 15, District 2

114. LEE, Ezra H. 30, Sarah A. 24, William A. 3, John W. 7/12 (b. Sep), CROSS, Joseph 9 (boarding)
115. LEE, John G. 33, Hesther A. 25, Lewis O. 9, Ezra A. 6, Nancy E. 4, Charles 2
116. HACKNEY, Lafayit (B) 38, Elizabeth 19, McNutta 13, James R. 11, Robert 9, Tempey E. 7, John F. 3
117. JONES, Henry T. 28, Preshey A. 26, Edward S. 4
118. MAXWELL, James T. 24, Elizabeth M. 26
119. HUMPHREYS, Leonids 35, Mary A. 36, William R. 14, Martha E. 12, Sarah M. 10, Ida Jane 8, Henry H. 6, Carie E. 4 (dau), Mary A. 1/12 (b. May)
120. JONES, Jesup N. 25, Sarah 28, Ruth E. 4, Lindley H. 2
121. McFEE, Sabra 70 (widow) (NC NC NC), Andrew H. 38 (son), (NC NC NC), Martha A. 36 (NC), Telitha R. 27 (NC), William T. 25 (NC), George 20 (g son) (NC NC NC), Charles D. 14 (g son) (NC NC NC), George M. 8 (NC NC NC) (g son)
122. BLANKENSHIP, Gilbert 40, Eliza J. 36, Mary A. 14, Pokahontas 9, Sarah E. 7, Charles S. 5, Lydia O. 9/12 (b. Nov)

Page 16, District 2

123. RUSSELL, George (B) 24, Maranda J. 20, Dora E. 5, Edward 3
124. JONES, William R. 56, Mary 56, Samuel L. 21 (keeping store), Mary C. 18, Martha U. 16, Hugh S. 9, KAYS, James C. 21 (farmhand), WEBB, Cristopher C. 32 (boarder) (physician)
125. HENDERSON, George 40, Nancy J. 33, William P. 13, Nancy L. 12, James L. 10, John M. 7, Mary E. 5, Samuel E. 3, Hannah E. 9/12 (b. Jul), CLARK, Mary M. 20 (servant?)
126. MAXWELL, Thomas 55 (T NC NC), Mary C. 51 (T NC NC), Riley B. 19, Henry M. 18, Caroline S. 17, Thomas L. 13, Mary J. 11, Hanah L. 5
127. HUDSON, Martha 38 (widow) (SC SC SC), Shade 13 (son), William S. 9, Mary E. 7, James W. 5, Nancy E. 3
128. WIGONS, Abner P. 50 (NC NC NC), Rachel E. 53 (NC NC NC), John M. 27 (NC), Minervy E. 26 (T), Ezra A. 20, William L. 18, Quincy V. 16, Sidney A. 14, James M.? 12, Abner P. 10

Page 17, District 2

123. WALKER, Francis P. 33, Eliza A. 27, Ida M. 4, John C. 3, Joseph A. 8/12 (b. Sep), GREER, Rosana (B) 20 (servant?) (SC __ __)
124. WALKER, John 70 (T T SC), Esther 65 (T __ __), Malinda E. 44, Nancy J. 40, Elmyra A. 36, Mary L. 31, John A. 24, William W. 20 (g son), Margaret E. 12 (g dau)
125. CLARK, James 31 (T NC NC), Sarah M. 25 (T __ __)

BLOUNT COUNTY (20)

Page 17, District 2 (cont'd)

126. HATSELL, Nancy 66 (aunt--of #125?) (NC NC NC); SMITH, Henry 61 (nephew), Nancy J. 37 (wife), Benjamin M. 21 (son), Robert H. 18 (son), Amanda A. 16 (dau), Fanny C. 14 (dau), Thomas S. 11 (son), John P. 8 (son), Mariah T. 5 (dau); GARNER, John 25 (son in law), Mary C. 23 (wife), William H. 2 (son)
127. PHILIPS, James 67 (T VA MD), Mary A. 46 (wife) (T VA __), Marth E. 14, Ellen L. 9
128. COCHRAN, Matha H. 49 (m) (T NC T), Terzah 65 (sis) (T NC T), Mary 55 (sis) (T NC T), Nancy N. 45 (sis) (T NC T), Esther A. 41 (sis) (T NC T); RHEA, William A. 19 (cousin)
129. KLEPPER, John E. 34 (T T VA), Emma C. 34, John D. 13, Rebecca S. 10, Adam B. 7, Georgie L. 5, Cordelia L. 2, David 60 (father) (T PA VA), Rebecca 54 (VA VA VA)

Page 18, District 2

130. COOK, Hugh (B) 53; WOODS, Rachel 18 (step dau), Cela J. 18 (step dau), Mary J. 4 (step dau)
131. RHEA, John P. 49 (T NC T), Mary M. 47, Margaret J. 20, Joseph H. 17, John E. 15, Mary J. 10
132. DUNCAN, Nancy 76 (widow) (T VA T), Louiza M. 32, Laura M. 28 (teacher)
133. COOK, Pryer L. (B) 28 (T __ __), Eliza M. 26 (T __ __), Lucinda J. 7, George J. 3
134. THOMPSON, James 29, Susan J. 26, Cordelia J. 9, Jennie A. 8, Marion R. 6, Annis 2 (dau)
135. TASS, Sarah 69 (widow) (NC NC NC), Levi 36
136. McCONNOLL, Harvy 61 (T PA T), Mary A. 54 (wife), Elizabeth A. 30, Samuel A. 22, Mary L. 16, Mary A. 12 (g dau)
137. HUDGEONS, John J. 56 (MO T __), Eliza 59; ALEXANDER, Mary 34 (dau), John 10 (g son)
138. ONSBEE, Matison 35, Susan N. 28, Susan O. 5, Joseph 3
139. HASLER, William A. 52 (T NC T), Sarah E. 42 (T NC? T?), Frances E. 18, Flora E. 16, Gother A. 14 (son)
140. BLANKENHICKLER, James 49 (VA VA VA), Martha J. 41, Andrew J. 19, Marion J. 17 (son) (IA), John 9 (IA), Sarah 7 (IA), Nevada 7 (dau) IA VA T)

Page 19, District 2

141. WAMPLY, George W. 58 (VA VA VA), Edith V. 42 (wife) (VA VA VA), Stephen N. 14 (VA), Edith J. 13 (VA), William P. 12 (VA), James E. 10 (VA)
142. SHEDDAN, John E. 48 (VA T T), Isabella N. 36 (VA T T), Ann M. 75 (mother) (VA __ __), Mary 6 (bound) (VA __ __); BROWN, Gertrude 18 (servant?) (VA __ __)
143. HALL, James B. 26 (VA T T), Annis A. 20 (wife) (VA T T), CONNER, Patric (B) 21 (servant) (VA __ __), Virginia H. 18 (VA __ __), Roper 4/12 (b. Feb) (son) (VA)
144. HENRY, John N. (B) 51, Luvenia J. 44, Eliza H. 23, Lucinda H. 21; LANE, John 13 (cousin); HALE, Rosanna 74 (mother)
145. GRIFFITTS, James (B) 31, Julia Ann 25, Aaron C. 7, Martha R. 5, John N. 2
146. CARTER, William (B) 30 (T KY T), Susan 70 (mother) (__ __ __); BAKER, Jackson 20 (nephew)
147. DUNLAP, William R. 38, Sarah E. 39, William E. 8, Lucinda J. 6, Mary E. 5, Doak S. 3, Charles W. 2
148. McCONNELL, James C. 49 (T PA T), Hesther A. 39 (wife), John N. 13, Thadius S. 12, Eva Tennessee 9, Ann E. 7, Samuel E. 5, Harry S. 2, Mary J. 59 (sis), Martha A. 53 (sis)

Page 20, District 2

149. HALE, Hiram H. (B) 57, Nancy Ann 54, George D. 23, Mary S. 22, Venice 11, Harriet C. 9; McCAKLOM, Andrew 12 (servant)?
150. GREER, John 70, Annis 66
151. DUNCAN, Richard J. 45, Isabella J. 42, John J. 18, George C. 17, Nancy A. 14, Annis M. 10 (dau); CONN, Abigal 71 (sis); WILBURN, Andrew 10 (servant?)
152. RUSSELL, Wm. (B) 25, Fanny 15, Mary 6 (cousin)
153. ALAXANDER, James 34, Margaret M. 37 (NC NC NC), Mary E. 5, Dora B. 2, Margaret 70 (mother)
154. THOMPSON, Amox (B) 58, Rebecca 44 (wife), Phebe 18, William 14, Henry 12, Rebecca 8, Andrew 6, Joseph 1
155. MORTON, William __ 55, Sealy 55 (wife), TAYLOR, Mikeal 21 (farmhand), Lucinda R. 24 (wife), Magnolia M. 2 (dau), Nela? B. 1
156. PERKINS, Jonathan R. 32, Arena 29, Richard C. 8, Sarah L. 6, John L. 3, James 1
157. HAIR, John R. 31, Ame J. 28 (wife), Susan M. 3, Ruth 8/12 (b. Oct)

Page 21, District 2

158. HAIR, Sarah 49 (widow) (T VA VA), Samuel 23, Jacob W. 22, James A. 19, Mary 68 (sis), Joanna 54 (sis)
159. McNABB, Martha 60 (widow), Mary E. 60 (sis)
160. McNABB, Alexander 33, Martha M. 32, Laura 6, Lula 4, Susan E. 5/12 (b. Dec), James K. 36 (bro)
161. McNABB, John N. 29, Sarah C. 21, Euria? E. 2
162. COCHRAN, Ruhad 68 (widow), Martha L. 45, Nancy M. 41, Margaret E. 39, Mary A. 34
163. WALLACE, Benjamin 35, Phebe M. 34, John A. 10, Sarah A. 8; IRWIN, Margaret 36 (sis in law)
164. ALAXANDER, John D. 40, Martha M. 35, Charles M. 13, Ida J. 11, John H. 8, William L. 6
165. OSBORN, J. L. 29, Mary J. 29 (wife), Nancy E. 6, Jesse C. 1
166. WILLIAMSON, James 53 (NC NC NC), Melinda E. 50 (T NC T), John W. 25, James H. 22, Mary E. 18, Thomas S. 16, Andrew J. 14, Eliza J. 12
167. BIRDWELL, Rufus 59 (T T NC), Susan 29 (wife) (T T __), Dorotha A. 29 (dau), Amanda 25, Sarah 21 (dau)

Page 22, District 2

168. CRAIG, James B. 22, Melissa P. 23
169. HACKNEY, Wm. J. 66 (retired carpenter), Martha S. 64 (T NC NC)
170. PARKS, Viney 93 (widow) (T VA VA)

Page 1, District 5

10. JAMES, Salina 46 (widow), Bell 16, Alvin 13
11. JOHNSON, Martha 35 (widow), Durwerd 15, Robbert 14, Malissa 13, Cicaro 10 (son), Mary 8, Harvey 7, John 5, Marthy 3
12. MIZER, George 32, Hester 30, Mary L. 9
13. ANDERSON, Mathew 55, Abigille 41, Anna 14, Dora 16, Millard 12, Sophia 7 (son), Laura 4
14. STEEL, William 54 (T VA T), Sarah 47, Cornelius 25, Lee 23 (son), Evaline 22
16. SIMERLEY, Winnie 44 (widow) (SC T SC), John 19 (T T T), Nancy 13 (T T SC), Mikel 10 (T T SC), Dartus 7 (T T SC), Charley 9 (T T SC), Crosir 4 (T T SC), Mary C. 3 (T T SC), William 3/12 (b. May) (T T SC)

BLOUNT COUNTY (22)

Page 1, District 5 (cont'd)

18. SMITH, Jackson 25, Mary E. 25, Huldy 4 (dau), William 3, Essie 9/12 (b. Aug); MILLIGAN, Mon 16 (bro in law), Huldy 13 (dau in law)
19. COKER, William 39, Sarah A. 40, Ella 12, Edgar 10, Barton 8, John H. 7, Mat. A. 5 (son), Fitz 3

Page 2, District 5

20. FAUST, James (B) 58 (VA VA VA), Julia 47 (VA VA VA), Harritt A. 17
20. COX, Scott 27, Emma 23, Sopha 6, Ida 5, Jane 2, Blount 4/12 (b. Jan)
21. ERLS, Frank (B) 34 (GA GA GA), Jane 25, Mary E. 8, James 7, Mathew 5, Monroe 3, Ella T. 1
22. BRIGHT, Ann 41 (widow) (T T NC), Orlana 13, Mayhaska 17, Charles C. 14, Samuel 11
23. SMITH, Thomas 28 (clerk in store), Ruth 20 (IN IN IN), Frank 1
24. WOHONA, John L. 35 (teacher) (T T SC), Rhoda 38, Mary E. 6, Minnie E. 4, Samel E. 2
25. SMITH, John 26 (carpenter), Elizabeth 21, Flora J. 5, Mary E. 2, Sarah 1
26. DAVIS, William 25, Margret 20, Elsea 2, Fidelia 1
27. LEE, John G. 52 (heart trouble) (NC NC NC), Mary J. 41 (wife) (NC NC NC), Elkin 17 (son) (NC), Mary S. 14 (NC), William E. 11 (NC), Bejamine F. 8 (IN), Cynthia 5 (IN), Thomas J. 1 (T)
28. KEE, Enoch 40 (merchant) (T T KY), Elizabeth 40
29. GIDDIN, Hugh 30, Lucindy 24, William 8, Ellen 4, Lizzie 1

Page 3, District 5

30. FRENCH, Wright 31, Sarah 48 (wife), Anna E. 9; STANFIELD, James 21 (stepson), Mary E. 19 (stepdau), Huldy J. 17 (step dau)
31. KRAUS, Nathaniel 45 (physician) (T VA VA), Sarah 44, Thomas 20, Isaac 19, Robbert 17, Alfred 16, Caswell 14, John 10, Elizabeth 9, Elizabeth 78 (mother) (T VA VA)
32. HAMMONTREE, Harvey 35 (T T NC), Mary J. 30, Anna 12, Martha C. 10, Gorge W. 8, William 7, Sarah 5, Mary E. 3, Jane 2/12 (b. Apr)
34. BRICKELL, William 62 (SC SC SC), Jane 45 (wife) (T NC T), John B. 16, Sarah V. 14, William 11, Magrett E. 8, Joseph T. 2; BALLINGER, Martha 43 (sis in law) (epilepsa) (T NC T)
34. FRANC, John H. 27 (blacksmith) (dyspeptic), Mary E. 22, Samuel 11, Charley E. 7, Margrett 6
35. MOODY, Benjamine F. 30 (bootmaker) (NC NC NC), Alexander 21 (bro) (shoe & boot maker) (NC NC NC), Laura 18 (wife), Mary 9/12 (b. Sep) (T NC NC)
36. LONG, Taylor 33, Catharine 32, Franklin 9 (scrofula), Anna 6, Larence 3, Lola 9/12 (b. Sep)

Page 4, District 5

37. COLBURN, Samuel 48 (mechanic) (heart trouble) (T VA T), Alizy 31 (wife), Martha 4/12 (b. Feb)
38. MEYER, George 64, Jane 50 (wife), Sarah A. 26, Hannah 23, Martha 21, William 17, Robbert 15, Benjamine 14, Houston 12, Luther 10
39. MEYER, Benjamine 44, John 42 (bro), Pleasant 40 (bro), Isabella 47 (sis) (debility), Frances 78 (mother) (T VA VA), Lucrecia 25 (gr dau) (measles); SMITH, Matilda 28 (servant)
40. SMITH, Jas. 39, Lucinda 33, George 15, Mary 14, Elithabeth 12, James 11, John 9, Jane 10, William 3
41. ACUFF, Theodore 24, Grant 11 (bro), Issabell 41 (mother)
42. KEE, Peter 70, Alice 73 (wife) (T Eng VA), Jane 44, Juresa 40, Wesley 31 (white swelling), John 12 (g son)

BLOUNT COUNTY (23)

Page 4, District 5 (cont'd)

43. JAMES, Benjamin 42 (T VA T), Sarah 44, Alice R. 18, Ellen 16, Jessee M. 14, Mary 12, George 10, Lucy A. 5 (measles)
44. DAVIS, James 23 (married within yr), Mary 20

Page 5, District 5

50. SCATES, David 41 (T VA VA), Caldona 37 (T NC T), Albert 17, Thomas 15, Marcus 11, Sophronia 8, Emma 5, Norah 4, Caswell 4/12 (b. Jan)
51. EVERETT, John 28, Martha 25, Sarah A. 9, Mary C. 7, Caldona 4, Charles 2
57. MILLIGAN, Elizabeth 34 (widow), William 9, James 5, George R. 4
58. MEYER, George 30, Anne 30, Saml? T. 6, Mary G. 4, Joseph 2; ANKER, John 44 (servant) (VA VA VA) (crippled)
59. DAVIS, John 57 (T VA T), Martha 39 (wife), William C. 26 (son), Anne 24, Samuel H. 21, John W. 19, Mary J. 14, Nancy B. 13, George R. 12, Sarah J. 10, Thompson 3 (son)
60. LINGRIGFELTER, George 37, Caroline 30, Mary 12, Jane 9, John 7, Samuel 5, Edgar 3, Malicie 6/12 (b. Oct), Anna 41 (sis)
61. DUNLAP, James 61 (T T NC), Kiritta 49 (wife), Samuel 27 (teacher), Isaac 24, William 17, Martha E. 14, Sarah 12, John 9, Ephraim 6

Page 6, District 5

62. DRAKE, James 19 (T NC NC), Sarah 20 (MO T T)
63. RICHARDS, Mariah 76 (T GA VA)
64. BOWERMA, Shelby 53, Mary J. 33 (wife) (consumption) (T NC T), Shaler 15 (dau), Dartus 9 (dau), Charles T. 7, Mary 4, Abba (B) 40 (servant)
65. DAVIS, James 50 (T VA T), Mary A. 48 (sis) (T VA T), Sarah J. 25 (niece)
66. OGLE, James 33, Ruth 44 (wife), William 19, John B. 17, Charles 13, Calvin B. 11, James M. 9
67. MIZER, Henry 27, Ella 17 (wife), Florence 3/12 (b. Mar)
68. DYER?, Felix 51 (T VA T), Sarah 48 (T PA T), Henry F. 12 (scrofula), William 8
69. MAHONEY, Arch 30 (works in flour mill) (T VA SC), Hariet 26 (sis) (T VA SC), Ida 10 (niece), Eliza 65 (mother) (SC SC SC); COX, Malvel 24 (bro in law)
70. SIMERLY, Solimon 27, Mary E. 17 (NC NC NC), Ellen E. 7, William 6, Nancy Ann 4, James R. 9/12 (b. Aug) (T T NC)
71. FRENCH, John 25 (work in flour mill), Mary 20, Anna 4/12 (b. Jan) (son)
72. CARD, Nancy 66 (widow) (NC NC NC); HUNNYCUT, Anna 26 (dau) (divorced) (T NC T), John 6 (son) (T NC T), Walter 2 (son) (T NC T)
73. PURKEYPILE, Ralf 78 (phthisic) (T VA VA), Rebecca 47 (broken arm) (T NC T), Robbert 17, George W. 15

Page 7, District 5

74. DRAKE, William 23 (NC NC NC), Mary 21, John 3, Mary J. 1
75. CURTIS, James 38 (carpenter), Ghena 28 (wife)
76. ANDERSON, William 21, John 19 (bro), Sarah 71 (mother) (broken arm) (VA VA VA)
77. THOMPSON, Samuel 47, Harriet 31, Becca 11, Anna 5, Martha 1; BAGET, Mary 88 (mother in law) (VA VA VA)
78. JAMES, Jane 44 (widow), Benjamine 19, Lee 17, Mary 15, Sarah 13, Margret 8
79. JAMES, William 58, Sarah 63 (wife) (intermittent fever), Isaac 26, Nancy 19
80. BOWMAN, John 32 (T T VA), Mary 30, Lela 5, Cordelia 3, Clyde 2
81. TALENT, Lemuel 28, Margret 28, Cordelia 7, Darcas 4 (dau), Cora 1, Henry 1; THOMPSON, Darcas 62 (mother in law) (T T VA)
82. ANDERSON, William 52, Mary 52, Mary J. 3, Anna 2, William 9/12 (b. Aug)
83. BROWN, James 32, Sarah 31, James 12, William 6, Edgar 1

BLOUNT COUNTY (24)

Page 8, District 5

83. PRIVET, Mathew 50, Elizabeth 49, John 17, James 12 (this family grouped with #83 on previous page)
84. BROWN, Elizabeth 63
85. CROSS, Millie 29, Ruth 8 (dau), Eliga 4 (son)
86. BOWERMAN, Wright 48, Mike 18 (son), Ranco 12 (son), Ann 10 (dau), Hugh 8 (son), Marian 6 (son), Arch 4 (son)
87. BRIGHT, James 34, Sarah 36, Nancy 11, Plesant 9, George W. 7, James 2
88. PURKEY, John 27, Nancy 28, Maggie 9, John 4, Charles 1
89. LINGINGFELTR, James 18, Tennessee 21, Charles 2, MACKADOE, David (B) 13 (servant)
90. STONE, Patten 50, Malvina 48 (T Ger VA), Tennessee 20, Thursey 13, Nancy 11, Mary J. 8, John 3
92. WURTH, Gorge (B) 21, Nurvy 19 (wife), HUNTER, Elya 57 (mother) (T SC T), LANE, Sousan 21 (sis), HAIL, Henry 30 (bro), Ann 1/12 (b. May) (dau)
93. PETERS, Jacob 48 (T VA T), Corinda 39 (T NC T), Samuel 19, Joseph 18, Elja 14 (dau), Cardon C. 9 (son), Arther 7, Franklin 10/12 (b. Jul)

Page 9, District 5

94. GRIFFITS, William 49, Carron 43 (wife), James 18, Lucy A. 14, Eliga 10, Mary E. 8 (palsey), Nancy C. 6, UNDERWOOD, Nat (B) 10 (servant)
95. JEFFERSON, White (Mu) 51 (T VA VA), Malina 23, John 16, Hugh 1, Jose (B) 4
96. ISH, Jackson (B) 30 (teacher), Charles 65 (step father), Florence 24 (dau) (T T NY), Rome 17 (son), Betty 14 (dau), Elizabeth 8 (dau), Jose 5 (dau?)
97. GIBBS, Robbert 35 (T NC T), July 32, Ellaora 4, Hester 19 (sis), Robbert 1/12 (b. Apr) (son)
98. BROILS, Louis (B) 41, Vina 35, Emalin 12, Gledona 10, Martha 8, Ana 7, LILE, Merva 60 (mother)
99. HENRY, Nancy (B) 50, Alexander 16 (son), Mary J. 6 (g dau)
100. GIBBS, Asbery 21
101. McREYNOLDS, Robbert 31, Fidellia 28, Annah 9, Bula 4, Nellie 3, Johnie 1 (dau)
102. SMELSON, William 40 (NC NC T), Mary 43 (NC NC NC), Harley 19 (NC), Martha 14 (NC), Lillie 10 (T), William 8, Allen 6, John P. 6

Page 10, District 5

103. SKINER, Henry 43 (carpenter) (NC NC NC), Martha 39 (GA NC NC), Sarah D. 19 (NC), William 17 (NC), Catharine 15 (NC), Adaline 10 (NC), James 7 (NC), Eby J. 6 (dau) (NC), Jeremiah 3 (NC), Carsa 1 (dau) (T)
104. CHAPMAN, Pleasant 36 (T VA T), Jane 34 (T T NC), Hugh 8, Sarah A. 6, Ollie 4, John F. 2, PIERCE, Elizabeth 35 (relationship omitted) (T T VA), James 8 (son)
105. SPEIRERS, Rubbecc 64 (widow) (NC NC VA), Filmore 21 (son) (T T T)
106. FRANKLIN, Elizabeth 49 (widow) (VA VA VA)
107. FRENCH, Andrew 61 (T VA SC), Mary 53 (T NC SC), Sarah A. 35, Elburn P. 33, Pleasant 16, Mary 19, Lucy 13
108. EDMONDSON, William 38, Alice 26 (wife), Joseph 6, John 4, Frank 2, BOWERMAN, William (B) 65 (servant) (VA VA VA)
109. PRATER, Samul 29, Elza 26, Frank 8, Charles 4, Minie 2, Jag? 10 (servant), BATS, Dick 20 (servant) (B)
110. SMITH, Housten 26, Edvira 25 (liver affected), William 6, Cordelia 4
111. SUTTON, Mort 22 (T NC T), Martha 24, Albert 3
112. CHAPMAN, Tohas 22, Sarah 18, Minne E. 1

BLOUNT COUNTY (25)

Page 11, District 5

113. CHAPMAN, Bone 28, Issibella 26 (measels), Walter 8, Mama 6
114. PRATR, James 59 (married), Cordelia 16 (dau)
115. GARDNER, Bortly 34, Mary A. 35
116. PADGET, Eliga 69, Sarah 61 (rheumatism)
117. FINGER, Jane 56 (widow) (T NC NC), Lucindy 12 (dau) (T T NC)
118. FRENCH, Lafayette 23 (consumption of lung), Mary 22, Andrew 1
119. HATCHER, Eliga 24, Elza J. 24, James 3
120. THOMPSON, Thomas 47, Easter 27 (wife) (enlargement of hear), William 1, GRINDSTAFF, Mrs. Ely 65 (mother)
121. KEE, Columbus 38, Mary A. 38, Florence 6, Prier C. 5, Mary E. 2, CEMRA?, James 18 (farmhand)
122. SIMERLY, Jerry 60, Ame 64 (wife), Sarah M. 21, James B. 20 (typhoid), Rosencrance 15 (son)
123. NICKLE, Harve 20, Anna 19, Ellen 3
124. SIMERLY, Henry 24, Thena 20, Mary H. 2
124. HOOK, James 44 (T T NC), Furby J. 32 (wife), Charles 12, Robert 10, Famie 7, Sarah 5, Emma 2
125. DOCKRY, Jackson 26 (T NC NC), Elza 20 (T NC NC)

Page 12, District 5

126. DOKE, Samuel 45, Sarah 38 (T T VA), John 13, Laura 11, William 9, Joseph 6, Emma 4, Sopha 1
127. CATEN, William 22 (married within yr), Nancy 20, JOHNSON, George 27 (canada Ire Eng) (relationship omitted), Margett 23 (wife), William 6/12 (b. Nov) (son)
128. TOLIVER, James (B) 24, Dillie 38 (mother), Josephine 19 (dau)
129. QUEENER, Thomas 33, Margret 22 (wife), (T NC T), Dartus 14 (son), George 13, Mary 8, Charles 7, John 4, Edgar 8/12 (b. Sep), BRIGHT, Hannah 22 (servant)
130. HOLIFIELD, Brison 70 (NC NC NC), Calvie 45 (wife) (milk leg) (SC SC SC), Elza 30 (dau) (rheumatism) (GA), Rosa 25 (T), James 26, George 24, John 23, Stokely 21, Robbert 18, Fannie 14 (GA GA GA)
131. ROMINS, Martha 50 (widow), Sarah 30, Martha 25, Joseph 20, William 10, Robbert 7, Elizabeth 4, Annice 2
132. GIBBS, Wilson 55 (T GA T), Elender 57 (T VA VA), John 20 (T VA T), Steven 18 (T VA T), James 14 (T VA T), Richard 8 (T VA T)

Page 13, District 5

123. ARCHER, Joseph 35 (NC NC NC), Melia 37 (rheumatism) (GA NC SC), Jane 12, Parker 9, Frank 8, Charls 4, Thomas 22 (bro in law) (GA NC NC)
124. FRANKLIN, Shadric 32 (NC NC NC), Mattie 27 (NC NC NC)
125. TOLIVER, Pattie 48 (widow) (sis in law--of 124?) (NC NC NC), Frank 10 (T NC NC), Toprie 9 (f) (boarder), Lucindy 34 (sis) (NC NC NC), Mc. Franklin (B) 17 (servant) (NC NC NC), Henry 18 (servant), Will 14 (servant)
126. MIZER, Joseph 54 (T PA PA), Mary 52 (T PA T), William 19
127. GODDARD, Pette 33 (minister of the gospel), Lucy 28, Laura F. 11, Pleasant 9, Thomas 7, George H. 4, Eva A. 1
128. FRONCH, John 27 (carpenter), Sarah J. 24, Homer N. 4, Albert 19 (bro) (carpenter)
129. EDMONDSON, Ben 50 (T VA T), Mary 40 (wife) (T NC NC), Robbert 17, Mary A. 15, Archable A. 12, John R. 9, Elizabeth 6, William 4, Jane 74 (mother) (T VA VA)
130. HOLLAND, James 46, Sarah E. 35 (wife) (T NC T), Mary 13, Martha 11, Lucy 9, William 7, Pearl 6, Sarah A. 5, Charls 3, Murtle 1

BLOUNT COUNTY (26)

Page 14, District 5

131. PESTERFILD, George 70, Margret 35 (dau), Malinda 29 (dau), Dalas 25 (son), William 18 (son)
132. McETURF, Adam 20, Sarah 21 (IA T T)
133. POLEN, David 47, Caroline 47 (T T NC), Stokely 21, Cape 16 (son), Rocksey 13 (dau), Ida 9
134. ELLIS, Boliver 33 (T T NC), Eliza J. 28 (T T Ire), Sarah C. 6, William 4, John E. 1
135. JONES, Elisha 38, Mary 35, Dora E. 8, Effa 4, John 11, Bartus 40 (bro) (liver com.), SHEETS, Luisie 17 (boarder) (T VA VA)
136. ELLIS, Sarah 88 (widow) (T T NC), Nancy 45 (dau) (T T NC)
137. HENDERSON, Mikel 23 (T VA VA), Becca 24, Edward 2, Nancy 66 (mother) (palsied) (VA VA VA)
138. GOODWIN, William 25 (GA GA GA), Mary 29, Lucy J. 8, Lelie P. 6, Hannah 4, Nannie B. 2/12 (b. Mar), BRIGHT, Jane 62 (mother in law)
139. BROWN, Samuel 35, Marian 34, Nancy 13, John 11, Joseph 9, Ignatious 8, Mikel 5, Carian 3 (f), Samuel T. 6/12 (b. Nov)
140. PHELPS, Rufiem 40 (NC NC NC), Caldonia 28 (wife) (T SC SC), John C. 11, Sarah S. 6, Selubia 3, John (relationship omitted) 50 (NC NC NC)

Page 15, District 5

141. ELLIS, James 50 (T NC NC), Peva 45 (T T KY), Patric 14, Newton 12, Ross 9, Lizzie 7, Ursula 2, Thomas 1
142. PARSONS, John 33 (enlarg of liver), Mary 30 (T NC T), Marcuedy J. 11, William 10, Madison 8 (scrofula), Samuel 6 (scrofula), Franklin 3 (scrofula), Edgar 9/12 (b. Apr)
143. FRENCH, Samuel 60 (SC SC SC), Salina 49 (wife), Lincoln 16 (scrofula) (T T T), Tipton 15 (T T T), Mary E. 13 (T T T), Rily 7 (T T T)
144. MORE, David 55 (T NC NC), Rachel 49 (dyspepsy) (IL T T), John 24, Luny A. 21 (son), Lucindy J. 19, William 16
145. MORISSON, John P. 46 (OH NJ OH), Sarah 42 (OH NJ OH), Rachel A. 22 (IA), Joseph J. 12 (MO), Albert 6 (T)
146. PRESLEY, Gorge 24, Rosettee 30 (enlarg of liver) (T NC NC), John H. 8, James M. 2
147. LANE, Febe 51 (widow) (T T VA), Mary 24, Jane 21, Caldona A. 7
148. HENDERSON, Joseph 44, Mary A. 39 (milk leg), Hannah 18, George W. 16, Nancy 14, John H. 13, Melton F. 10, Pinkney 5, Mary J. 3, Sarah E. 3/12 (b. Mar)

Page 16, District 5

149. ODELL, Melton 27 (affected lung), Emma 20, Lula L. 4, John 1, James 1 (twins)
150. SMITH, Laffyette 32, Mary C. 34, John 11, Elizabeth 9, William 6, Mary J. 2, Mime B. 1 (dau)
151. GIDEAN, William 45, Mary E. 30 (wife), William 6, Margret J. 3, James 1
152. PURKEY, Mike 23, Mary 28 (wife), Houston 9, Sarah J. 4, Reshel 2 (son)
153. DRARKE, Chals. 21 (NC NC T), Rachel C. 20, Mary L. 4/12 (b. Feb) (T Ire PA)
154. McCULLEY, Henly 66, Tildy 63
155. FOISTER, Lewis 65 (rheumatism) (NC VA VA), Joan 68 (NC PA T)
156. DRAKE, Nancy A. 50 (NC NC NC)
157. MOOR, John 59 (NC NC VA), Sarah A. 48 (wife), Brenner 17, John W. 10
158. TALENT, Samel J. 27, Jane 28 (T NC T), Belle 6, James 4, Avery 2, Mary J. 6/12 (b. Jan)
159. MOOR, James 25 (T NC T), Alice 24 (married within yr), HUKY, Kany 16 (f) (boarder)
160. McLURE, George 25 (T T NC), Lucy 26 (NC NC NC), Rufes 6, Alice 4, Martha 3/12 (T T NC)

BLOUNT COUNTY (27)

Page 17, District 5

162. JOHNSON, Westley 34, Mary 34, Lewis C. 17, Martin 9, Darcas 7 (dau)
163. ORR, Robbert 33, Caldena 31, Margaret 11, John H. 9, Martha 7, Manda 5, Edward L. 3
164. IRVIN, Alexander 56 (T VA T), Mary A. 50 (T NC SC), John 24, Washington 21, Robbert 20 (typhoid fever), Nancy 18, Talleneous 9
165. RAUCON, Samuel 84 (married) (cancer on face) (PA PA PA), Martha 39 (T PA PA), Samuel 8
166. IRWIN, James 27, Caldona 27 (T PA T), Victor 2, Charls 8/12, Arther 12 (nephew)
167. FOISTER, Lewis 22 (T NC T), Margaret 18, James W. 3/12 (b. Mar), Cooper 2, Thomas 12 (nephew)
168. ALFORD, Robbert 54 (aricpiolus), Sarah 50, Laura 11
169. CURTIS, John 38 (rheumatism) (NC NC NC), Harriet 36 (GA GA GA), Nancy A. 18 (GA GA GA), Lenard 13 (NC NC NC), Osmino 10 (NC NC NC), Attacus 7 (NC NC NC)
170. PHELPS, James 20 (T NC NC)
171. SMITH, Sarah 36 (widow), Corda 18, Eliza 6, Lucy 2, Clabern 7, Marian 11 (dau), Eugene 5 (dau), Eulisses 4, Alice B. 1

Page 18, District 5

172. BISHOP, George 51 (carpenter) (SC VA VA), Susan 47 (T SC NC), Blain 17 (T SC NC), Joseph 14 (T SC NC)
173. BALDWIN, Merchant 83 (T PA PA), Martha C. 68 (wife) (T MO DE), WATS, Aston 20 (servant) (NC NC NC)
174. SNIDER, Laffayette 29 (works in saw mill) (GA GA GA), Elizabeth 32 (T T VA), Robbert 6, Emmila 3
175. LANE, James B. 29, Sarah 30, Hattie 8, Edgar 6, Houston 4, Effa May 1 (scrofula)
176. LANE, James P. 37, Mary B. 30, Charls 9, Dora 5, Samuel 2, Mauda C. 10
177. LANE, Margaret 80 (widow) (T Ire T)
178. WHITE, Luna 33 (enlarged liver) (GA GA GA), Sarah 30 (wife), Lilie 7, John L. 4, Robbert 3, Ama B. 1
188. PEIRC, Drewry 30, Mattie 26, Robbert W. 3, James L. 1
189. JONES, William 66 (T NC NC), Ruth 60 (T NC T), Joanna 36, William L. 1
190. JONES, Samuel 22, Ella N. 16 (consumption) (AR NC NC), Curtice 12 (sis) (IL NC NC)
191. ANDERSON, John 47, Mary S. 60 (wife), (T NC VA), Dalas 21, Sarah J. 17

Page 19, District 6

192. McCLANNEYHAN, William 22, Ellen 22, Ada 5
193. BAUMAN, William 39 (boot & shoe maker) (AL VA NC), Mary 28 (wife)
194. WARD, John 21, George 17 (bro), Burges 15 (bro)
195. KINUCK, George 68 (NC MD NC), Catharine 67 (typhoid fever) (T SC T), Emaline 28
196. BAR, William 18 (g son--of 195?) (T VA T), Mollie 16 (g dau) (T VA T)
197. SMITH, Alexander 32, Carolina 25, Nancy E. 10/12 (b. Jul.)
198. HENRY, Jackson (B) 67 (NC NC NC), Senie 56 (VA VA VA), James 12
199. HOFFS, Samuel 46, Margaret 37, John 15, Martha 14, Lucy 11, Susan 9, Edda 6 (son), Effa 6, Charls 3, Ella 7/12 (b. Jan)
200. GRASTON, Lafayette 27, Alabama 26, William 4, James 3, Frank 1
201. MOOR, Jesse 32, Nancy C. 27, John R. 11, Mary 4, Hugh L. 3/12 (b. Mar)
202. CRANDER, Joseph 40 (dyspepsia) (NC NC NC), Nancy 22, William 7 (scrofula), Jan. T. 6 (son), Samuel 4, Bettie 4/12 (b. Feb)
203. KIGER, Joseph 27, Malinda 24 (T VA VA), Mary 4, Sarah 2, Samuel 1/12 (b. May)

BLOUNT COUNTY (28)

Page 20, District 6

204. HUTSEL, Wilson 68 (VA VA VA), Sarah 50 (wife) (VA VA VA)
205. CRISP, George 35 (T NC NC), Susan 27 (T T VA), Joseph 8 (T T VA), Malinda 6 (T T VA), Charls 4 (T T VA), John 2 (T T VA), William 3/12 (b. Feb) (T T VA)
206. KIZER, George 61 (NC NC NC), Emeline 65 (NC NC NC), Margaret 37, Georg H. 23, Samuel 21, Mary 17
207. HENRY, William 26 (ruptured), Dolly A. 29 (T NC NC)
208. ORR, Benjamin 52 (T NC NC), Eliza 52, Casander 16, Charls 7
209. McKEEHEN, Brewer 58 (carpenter), Nancy A. 50, Martha 11, Rubecca 8, Brewer 6
210. CULTON, Sarah 24 (widow), Minnie F. 5, Mossie M. 3 (dau)
212. DUNLAP, Elizabeth 65 (mother--of #210?) (billious fever) (T T NC)
213. RUTLAGE, Jackson 44, Sarah 39, Susan 13, James 11, Andrew 8
214. HANNAH, William 34, Martha 29, Charls L. 8, Archer P. 5, George F. 3, James Hank 2/12 (b. Apr)
215. GIBBS, Sarah A. 18, OGLE, Josep 18, RUTLAGE, David 19 (relationship of these 3 individuals omitted), Sarah 25 (wife), Sarah J. 2/12 (dau), LOGAN, John 69, Samantha 44 (wife) (T T __), John H. 4 (servant)
216. EDMONDSON, J. P. 34

Page 21, District 6

217. KIDD, Harvy 36 (T T NC), Lucy A. 38 (T VA VA), Jannie 12, James 11, Houston 7, Modinia 5, Joseph 2
218. LAUSON, Gorge 36, Alice 21 (wife) (GA T T), William 6, Mary E. 2, Samel 1
219. ANDERSON, Thos. 68, Elizabeth 60 (T NC VA), James 24 (teacher) (scrofula), Jamie 21 (dau) (teacher), Josep 17, Anice 14
220. CARUTHERS, Harvy 72 (T VA VA), Nancy 73 (T VA T), McCULY, James 22 (servant--carpenter) (T VA T)
221. BYRUM, William 45 (blacksmith) (T T SC), Martha 40, John 13 (typhoid fever), Maggie 10, Jossie 8 (dau)
222. BYRUM, Mahala 62 (SC Ire Ire), JOHNSON, Furd 24 (m) (work in saw mill), Janie 31 (wife) (OH PA NY), Della 10
223. CURTIS, William 35, Darcas 35 (wife), Lillie 9, Mimie 7, James 2, John 4/12 (b. Feb), JOHNSON, Thomas 63 (hired hand) (T VA T)
224. CURTIS, Joseph 58 (carpenter) (T NC NC), Mary 59 (T T SC), Mary F. 24, Burty 2 (dau), William E. 6/12 (b. Dec), Effa 6/12 (b. Dec)
225. CURTIS, Samel 31, Ida 22 (T VA T), Jessie 5, Fred 3, Nancy A. 1, CLEMONS, Nancy 57 (mother in law) (VA VA VA)

Page 22, District 6

226. EDMONDSON, Clark 43, Margret J. 34, Anna 6, Sarah C. 4, James L. 9/12 (b. Sep)
227. JAMES, Ignatius 34, Lizzie 38 (T T VA), Ida 9, Houston 5, Lea 17 (hired)
228. EDMONDSON, Houston 29, Sousan 27, Lulla 7 (dau), Gorge H. 5, Samuel 3, Perry 1, CROSSWHITE, Rhoda 20 (boarder) (teacher)
229. LANE, Merda 54, Nancy 48 (wife) (rheumatism) (T VA VA), Laura A. 22, George 19, Alexander 14, Ceburn 12, John 11
230. ALLEN, James (B) 65 (VA VA VA), John 14 (son) (T VA VA), Charles 12 (son) (T VA VA)
231. CURTIS, Reno 34 (NC NC GA), Martha A. 38, Lue 12 (niece) (scrofula), RAICON, Samel 14 (bound) (KS T KS), Cora May 4 (dau), CURTIS, Joseph H. 32 (bro) (NC NC GA)
232. WALKER, Camel 46, Ruth 30 (wife), Joseph S. 7, Ada 4
233. BOATMAN, William 36, Jane 25 (wife), George 8, Nathan 6, Sylvester 4, Rutha 2, Hester E. 2/12 (b. Apr)
234. McENTURF, Rily 24 (T GA T), Hester 23 (T VA VA), Rella 3, Mary A. 2, William 6/12 (b. Dec)

BLOUNT COUNTY (29)

Page 23, District 6

235. McGEE, Charls 34 (T T NC), Rachel 31 (sis) (T T NC), Mahala J. 27 (sis) (T T NC), Charls 10 (son) (T T NC), Delila 68 (mother) (blind) (NC T NC)
236. PORTER, James L. 23 (T VA T), Artelia F. 18 (T VA T) (music teacher)
237. BRTER(sic), Elizabeth 66 (widow) (gravel), John S. 19 (son) (T VA T)
238. GARNER, Prier 18
239. POLLARD, James (B) 27 (VA VA VA), Mary 22, Mattie 4 (dau) (T T T), Lula 6/12 (b. Dec) (T VA T)
240. HENRY, Howard? 56 (bronkitus) (T T NC), John 54 (bro) (T T NC); GIBSON, Mary 70 (hired); ROBISAN, Ashley 19 (hired); AUSBURN, William 22 (hired), HENRY, Duff 22 (boarder)
241. KOOK, Margret (B) 42, Barbrey 20 (dau), Mary 18 (dau), Andy 4 (son)
242. GARVER, Andrew 28, Sarah 25 (T NC NC), Olliver 4
243. THOMPSON, Aaron 20 (Mu), Manda 21 (B), Mary 3
244. CARTER, Frank (B) 37, Rosa 22, Sousan 8, Samuel 6, Iona 5, Fannie 4, Frank 2, Jersey 4/12 (b. Feb) (son)
245. DICKSON, Bruce 48 (T VA Ire), Nancy J. 38 (rheumatism) (T VA T), Robbert 15, David 12, Samel 10, Mary E. 8, Rachel 6, Alexander 4, James 2, Sarah 11/12 (b. Jul), Nancy 85 (mother) (VA Ire PA)
246. CUMMINS, Mary 70 (mother in law--of 245?) (liver affection) (T VA VA)

Page 24, District 6

247. BARTSMAN, Nathan 40 (measels) (T T IN), Rutha 35 (spinal affection), George C. 12, John W. 10, William 8, Jessee S. 7, Henry P. 5, Nathan 2, Mary J. 1
248. McCAMMON, Samuel 33, Adaline 28, James O. 5, Mary C. 3, Lillie F. 1; HON, Adam 20 (hired); THOMPSON, William (Mu) 16 (servant)
249. GARNER, Haris 60 (T T NC), Sarah 50 (pnerualgia), William 25, John A. 21, Jane 20, Hettie 18
250. CORVER, Camel 32 (carpenter), Thuya 30 (wife) (T VA MS), Margret J. 12, William 9, John 7, Ider 4 (dau), Marthar 2
251. CORVER, Thomas 28 (chills & fever), Edgar 3 (son)
252. PARSONS, John 43, Glassly 37 (wife), Tonly 18 (son), James 16, Robbert 14, Joseph 12, Horrace 10, Charles 7, Donnel 5 (son), Ida 3
253. LEWIS, John 26 (VA VA VA), Margret 28, Thomas R. 3, Ida 3, Bettie 1
254. WORD, Elizabeth 55 (widow) (T VA VA), Jane 27, Martha 24, William 21

Page 25, District 6

255. LOGAN, Martha 61 (widow) (T PA VA), John 34, Hugh L. 26, Mollie 22, Mattie 20, Write 19 (son), Narcicie 17
256. HENSON, James 37 (NC NC NC), Eliza 31 (NC NC NC), Sarah A. 11 (NC), Laura 9 (NC), Franklin 7 (NC), Edmon 5 (T), Samuel 2; COWARD, Sarah 68 (mother in law) (palsied) (NC NC NC)
257. McMILLION, James 45 (T GA T), Roseana 50, Margret Ja. 18, John 14, William 12, David 10, Silaman 2 (son)
258. McTEER, Siliman 42 (rheumatism), Eliza 27 (T VA T), Ida 9, Charls 7, Mattie 6, Maggie 4, John 2, Sallie 5/12 (b. Feb); STEWARD, William 19 (hired); McTEER, Martha 63 (mother)
259. BURDWELL, Ladora 43 (widow), Samuel 24, Woods 18, James 16, John 3 (nephew)
260. HAIR, William 26, Mary A. 20, James Elbert 6/12 (b. Jan)
261. JACKSON, Elizabeth 74 (widow) (VA T VA), James 44 (blacksmith) (T T VA), Martha 36, George 30
262. HENRY, William 41 (liver disease), Eliza 36 (bronchitis) (T T SC), Ella 15 (scrofula
263. HENRY, Ake 48, Mary T. 39 (wife), Sallie 19, Moses 15, Samantha 12, Davis 10, William 7, Thomas 1

BLOUNT COUNTY (30)

Page 26, District 6

265. HENRY, John 32, Harriett 27, Eldon 10, Florence 8, Dick 6, Tennessee 4, Mary 2, Aola 3/12 (b. Mar) (m)
266. RHEA, Sarah 46 (widow), William 25 (blacksmith), Andrew 19, Mary 16, Easter 14, Edward 12, John 10
267. MILLER, Davis 52 (T VA T), Adaline 61 (sis) (dyspepsia) (T VA T); SHAKE, Millard F. 21 (boarder), LONG, Jacob 18 (hired), BOYD, Mary 17 (servant)
268. HARP, William 36 (T Ire T), Mary 36, John 18, Tennessee 12, Chals 10, Sallie 8
269. BETSEY, Howard 40 (widower), Joseph 21, Alexander 18
270. COCHRAN, Syrus 48 (white swelling) (T NC T), Caroline 45, Almory L. 23, William 21, James 18, Thomas S. 16, Lucy 14, Mathew 12, Ada Caroline 9, Elizabeth 6
271. DAILY, Willy 51, Elizabeth A. 34 (wife), Hester 19, Matilda 13, Robbert 12, George W. 10, Homer 7, Charls H. 6, James L. 4, Minie 2, Marian P. 1 (son)

Page 27, District 6

273. BYRUM, Joseph 40 (T NC NC), Amanda J. 38, Alice 13, Laura T. 12, Martha 10, Victory 6 (dau), John R. 2
274. WILLACKS, Robbert 30, Cordela 22, Mary J. 4, Kernela 2 (dau), William 1
275. STALLIONS, William 44 (piles) (T NC T), Eliza 50 (wife) (T NC T), James M. 12, Ladora 10, Ruth 94 (mother) (T NC NC)
276. WILLACK, Frank 27, Sarah 24, William 3, Elizabeth 11/12 (b. Jul), Elizabeth 55 (mother in law)
277. PARKER, Cyrus 40 (MI MI OH), Elizabeth 37, Jesse 11 (GA), James 9 (T), Dora 7, John 6, Melvan 1
278. BRANOM, Green 40 (T NC NC), Nancy A. 38 (T VA T), James 15, William 13, John 10, Isaac 8, Vina 5, Sousan 2
279. FONGER, Henry 43 (T NC T), Eliza 52 (sis) (T NC T), Sousan 40 (sis) (T NC T), John 36 (bro) (T NC T), SHERL, Tilda 30 (housekeeper), France 8 (son), Ellen C. 1 (dau)

Page 28, District 6

254. FINGER, Marian 35 (T NC T), Lurinda 30 (T NC T), Sousan 9
255. SPARKS, John 26, Mary 23 (T Ger T), Gussie 9/12 (b. Sep) (dau)
256. McCANEY, John 49 (T T NC), Nancy 60 (sis) (T T NC), Mary 39 (sis) (T T NC), MORRISSON, Robbert 20 (farmhand?)
257. SCOTT, William 64 (T NC NC), Savira 58 (T VA NC), Vina J. 36, James 19, Fannie 18, Samuel 17, Edward 15, Horna 13 (son)
258. FRAZIER, George W. 34, Ann 31
259. FOWLER, Alvira (B) 35 (f), Sherman 10 (son), Almenie 7 (dau), David 4 (son), Duff 2 (son), Elizabeth 3/12 (b. Apr)
260. MEANS, William 64 (T NC PA), Lucinda 60 (T Ire PA), Sallie 20, McCULEY, William 19 (farmhand)
261. McMURREY, Eagleton 35, Laura A. 26
262. PHELPS, Jefferson 48 (T VA T), Mary 48 (T VA T), William 19, John 17, James 15, Samuel 10
263. BALDWIN, Drew 35 (blacksmith), Jennet 29, Ella 8, Lela 6, Cicora 2 (son), SHEDDON, John 19 (apprentice blacksmith) (T T AL)
264. MARTIN, Robbert 51 (T T VA)
265. HOOD, James 23 (teacher), Mary 25, Houston 3, Bertha 1 (son)

Page 29, District 6

266. CULTEN, Georg P. 32 (merchant), Charlotte 32
267. LEATHERWOOD, Joseph 38 (T SC T), Martha 35, Isaac 15, Mary E. 13, John 10, Sarah L. 7, George 4, William 1

BLOUNT COUNTY (31)

Page 29, District 6 (continued)

268. WEST, James 42 (works in flour mill), Ludia 44 (VA VA VA), Nathaniel 17, Eliza J. 15, Mollie 8
269. CUTON, Mary J. 55 (widow) (T NC NC), James A. 23, Amanda T. 21, RUNIOM, George 74 (father) (retired carpenter) (NC NC NC), BELT, John 18 (farmhand)
270. WEST, William 34, Nancy C. 33, Charls L. 10, Martha A. 8, Andrew L. 6, Bunavista 3
271. TATE, Lewis (B) 52 (VA VA VA), Arta 30 (T VA T), Porfena 13, John 12, Lillie 4, Dock 3, Leona 2, Anna 1
272. TALOR, James W. (B) 42 (VA VA VA), Manda 32 (T VA T), Henry 13, John 11, Emma 9, Nancy 7, Clara 5, William 4, James 2, George 4/12 (b. Feb)
273. HUNTER, William (Mu) 25, Ellem (B) 26, Eliza 3, Lizzie 2, Hester 3/12 (b. Mar)

Page 30, District 6

274. ISAM, Robison (B) 30 (T NC T), Mary 9 (dau), Delpha 76 (mother) (T T VA)
275. CORVER, Manda 39 (widow) (NC NC NC), James 15 (NC NC NC), Allen 13 (NC NC NC), Robbert 4 (NC NC NC)
276. MEANS, Sarah 37 (widow) (T T VA), Chals 13, Rutha B. 12, Cora 9, Minie 7, Mary V. 5 (phthisic), William 2, SPARKS, Thomas 20 (servant)
277. YOUNG, Bartly 38, Issibella 37, Hugh C. 13, Robbert A. 12, John E. 9, David F. 6, Charls M. 4, Nora M. 1
278. STALLIONS, Jackson 33, Nancy 20 (wife), Isabella J. 14 (dau), Texana 12, John W. 10, Andrew J. 8, Ellen S. 6, Matha F. 4, David T. 1
279. MADISON, James 22, Caroline 19, Laura A. 3/12 (b. Mar)
280. BIRD, William 27 (GA T T), Martha 30, Dora A. 11/12 (b. Jul)
281. WEAR, David 40, Barbra R. 40, Sarah E. 20, OGLE, William 17 (farmhand), COE, Mary (B) 8 (servant), ANDERSON, E. J. 52 (bro in law)
282. RUSSELL, Thomas 55 (VA T T), Jane 51 (T SC SC), Caroline 31, Robbert 18, Henry 16, Salina 13, James 10, Washington 8
283. RUSSELL, Johnson 26, Mary J. 17 (NC T T)
284. LARGE, John 31, Ellen 29, Franklin 1, Isaac 25 (bro) (merchant) (typhoid), Perry 11 (nephew) (T T GA)
285. LANE, William 33, Martha 19 (wife), Nancy A. 4, Maggie 1
286. CANIDAY, Lias 34 (AR NC NC), Rebecca 35 (wife)

Page 31, District 6

287. LEATHERWOOD, Daniel 72 (arcipilus) (SC SC SC), Elizabeth 67 (T NC NC), Ellen 34 (T SC SC), Alexander 18 (T T T), Martha 10 (T T T)
288. LEATHERWOOD, George 26, Messina 20, Gracy C. 6/12 (b. Dec)
289. DOCKERY, Lucidda 53 (widow) (VA VA VA), Sousan 23 (T VA VA), James George 21 (consumption) (T VA VA), Nancy J. 15 (T VA VA), Henry 13 (T VA VA), Mary E. 11 (T VA VA)
290. HAMEL, George 62, Pegga A. 60, Maggie 27, JENNINGS, Benjamin F. 77 (relationship omitted) (VA VA VA)
291. LOGAN, James 38, Mary C. 30, Maggie 9, Emmerson 7, William 4, Murtle 10/12 (b. Aug)
292. DUNLAP, James 29 (T NC T), Miriam R. 25 (VA VA VA), William 6/12 (b. Dec)
293. McCAMMON, O. P. 40, Anna E. 45 (wife) (T VA T), Oliver H. 11, William C. 8, Mary A. 6, Harriet F. 3
294. JENKINS, Lafayette 29 (minister of gospel), Manerva 20, Mira 2

Page 32, District 6

295. YEAROUT, William 61 (T VA VA), Mira M. 48 (wife) (T NY T), Loury John 19 (scrofula), Madaline 14

BLOUNT COUNTY (32)

Page 32, District 6 (continued)

296. CROSSWHITE, Jessie 54 (diorea), Lavina 55 (T PA VA), Rubecca 18, John 14
297. STERLING, Henry 56, Eliza 48, Semuel 24, Ceburn 20, Camel K. 14, Sarah 13, Perry 11, Packston 8
298. KINNICK, John T. 39 (superinting paupers) (T NC T), Caldena 27 (wife), Ethel J. 5, Bertha C. 9/12 (b. Sep), HOWERD, H. P. 23 (farmhand)
299. GUY, Margret 88 (pauper) (NC NJ NJ), FARMER, James 87 (pauper) (T GA T), LUNDY, Elizabeth 77 (pauper) (GA GA GA), PRATHER, Elya 70 (f) (pauper), SMITH, Penelopy 70 (pauper) (T T VA), TROUT, Dicy 54 (pauper) (GA GA GA), BOWERMA, Margret (B) 32 (pauper), (idiotic), PRITCHET, Hannah 20 (pauper) (insane)
300. WEST, James 30, Sarah 30, William 10, James 6, Sarah A. 3
301. WALLACE, Landen 38, Nancy M. 25 (wife), Lota E. 5 (son), Henry B. 4, John A. 2, Lula B. 11/12 (b. July)
302. WILSON, William 39, Mary 36, George 15, Robbert 11, Joseph 6, William P. 4, Mary E. 7, Elisabeth 3

Page 33, District 6

303. EDMONDSON, John 68 (T VA VA), Margaret 67 (T NC Carolina), Lafayette 26, HAIR, Jacob 21 (servant)
304. ORR, John S. 27, Martha 28, Samuel A. 6, Maggie 4, Daniel 2, Horrace M. 5/12 (b. Jan), WILSON, John E. 11/12 (b. Jul) (son)
305. POWEL, Nancy 48 (widow) (typhoid fever), John 18, Mary 18, Rachel 8
306. WALLACE, Aberham 45, Peggajane 47, Hester A. 22, Mary 19, Robbert 17, John 14, Mattie 13, Manda 11, Eliza 9, James 7, Lillie 5, FROW, Jane 75 (mother in law)
307. JOHNSON, Elkna 56, Mary C. 54 (wife) (T T VA), Jane 19, James 17, Charls 14, Oliver 11, John 7, Mary S. 2
308. PHELPS, George 33, Clementine 22 (wife), Samuel H. 2, Luther 7/12 (b. Nov)
309. SCOTT, James E. 35, Nancy A. 31, Maggie B. 8, John H. 4 (reel foot), Stella M. 2, Stephen P. 1/12 (b. May), Mary 67 (mother) (T VA VA), CLION, Tennessee 23 (servant)

Page 1, Louisville Village

1. SAFFELL, Paley 54 (T VA VA), Mary 44 (wife), Loyzie 17 (dau), Henry 15, Charlie 11, Roy 2, Henry 77 (bro)
2. TALLANT, William 47 (T NC NC), Thersa 37 (wife) (T VA T), William 12, James 10, Nancy 7, Charlie 4, Ambrose 1
3. RUSSEL, George 35 (T T Ire), Mary 24 (wife) (GA T T), HUNTER, Saraah 12 (sis in law), Cora 9 (sis in law)
4. ROBINSON, William 31 (NC NC NC), Mattie 21 (wife) (T T NC), Columbus 9 (T NC NC), Nancy 7 (T NC NC), John 4 (T NC NC), SMITH, Jessa 27 (bro in law) (asthma) (T T NC)
5. SNAP, William (B) 21 (T VA VA), Susan 23, Mandy 4, Samuel 2, William 6/12, Nancy 64 (mother in law) (VA __ VA), Elbart 19 (bro) (T VA VA)
6. GOOD, William 37 (cabinet maker) (T __ __), Elisabeth 51 (wife) (T VA VA)
7. FRENCH, Elisabeth 71 (widow) (T VA T)
8. GAULT, S. H. 36 (widower) (physician & surgeon), Ella 13, Horace 11, Jesse 8 (dau), Mary 43 (sis)
9. COPLEY, Enoch 47 (marble merchant) (NY NY CT), Ella 48 (PA NY CT), Minnie 18, Alice 10
10. CUMMINS, Joseph 61 (dry goods merchant) (T VA VA), Elisabeth 63 (NC NC NC)
11. JOHNSTON, Robert 65 (retired dry goods merchant) (T Ire PA), Jane 68 (T VA VA), Joseph 22 (dry goods merchant)

BLOUNT COUNTY (33)

Page 1, Louisville Village (continued)

12. HENRY, Huston (Mu) 39 (widower), Margrett 11, Willmond 9 (dau), Hannah 8, Anda 6 (son), TEDFORD, Hannah 59 (mother in law)

Page 2, Louisville Village

13. LOVE, Martha 57 (widow) (T VA T), Cirus 28 (lawyer), Ambros 23 (dry goods merchant), Emma 20 (teaching music), Willie 17
14. FITSPATRICK, John 31 (bridge builder) (Ire Ire Ire), Johanna 35 (married within yr) (Ire Ire Ire), Esther 17 (step dau) (T Ire Ire), Johanna 15 (step dau), John 13 (step son), Hannord 6 (step dau) (AL Ire Ire), Rosa 4 (step dau) (T Ire Ire)
15. COX, Sopha 53 (Mu)(widow) (T __ T), Alice (B) 25, Tris (Mu) 21 (son), Isac 12, James (B) 6, Tine 6 (g dau) (T __ T), Relaford 4 (g son) (T __ T), Albert 6/12 (g son) (T __ T)
16. GEORGE, James 50 (waggon maker), Telitha 42, Elisabeth 23, Bunavista 10, Mary 8, Orlena 2
17. CHAFFSMAN, George 67 (physician) (NC VA NC), Eliza 81 (wife) (VA Eng VA)
18. GRIFFITTS, Henderson 27 (carpenter) (T VA T), Mary 27, Leonadis 1
19. MITCHEL, James 54 (widower) (carpenter) (GA __ __), Sarah 31 (GA GA SC), Carnelia 21 (GA GA SC), James 14 (works at sawmill) (T GA SC), Thomas 12 (T GA SC), Ruhama 8 (T GA SC)
20. McCROSKY, Marcus 28 (physician & surgeon), Jennie 22 (MI Eng Canada)
21. TALLANT, John 36 (T NC NC), Segournia 33, Maggie 12, William 8, Minnie 6, Herman 1, SMITH, Thomas 23 (cousin)

Page 3, Louisville Village

22. SPELLMAN, Pherby 57 (widow) (NC NC NC), Margret 35 (wagon maker) (T T NC), Marion 28 (son) (scrof sore eyes) (T T NC), Sarah 20 (g dau) (T VA T), John 1 (g g son) (T __ T)
23. UNDERWOOD, Polly 51 (widow) (T NC NC), Charlie 8 (nephew) (T T __)
24. KEY, Louis 38 (shoemaker), Rachel 36 (OH VT Eng), Jane 10 (IN), Alpharetta 9 (T), Florella 6, Elwood 3, Samuel 6/12, MORSEMAN, Elisabeth 74 (mother in law) (Eng Eng Eng)
25. CARSON, Frank (B) 27 (works in foundry) (SC SC SC), Rachel 31 (VA VA VA), Mariah (Mu) 16 (T __ VA), Palistine (B) 13 (dau) (T GA VA), David 7 (idiotic) (T SC VA), Hannah 6 (T SC VA), Vernesia 4 (T SC VA), Staffronia 2 (T SC VA), Charlot 5/12 (T SC VA)
26. FAGAN, William 32 (blacksmith) (NC NC NC), Malinda 39 (pneumona fever), Owen 13, Sarah 9 (billous fever), Robert 5, Alice 3
27. CAGE. Polly 80 (widow) (T NC NC), MORE, Elvira 35 (widow), Ben 19 (g son) (T NC T), Arnold 16 (g son) (T NC T), George 10 (g son) (T NC T), Eliza 7 (g dau) (T NC T) (disentary0
28. BARNES, James 49 (brick mason) (leg amputated) (T NC T), Eliza 49 (T NC VA), Camel 21, Clark 18
29. PRICE, Lavasso 24 (dry goods merchant), Anna 25 (MI PA PA)
30. HARTSILL, Jo 29 (dry goods merchant), Nannie 27, Lula 4, Bertha 2
31. GRAHAM, Nyd (Mu) 36 (blacksmith) (NC NC NC), Elisabeth 34 (W) (NC NC NC), Eliza (Mu) 30 (sis) (NC NC NC), Dock 15 (nephew) (T T NC)

Page 4, Louisville Village

32. HEARTSILL, Abram 68 (mill right), Jane 53, Lizie 12 (boarder)
33. HILL, Susan 62 (T SC NC), Nancy 62 (sis) (T SC NC), Cintha 25 (dau) (pneumon), Callie 25 (niece) (T __ T)

BLOUNT COUNTY (34)

Page 4, Louisville Village (continued)

34. McCARTY, Aferd 39 (carpenter), Sarah 36 (T NC NC), Lucinda 19 (step dau), Laura 12 (dau) (AL), Martha 10 (T), Homer 7, Anna 3, Ersfert 1 (dau)
35. BUSSEL, John (B) 44 (SC __ __), Elisabeth 40, Mary 22 (step dau), Bell 19, William 16, Alsa 14, Baxter 9, Georgean 8 (dau), James 6, Henry 2
36. COX, Nathaniel 30 (retired dry goods merchant), Lula 24 (GA GA GA), Henry 4 (GA), Nathaniel 1 (GA), LAURANCE, Malissa 45 (mother in law) (diseas of spine) (GA GA GA)
37. POPE, Thomas 62 (minister) (VA IN VA), Sarah 37 (wife) (VA __ NC), Mollie 13 (VA), Gerome 11 (VA), Thomas 10 (NC), WALLICE, Abe (B) 20 (servant) (T __ __)
38. COX, Henry 65 (dry good merchant) (T VA VA), Lucy 57 (T VA VA), Eloya 30 (divorced) (clerking in store), John 27 (widower) (dry good merchant), Kitie 19, Henrettie 17, Lucy 2 (g dau), Ransem 11/12 (g son)
39. SNAP, John 27 (T VA VA), Sarah 26 (T T NC), Bertie 2 (son), Fredric 6/12
40. BARNES, William 30, Sarahan 24 (T NC T), William 8, Edward 6, Retta 5, Emma 3, Emmerson 1

Page 5, Louisville Village

41. MEAD, Homer 43 (CT NY CT), Fanna 39 (NY NJ Eng), Rosa 14 (T CT T)
42. LOGAN, Alvin 64 (disentary) (T SC T), Mary 55 (T NC NC)
43. McCAMPBELL, Robert 46 (T VA KY), Sarah 42, Joseph 17, James 12, John 7

Page 6, District 10

44. YOUNG, William (Mu) 46, Angaline 38, Sami 17 (son), Thomas 17, Charlie 8, Marietta 6, James 8/12 (b. Oct)
45. MISER, Susanna 61 (widow) (NC NC VA), Pleasant 27 (T T NC), Thera 24 (T T NC)
46. HENRY, Claborn (B) 50 (minister) (T __ __), Eliza (Mu) 38 (wife) (T __ VA), Frank 16 (stepson), William (B) 16 (son), Emma (Mu) 9 (stepdau), John (B) 9 (son), Olla (Mu) 8 (stepdau), Cora (Mu) 4 (dau), Florance 1 (dau)
47. PERKY, James 30, Martha 31, John 9, Emma 6, James 4, Effa 1, PARHAM, Bell 24 (sis in law)
48. TALLANT, Mary 39 (widow), Madison 18, Jack 15, Martha 13, Elizabeth 10, Darthula 7, James 5, Bengiman 2
49. FINZER, Adam 42 (carpenter) (T NC T), Alta 33, John 12, Florance 11, William 10, Laura 8, Dibba 5, Sarah 3, Samuel 2
50. HENRY, James 45 (stone mason) (T T NC), Mandy 40, Gustavis 21 (works in sawmill), Charlie 18 (works in saw mill), Molie 11 (dau), Frank 8, Lula 5, Maud 1, Ann 24 (dau in law) (married within yr--to Charlie)

Page 7, District 10

51. HOAGUE, Carry 34 (GA NC SC), Nancy 31 (wife) (NC NC NC), Sarah 12, Croazina 11, Emma 10, James 7, Anna 4, Laura 3/12 (b. Feb)
52. WEST, George (B) 35 (T __ T), Cintha (Mu) 32 (GA __ GA), Sam 7, Highberna (B) 6 (dau), Omer (Mu) 4 (son), John 6/12 (b. Nov)
53. FERGASON, James 22 (works in marble quarry), Martha 21, WILLIAMS, Cinda 35 (servant) (T T VA)
54. JEFFRIES, Marcus 46 (T VA VA), Martha 44, Elisabeth 13, James 11, John 9, Orpy 8 (dau), Charlie 5
55. JEFFRIS, William 52 (widower) (T VA VA), William 21
56. McCRAY, George 58, Catherin 48 (wife) (dropsy chest), James 27, Elisabeth 21, Sarah 15, Margett 11
57. CUNNIGHAM, Rach 38 (f) (married), Nancy 18 (T __ T), John 14 (T __ T), William 11 (T __ T), George 7 (T GA T)
58. PRATER, Lackey (B) 27, Polly (Mu) 45 (T __ T), WARREN, Martha 13 (stepdau), Johney 3 (stepson)

Page 7, District 10 (continued)

59. PRATER, James 40 (T T GA), Artia 37 (T NC T), William 19, Carra 17 (dau), George 15, Thomas 13, Edgar 11, Lloyd 6, Loula 5, Herbert 3

Page 8, District 10

60. NEWMAN, John 26, Lidda 26, Barbra 4, Luca 2
61. MATLOCK, Margrett 55 (widow), John 24, Abie 15 (son), BLAIR, Sarah 50 (sis) (widow), Tenie 21 (niece)
62. CROWDER, Clarie (B) 35 (VA __ __), Lula 7 (T __ T), Ella (Mu) 4 (T __ T)
63. YOUNG, Isham (B) 50 (T __ __), Maryline 28 (wife) (T __ __), Hary 7, Horace 3
64. LOGAN, Sam 42 (works in black S shop) (T T VA), Martha 27 (wife), Willie 2, An 65 (mother) (VA PA VA)
65. ALEXANDER, Prince (B) 49 (NC VA VA), Rosaner 42 (NC NC NC), George 21 (NC VA NC), Edwin 19 (NC VA NC)
66. CAGLE, Isaac 26 (T __ __), Lucinda 25, Sarah 10 (dau), Alice 9, Jo 6 (son), Ellin 3
67. KELLER, Thomas 28 (T AL T), Laura 26, Ernest 6, Mary 3, Lena 1
68. SIMERLY, Jeff 30, Tennessee 30, Martha 7, Eva 5, William 2, Charlie 1
69. TAYLOR, James 38 (blacksmith) (NC MD NC), Elisabeth 34, William 13, Isaac 10, Florance 4, Gace 2 (dau)

Page 9, District 10

70. TIPTON, Nathaniel 32, Rebecca 28 (T VA NC) (married within yr)
71. LACKY, Margritt 52 (widow), Tenna 20, Malinda 13, Samuell 10, Bell (Mu) 17 (servant)
72. ELETT, Bengemon 30 (NC NC NC), Rebecca 29, Thomas 12, Bee 10 (dau), Johney 7, Susan 6, Leonadus 2, James 1
73. McCLAIN, Henry (B) 24 (T __ T), Marry 20 (T __ T), William 4, Mary 3, Minnie 12 (sis) (T __ T)
74. STUART, John 40, Mary 69 (mother) (widow) (T PA T), Susana 38 (sis), Angaline 15 (sis)
75. RUSSEL, Sarah 45 (widow) (T VA T), Colvel 26 (son) (married within yr), John 20, Fannie 14, Hester 7, Eiva 21 (dau in law) (married within yr), Rachel (B) 18 (servant)
76. KEY, Ransom 46, Margrett 43 (T NC NC), Mary 23, Charlie 21, Mack 19, Isabell 17, Bartly 15, Lucy 14, Marcus 11, Wiley 10, Ira 6, Edgar 4, Elbert 2
77. HOOKS, Luther 42 (T T NC), Rachel 21 (wife), Ann 12 (dau), Marshal 8, Ola 2 (dau), Elisabeth 76 (mother) (NC NC NC)

Page 10, District 10

78. HENDERSON, Pinkney 42, Nancy 36 (T VA T), Bertie 8, Hallie 5, Jimmie 3
79. HENDERSON, Mary 38, Blanch 33 (sis), Mathew 31 (bro)
80. HENDERSON, Wm. 74 (T VA __), Mary 71, PHAR?, John 14 (living in family)
81. ROMINES, Edwin 26 (T __ __), Mary 24, Henry 5, George 1
82. TALLANT, Thoma(s) 27 (T NC KY), Elisabeth 26 (sis) (T NC KY), Jake 23 (bro) (T NC KY), Patten 22 (bro) (T NC KY), Harol 21 (bro) (T NC KY)
83. COX, Jack (B) 28 (GA __ __), Mary (Mu) 24 (intermittant cever), Alferd (B) 4, Savanah 2
84. COX, Jo (B) 50 (GA Africa Africa), Catherine 52 (GA __ __), Lou 25 (dau) (GA), Millie 18 (GA), Mariah 16 (T), James 14, Bell 13, George 12, Sarah 2, Adra 5 (g dau) (T GA T
85. UNDERWOOD, James 32 (T NC NC), Margrett 32, Ida 13, Nancy 10, Florance 8, Frank 3, Daniel 6/12 (b. Dec)
86. STEEL, Hugh 28 (T VA T)

BLOUNT COUNTY (36)

Page 10, District 10 (cont'd)

87. WALLICE, Thomas 24, Martha 25 (T NC KY), John 1?, Mary 4
88. GAURLEY, Marcellus 30 (physician & sergeon), Mary 20 (wife), Josie 11 (f) (servant) (crippled) (T T __)
89. GOURLEY, Avery 27, Eleck 22 (bro), Lizzie 15 (sis); WHITE, Mary (B) 35 (servant)

Page 11, District 10

90. CAROL, Jo (B) 62 (KY KY KY), Susan 48 (wife) (SC SC SC)
91. RADER, Isaac 49 (PA PA PA), Mary 30 (wife), Willie 12, Fannie 10, Joseph 7, Lucy 5, Dealie 1 (dau)
92. COLWELL, Doctor (B) 60 (NC VA NC), Esther 45 (wife) (T __ T), Eugenia 8 (AL)
93. SMITH, Alferd 59 (carpenter) (NC NC NC), Rebecca 53, Sarah 23, Margrett 18, William 14, Martha 10, Hiram 62 (bro) (NC NC NC)
94. COX, Cirus 50 (erysipless) (T VA T), Nancy 42 (T NC NC), Mary 23, Charley 21, Annie 16, Lizzie 14, James 13, Jackson 11, George 9, Fredda 6/12 (b. Nov) (g son)
95. COX, Tompson 67 (T VA T), Ann 46, John 12, Mary 11, Thomas 10, Emma 8, Homer 5, Eliza 2, Ernest 4/12 (b. Feb), Sarah 44 (sis) (T VA T); LINGENFELTER, Henry 30 (servant)
96. CORLEY, Isabell 60 (T VA T), Margrett 50 (sis) (T VA T), John 64 (bro) (T VA T), Georgiana 22 (niece) (AL T SC), James 13 (nephew)
97. BADGET, James (Mu) 22 (T __ __), Mary (B) 22 (T __ __), Andy 5, Leander 2, Charley 1

Page 12, District 10

98. BROILS, Daniel 48 (miller), Martha 45, Joseph 19 (reading medison), Hester 15, Sarah 13, Ruben 11, Sam 4, Linsie 6, Lucy 1
99. WHITTENBURG, Jaffe 53, Nancy 53 (T NC NC), Magnola 27
100. THOMAS, James 23, Mary 26, Charlie 1/12
101. WARREN, Barton 80 (widower) (T VA T), Octava 38, James 30, Georga 21 (dau in law) (GA GA GA); GILESPIE, Bety (B) 22 (servant), Charlie 3
102. DAVIS, Thomas 55 (NC NC NC), Tabitha 42 (wife) (NC NC NC), Stephen 18, Mary 14, Sarah 9, Isabell 4, Irenia 1
103. BAIRLY, Malinda 64 (widow) (T __ IN), Mary 37 (T NC T)
104. HUNT, Henry 44 (T T KY), Margret 36 (T NC T), Jame Marton 13, William 10, Possiphene 5, Jartus 2 (son)
105. DAVIS, Thomas 20 (T NC NC), Maryan 22 (billious fever), Rebecca 1
106. HENRY, John 72 (T T NC), Sarah 68 (T VA T), Elisabeth 48; BOND, James 54 (son in law) (physician); JONES, David 14 (bound) (T __ T); TICE, Hattie (Mu) 18 (servant) (T NC NC)
107. WALLICE, Jo (B) 30 (T __ __), Cora 30 (wife), John (Mu) 10, Isaac (B) 4, Andy (Mu) 3, Arther 1

Page 13, District 10

108. HENRY, John (B) 40, Maranda (Mu) 32, Luca 5 (dau); COX, George (B) 20 (servant); ODOM, Hinson (W) 14 (works on farm) (NC NC NC)
109. HENRY, Sam (B) 33, Rana (Mu) 30 (wife), Huston 12, Orthila 11, William 10, Thom 7, Eva 6, Lizza 5, John 8/12
110. ODOM, John 40 (shoe maker) (NC NC NC), Mary 20 (wife), Cordelia 10 (NC NC NC), James 7 (NC NC NC)
111. PRESSLEY, Celsa? 61, Elisabeth 45 (wife), Nancy 16 (step dau), James 15 (step son), Asa 11, Bart 6, Joseph 4, William 2

BLOUNT COUNTY (37)

Page 13, District 10 (cont'd)

112. HENRY, Abram (B) 45, Arminta (Mu) 39 (T T __), Luther (B) 20, James 18, Jane 16, Hannah 13, Martha 10, Hariett 7, Elisabeth 5, Abbi 2 (dau), Hannah 70 (mother) (T VA NC)
113. GEORGE, Rich 44, Catharine 41, Samuel 21, Josiah 19, John 16, Huston 10
114. COOPER, Plesant (Mu) 54 (GA __ VA), Sarah 46 (VA VA VA), Walter (B) 2] (GA), Esgro 18 (son) (typhoid fever) (GA), Jackson 16 (GA), George 11 (T), Mary 6

Page 14, District 10

115. COKER, Rutha 61 (widow) (T VA VA), Mandy 28, Edward 26, Allice 21, Mertil 10/12 (g dau)
116. PRATER, Hugh (B) 33 (T __ MS), Ellen 27 (AL AL AL), Robert 5 (T GA T)
117. UNDERWOOD, Thomas 34 (T NC NC), Sarah 34, Hugh 16 (stepson) (T GA T)
118. COX, Richard 23, Malinda 20, Williston 2, Morgan 1; TAYLOR, Susan (Mu) 25 (servant) (T __ __)
119. WALLACE, Andy (B) 23, Alzenia (Mu) 23, Oscar (B) 3, Flora (Mu) 2
120. COX, Charles (B) 46, Agnes 47, John 19, William 21
121. BURUM, Nancy 62 (widow) (T VA VA), Henry 22 (clerk in drygoods store), Nancy 19, Edward 13 (nephew)
122. NIPPER, James 57, Elisabeth 58, Evaline 26, Washington 21
123. BURUN, Jefferson (B) 55 (T __ __), Chainey (Mu) 40 (wife) (T __ T), Huston (B) 21, Martha 17, Bush (Mu) 14 (dau), Dora (B) 13, Sophina 7, James 3, Charlie 5
124. COKER, Nathan 35, Mary 26, Horace 10, Laura 8, Oscar 6, Susan 3, Blanch 1

Page 15, District 10

125. WRIGHT, Robert (B) 48 (T VA VA), Milla 30 (wife), John 12, Charles 8, Frank 2, Joseph 1/12 (b. Nov)
126. TAYLOR, Lucinda 55 (widow); GILESPIE, Isabell 48 (sis) (widow), Analza 24 (niece), Clementine 14 (niece); WALKER, Charlie (B) 10 (servant) (T SC SC)
127. SNIDER, Thomas (B) 42, Nancy (Mu) 27
128. BOWMAN, William 33 (T T __), Caroline 30, Elec 12 (son), George 9, Noah 8, Alace 6, Nathaniel 5
129. TAYLOR, George (B) 23, Mahala 24, John 7, Jessa 5 (son), Homer 1
130. VON, Ann (B) 30 (VA VA VA), Hyrum 4 (son) (T T VA), Ernest 3 (son) (T T VA)
131. TAYLOR, Martha (B) 40 (widow) (T NC NC), Rebecca 80 (in the family) (widow) (T VA VA), Solomon 50 (in the family) (T VA VA), Thomas 14 (son), Ida 11 (dau), Mary 10 (dau), John 5 (son)
132. CUMMINS, Bishop 29 (carpenter) (IL T T), Susan 23, Lizzie 2, May 1/12 (b. Apr); JOHNSON, William 15 (servant)
133. WALKER, Alic (Mu) 33 (m) (brick mason) (T T __), Laura 25 (T __ T), Charlie 10, John 10, James 7, Pary (B) 4, Agnis 3, Thomas 1

Page 16, District 10

134. BAIRLEY, James 20, Nancy 22, Molend 1 (dau)
135. GEORGE, Claborn 41 (carpenter), Catherine 24 (wife) (T T VA), William 6, Nora 4, Lizzie 2; BAIRLY, Margret 11 (sis in law) (T T VA); GEORGE, Minda 54 (sis) (disentary)
136. GEORG, Alic 76 (T PA VA), Carline 54 (wife) (T NC T)
137. BARKER, Henry 36 (T NC NC), Izabell 38 (T VA VA)

BLOUNT COUNTY (38)

Page 16, District 10 (cont'd)

138. TAYLOR, Press (B) 31, Tich 21 (wife), Geardy 4 (dau), Baxter 2, James 5/12 (b. Jan)
139. UNDERWOOD, John 49 (T NC NC), Pernina 40, Thomas 16, William 15, George 14, Eliza 10, Sarah 9, Robert 8, Henry 6, Marion 4, Michel 1
140. GILESPIE, Alic 77, Louisa 66 (wife) (T PA T), John 50, Sarah 46
141. TAYLOR, Susan 42 (widow), Martha 20, George 17, Charlie 14, Mary 12, William 10, Joanna 5, Richard 3
142. AMMONS, Miller 27 (NC NC NC), Lidda 27 (T Eng Eng), Mary 8/12 (b. Oct)
143. KERBY, Wright 29, Darcus 27 (wife), Richard 6, William 4, Purl 2 (son); KEER, George (B) 35 (servant)

Page 17, District 10

143. LOVE, Lucinda 51 (widow) (T VA T), William 24, Eva 17, John 14, Margrett 12, Emma 10
144. HENDERSON, Ab 35, Mary 22 (wife), Maud 2
145. LOVE, Robert 26, Nancy 21, Edward 3, Morris 2, Aaron 3/12 (b. Mar)
146. RODY, James 26, Catherin 20, William 3 (typhoid fever), Bessa 10/12 (b. Jul)
147. LOGAN, Charlie 34 (GA T T), Pheobe 34 (T T NC), Henry 9, Mary 8, James 5, Flora 3, Rosco 5/12 (b. Dec)
148. DELOZIER, Jessa 25, Nancy 27, Daisy 2, Marna 7/12 (b. Nov)
149. DYER, Abram 81 (widower) (T VA VA), Daniel 56, Jacob 52 (nephew)
150. HOOD, John 66 (T __ __), Sarah 46 (wife), Sarah 10
151. RODDY, John 45, Martha 47 (T VA VA), Andy 19, Jasper 17, Margrett 15, Rachel 13, Alice 11, Cora 9, Bell 7
152. GIBS, Silus 25, Mary 19 (T VA T)
153. DANIEL, William (B) 41 (VA VA VA), Jinnie 30 (wife) (AL __ __), John 10 (stepson) (T AL AL), Huston 8 (stepson) (T AL AL), Robert 6 (son) (T VA AL), Henry 4 (son) (T VA AL)
153. ORE, James 50 (wagon right) (T NC NC), Cena 48 (T T VA), Mabill 17, Bengimin 14, John 10
154. LOVE, Samuel 31, Sophronia 28, James 3, Annia 1
155. McDANIEL, Henry 35 (T __ __), Sarah 26 (wife) (T T NC), Porter 11, John 9, Pheaba 4, Wade 3

Page 18, District 10

156. TERLY, William 26 (VA VA VA), Sophina 20, Charlie 3, Richard 4/12 (b. Mar)
157. McDANIEL, Peter 23 (T __ SC), Jane 21, Tenna 4, Edda 2 (son), James 9/12 (b. Dec); GIBSON, Manerva 33 (servant)
158. EDMONDS, George 39 (T NC T), Susan 29 (wife), Lila 10, Robert 9, James 7, Elisabeth 5, Flora 2; GIBS, John 13 (bro in law)
159. CLEMENS, Robert 29 (T T VA), Nancy 24 (T VA SC), James 7, Henry 6, Johney 1, Elza 51 (aunt) (VA VA VA), Robert 12 (cousin) (T T VA), Jane 7 (cousin) (T T VA); CROSS, Frances 12 (servant)
160. EDMOND, Robert 29 (T NC T), Mary 33 (T NC NC), Oza 3, Magie 1

Page 19, District 10

161. RAMSEY, Reynolds 80 (T PA VA), Ann 65 (wife), Emmett 30 (minister) (GA); WALLICE, Ellen (B) 22 (servant) (T __ __)
162. CLEMENS, Henry 30 (T T VA), Jane 18 (wife), Margret 20 (cousin) (T T VA), Mary 18 (cousin) (T T VA), Nancy 17 (cousin) (T T VA), Nealy 12 (son), Victora 10 (dau), Henry 8, Jocie 17 (stepdau); GIBSON, Huston 11 (cousin), Catharine 40 (aunt) (widow) (VA VA VA)
163. TRINDLE, Daniel 57 (T MD MD), Martha 50, Ann 26, Priscilla 24, Ophilie 22, Clementine 18, Ella 12

Page 19, District 10 (cont'd)

164. PHIFER, Ellen 37 (widow), John 14, Elisabeth 11, William 9, Hugh 6, Richard 3, Robert 1
164. FERGASON, James 74, Clementine 54 (wife), Mary 18 (T VA VA), Arize 15 (dau), Bengimon 14, Theodious 10
165. PRESSLEY, William 64 (miller) (T VA VA), Elisabeth 45 (wife) (T NC NC), William 12, George 10
167. COX, Madison 66 (physician) (T VA VA), John 21 (son), Anna 17 (dau), Sarah 15 (dau), Oven 10 (son); SINGLETON, John 49 (nephew) (widower), Charlie 16 (nephew)
168. FLOYD, Abraham 35 (VA VA VA), Mary 20 (wife)
169. RAINES, Sarah 47 (widow), William 6 (son)

Page 20, District 10

170. SINGLETON, James 22, Nancy 21
171. MITCHELL, Henry 25, Sarah 35 (sis)
172. RUSSEL, Nicholas 52, Margett 37 (wife), James 12, Mary 10, Martha 8, Nellie 6, Fredric 9/12 (b. Sep), Hugh 4
173. WARREN, John (B) 48 (T __ T), Harrett 40 (T __ VA), Annie 15, George 13, Susan 10, Josiphene 7, Rachel 1
174. FINGER, Henry 49 (T NC KY), Sarah 42, David 24, Sarah 23, William 19, James 12, Mary 9, Magdaline 7, Susan 16, Emma 2; TALLANT, Pattent 27 (bro in law); FINGER, Adam 11 (son)
175. PARHAN, David 58 (T NC VA), Ann 56 (T NC T), Manda 18, Alace 16, Rora 9/12 (b. Sep) (g son) (T __ T)
176. JACKSON, William (B) 27 (VA VA VA), Nancy 22 (Mu) (T SC T), Mary 5, Patrick (B) 4, Eva 2, Arta 3/12 (b. Feb) (dau); CONNOR, Tempa (Mu) 55 (mother in law) (widow), Joshua (B) 13 (bro in law)
177. COX, Jonas (B) 90 (SC SC SC), Nellie 80 (wife) (GA Liberia VA), Milla 17 (g dau) (GA GA GA)
178. RINKINS, James 38, Martha 32 (T T NC), Michiel 12, Thomas 10, James 8, May 4, Talbert 2, Plesant 6

Page 21, District 10

179. JEFFRIS, James 42 (T T VA), Mary 36 (T T GA), Michiel 8, Charles 6, Bengimon 4, George 1
180. GARDNER, Jackson 37, Susaner 32, Laura 3, Magga 1
181. VANHOOK, William 34 (NC NC NC), Darcus 44 (wife) (T PA NC); WATSON, Isabell 31 (sis) (married) (NC NC NC), Prier 9 (nephew) (NC NC NC), John 6 (nephew) (NC NC NC)
182. MYRES, Philip 40 (blacksmith) (T PA NC), Eliza 38 (NC NC NC), Ector 12, Darcus 8, Nancy 6, George 2
183. MYERS, Samuel 51 (blacksmith) (T PA NC), Mary 52 (T VA T), Henry 19, James 17, Roday 14 (dau)
184. COX, James 70 (teacher) (T T VA), Sarah 50 (wife) (T SC SC), Susanah 20, John 18, James 14, Joda 10 (son)
185. OCONNOR, Samuel 26, Manda 26, Horace 1, Mary 6/12 (b. Dec)
186. JENKINS, Hugh 43 (leg amputated), Lucinda 37, Britanie 15 (dau)
187. JINKINS, Ellen 60 (T VA __), Nancy 18 (g dau), James 22 (g son)
188. McCULLEY, John 74 (T Ire NC), Hannah 70 (T PA T); MISER, Sarahan 22 (g dau)

Page 22, District 10

189. BALINGER, Mary 60 (T T VA)
190. BALINGER, Josiah 50 (T T VA), Rebecca 47, Dempsy 24, William 23, Dewit 20, McCleland 18, Vandike 13, Sarah 9, James 6

BLOUNT COUNTY (40)

Page 22, District 10 (continued)

191. TATE, Charlie (B) 25 (AL AL AL), Margrett 22 (Mu) (NC SC NC), Emett 4, George 2, Thomas 1/12 (b. May), DOBSON, Cheriner (B) 45 (mother in law) (NC NC NC), Alferd 12 (bro in law) (T NC NC)
192. WARREN, Benton 42, Euphemia 41 (CT NY CT), James 9, Mead 6, Dealia 2, NEAD?, Jeard 68 (father in law) (NY NY NY), PINNER, Nancy 64 (servant) (T __ __)
193. WARREN, Sam (B) 35 (T __ T), Manda 29 (VA VA VA), Nancy 14, William 11, Denis 7, Octava 5, Eva 4, Rosa 1
194. KID, James 27, Susan 18 (wife), TAYLOR, Elisabeth 58 (mother in law) (T __ VA)
195. GORLY, Andy (B) 50 (T __ T), Elisabeth 51 (NC NC NC), Caroline 21, Mary 20, Manda 18, Laura 16, Elick 13 (son), Magga 6, Luca 3
196. BROWN, Isaac 54 (T VA T), Eliza 56, William 19, Eldora 15 (dau)
197. RUSSEL, Louis 53 (T NC T), Mary 53 (T VA T), DOUGHTY, Mary 26 (niece)

Page 23, District 10

198. WRIGHT, Jessa 31, Jane 30 (wife), William 8, George 4, Charlie 2, Susan 3/12 (b. Mar)
199. HOAGUE, Gidian 28 (GA NC SC), Elisabeth 26, Sarah 6, Easter 3, Laura 2/12 (b. Apr)
200. TALBERT, Margrett 68 (widow) (T VA T)
201. ANDERSON, Erston 30, Margrett 28 (wife), Charles 7, Eva 5, Homer 3, Mary 1/12 (b. May), Joseph 1/12 (b. May)
202. PHELPS, Richard 41, Martha 43 (sis), Hiram 31 (bro), Eliza 24 (sis), HIX, Samuel 17 (nephew)
203. McNEALY, William 67 (T __ T), Mary 66 (T KY T), Margrett 32, Mollie 30 (dau in law) (GA T T), James 2 (g son) (T T GA)
204. MORE, Elisha 49 (T NC NC), Margett 31 (wife), Eli 20, William 18, Everett 15, George 12, Grinell 10, Jame 8 (dau)
205. MITCHEL, John 65 (T VA VA), Maryan 59, William 18 (leg amputated)
206. OCONNOR, Granison 52 (T Ire T), Elisabeth 51 (T VA VA), Martha 28, William 23, Sarah 20, Annie 19, Louis 15
207. DAVIS, Torance 55 (T VA T), Rebecca 42 (wife), William 22, Martha 20, John 18, Tarance 16, Samuel 15, Nancy 12, Mary 9, George 7, Ely 4

Page 24, District 10

208. BAILEY, Maston 25, Elisabeth 22, Erazmus 23 (bro) (works in cabinet shop)
209. BAILEY, John 49 (widower) (scroffula) (T VA T), Alexandra 21 (son), Charles 15, John 9, Ellen 18
210. KEY, John 61 (blacksmith) (T __ T), Margrett 59 (T VA T), Alick 23, Hannah 20, Eliza 18, James 16, BROWN, Mary 69 (sis in law) (T VA T)
211. ANDERSON, Rames 25, Darcus 26 (wife), Edgar 2, Horace 8/12 (b. Oct)
112. KEY, Marton 32, Mary 27, Charles 3, Ada 8/12 (b. Sep)
113. THOMPSON, Madison 47 (carpenter), Luca 49, Alice 14, William 12, Bengimon 10, Margrett 6
114. BAGWELL, Jackson 34 (SC SC SC), Margett 32, Lizzie 11 (GA), Charlie 3 (T), Rosa 6/12 (b. Dec)
115. BROWN, Marion 27, Nancy 24 (wife), Marton 5, Joseph 3, Bengimon 22 (bro)
116. SMITH, Samuel 33, Mary 22 (wife), Martha 1

Page 25, District 10

117. TUCKER, John 55 (T T VA), Sarah 29 (wife), William 11, Robbert 9, John 7, Mary 4, Samuel 2
118. LANGFORD, Bartley 51, Easter 51 (sore eyes) (T NC NC), David 18, Joseph 14, Hannah 11, George 7

BLOUNT COUNTY (41)

Page 25, District 10 (continued)

119. KEY, James 49 (T __ __), Manda 51 (T __ __)
120. WRIGHT, Elbert 46, Angerone 43 (wife) (T VA T), Samuel 18, John 15, Nancy 13, McCAMMAL, Anne 63 (sis in law) (widow) (paroletic stroke) (T VA T)
121. HIX, Lans 52 (NC NC NC), William 22, James 20, John 17, Sarah 13
122. DUNLAP, Bradford 20 (T __ __), Mandy 24
123. BROWN, William 30, Miriam 34, Frank 4, Charles 2, Effa 6/12 (b. Nov), Nancy 75 (mother) (widow) (T __ __), Thomas 16 (cousin)
124. ANDERSON, William 70 (T VA T), Euphema 63 (T T GA), TALBOTT, Eugena 42, Ellen 24, Bennet 19 (g son), Ida 16 (g dau)
125. WHEELER, Pheba 55 (T T SC), ODOM, Christian 30 (dau) (divorced), Licca 22 (dau), Preston 19, Andy 17, Johny 8 (g son) (T NC T), Marion 4 (g son), (T NC T), Josphene 2 (relationship omitted)

Page 26, District 10

126. HAROLD, Elwood 40 (T VA T), Lizzie 32

Page 1, District 9

1. McCLURE, Anderson (B) 30 (GA GA GA), Annie (Mu) 27 (GA GA GA), Mattie (B) 12 (GA), John 10 (GA), Margaret 6 (GA), Samuel 4 (GA), Henry 2 (GA), Cora 5/12 (b. Jan) (T), CLEVELAND, Ben (Mu) 47 (divorced) (SC SC SC) (relationship omitted)
2. SPEAR, A. C. 47 (VA VA VA), Malinda J. 46 (wife), Margaret 19, James A. 17, Martha 11, Mary 11, John Mc. 5
3. DALY, Pleasant 44, Sarah 32 (wife) (GA GA GA), John 11, Lula 8, Martha 3
4. CONLEY, Joseph (B) 42 (GA GA GA), Milly 39 (GA GA GA), Joseph 18 (stepson) (GA GA GA), James 16 (stepson) (GA GA GA)
5. JACKSON, Henry (B) 21 (stepson of #4) (GA GA GA)
6. ISH, David (B) 72 (T VA VA), Parthena 65? (T MD MD), Washington 18 (T T MD), Charles 15 (T T MD), Caroline 13 (T T MD), Louisa (T T MD), Alonza 6 (son) (T T MD), VAULK, Luther 9 (g son), John 4 (g son)
7. PAGET, Berry (B) 55 (SC SC SC), Rowena 37 (wife), Eliza 11/12 (b. Jul) (T SC T), McTEET, Sarah 8 (niece), ROGERS, Charles (Mu) 15 (typhoid fever) (SC SC SC)
8. MAYS, Hannah (Mu) 49 (GA GA GA), Josephine 12 (dau) (T GA GA), Cornelia 14 (dau) (GA GA GA), William 11/12 (b. Jun) (T GA GA)
9. CLEVELAND, Emma 24 (consumption) (GA GA GA)
10. SMITH, John W. 42 (NC NC NC), Martha 36, Charles 16 (OH), Romeo 2 (T), DOWELL, Emma 19 (niece) (T AL NC), Mary 22 (niece) (idiotic) (T AL NC)

Page 2, District 9

11. McCLURE, H. R.? 54, Mary 56 (wife), (NC NC NC), Hiram F. 24, John B. 22
12. DYER, John 48 (widower) (T __ __), Robert 16 (KY T T), Rebecca 13 (T), Hettie Ann 10, Hanry 5, Joseph 4
13. McCOY, J. C. 60 (NC Scot Scot), Elizabeth 88 (sis) (NC Scot Scot), Nancy 75 (sis) (NC Scot Scot), Barbara 70 (sis) (NC Scot Scot)
14. BAKER, Anderson 32 (T VA VA), Lucrecia 38 (wife) (T VA T), John 11, Martha 8, Dorcas 5 (dau), WILBURN, Charles 20 (stepson)
15. BROWN, James 54 (carpenter) (T VA VA), Hester 24 (wife), Katie 8, Margaret 5 (whooping cough), Lucy 3 (whooping cough), Bettie Ann 7/12 (b. Oct) (whooping cough)
16. RUSSELL, Loranza 43, Sarah 27 (wife) (phthisic), Mary 5 (phthisic), William 2
17. YEAROUT, P. N. 56 (T VA VA), P. R. 50 (wife), Bettie 18, Thomas 15, Nelson 12, John 10, Samuel 8, PERKINS, Maggie 18 (relationship omitted)

BLOUNT COUNTY (42)

Page 2, District 9 (continued)

18. FORIO?, N. R. 35 (m)
19. TIMMONS, Lydia 44 (mother) (widow) (T VA VA), Sarah 22, Thomas 19
20. McKENZIE, Obadiah 21 (shoemaker)

Page 3, District 9

21. THOMPSON, W. H. 53, Lucinda 51 (wife), Robert A. 23, Naoma 17, BROWN, Brown 19 (boarder), Saunders 7, JONES, Ephriam 33 (boarder)
22. COSNER, W. T. 32 (NC NC NC), Mary J. 28, Mary C. 12, James T. 10, Wm. D. 7, John A. 5, Joseph 10/12 (b. Aug)
23. THOW?, Thomas J. 52, Mary H. 40 (wife), John M. 18, Charles 16, Franklin 13, Isabella J. 11, Annie 7
24. WILLIAMS, Sarah 30 (widow), Colville 5
25. WEST, Samuel 24, Melzina 23, John 5, Dora 2
26. DYER, John 52 (VA VA VA), Margaret 44, Ellen 19, John jr 17, William 14, Joseph 12, Esta 9, (phthisic), Charles 8, Josephine 6, Nancy Ann 61 (mother) (crippled) (T NC NC)
28. PALMER, James 35, Mary J. 32, William 12, Samuel 2
29. CREASMON, A. N. 46 (crippled) (NC NC NC), Martha 25 (wife) (NC NC NC), Anna J. 1
30. McCULLY, J. A. 45, Nancy 47 (crippled) (T VA VA), John 19 (T T VA), Mary A. 17 (T T VA), Lowry 13 (T T VA), James K. 11 (T T T), SINGLETON, Lucy 8 (niece), McCULLY, Martha F. 75 (step mother) (VA PA PA)

Page 4, District 9

31. WEBB, William 26 (T __ __), Martha J. 23, Mary E. 1, STAFFORD, Wm. 26 (boarder) (shoemaker) (scrofula) (T VA NC)
32. HODSON, Robert 36, Mary 26 (wife), Perry 6, Baker 1/3 (b. Feb)
33. HODSON, M. P. 37, Margaret 32, Ellis L. 13, William 11, Susan 10, Robert 8, Charles 6, John 4, Della 11/12 (b. Jul), HOWARD, Lucinda 16 (sis in law), WILLIAMS, Annie 21 (servant), STALLIONS, Eliz. 55 (mother) (consumption) (T VA T)
34. BOND, John M. 43, Eliza 40 (T VA T), Mary H. 14, Lucy E. 10, Minerva L. 8, Michael W. 6, Robert 3, Eliza C. 1, BARNHILL, Peter 20 (stepson), RULE, Peter 69 (father in law) (T VA NC), BOND, Sarah 76 (mother) (T VA NC)
35. BROWN, John 39, Nancy 32 (T NC NC), Samuel 12, Mary 11, Lucy 8, William 4, Effie 2, Margaret 1/2 (b. Nov), HICKS, Rosanna 49 (sis in law) (deaf & dumb) (NC NC NC)
36. KIDD, Edward 52, Narcissa 47 (T VA T), Michael 22, Marshall 16, Emerson 11, George 8, Maggie 2
37. VOLENTINE, George (Mu) 40 (T SC SC), Nora 36, William 14, Sarah 12, Emma 10, Harriet 8, Mary (B) 5, Minna 3, Leon 1/2 (b. Oct)

Page 5, District 9

38. VOLENTINE, Emeline (B) 50 (SC SC SC), Newton 21 (T SC SC)
39. PATTERSON, Henry (B) 48 (VA VA VA), Eliza 33 (wife) (T SC SC), Elizabeth 12, John 10, Mahala 6, William 1
40. THOMAS, Andrew 35 (carpenter), Mary 11 (dau), Mattia 10, Charles 8, Betty 5, John 4, William 2, SCOTT, Martha 22 (sis in law)
41. SCOTT, John R. 29 (carpenter), Hester 28 (diarhea), Charles 5, Benjamin 4, Arther 1/50 (b. May), MALCOLM, Charlotte (Mu) 29 (servant) (KY VA VA)
42. MALCOM, Harvey 26, Martha 26, Leonidas 4, Estella 2, JOHNSON, Sophronia 22 (boarder)
43. EVANS, Joseph 32 (broom maker) (MD __ __), Mary 23 (wife)

Page 5, District 9 (continued)

44. BOND, Nelson 31, Susan 25, Wright 7, Hugh 5, Robert 3, Arthur 1, Matilda 33 (sis), Jane 42 (sis)
45. HICKS, James 46 (T NC NC), Sarah 41, John E. 19, Eliza E. 17, James H. 16, William 11, Rosa E. 13, Charles 8, Richard 4, George 1, Samuel 3 (g son)

Page 6, District 9

46. GOFF, Henry 42 (T PA VA), Margaret 40, Eliza 11, James 10, Nancy 8, Laura 2, Bella 5/12 (b. Jan)
47. HALL, John 51 (crippled) (T VA T), Minerva 50 (erisepalas), James R. 12, Mary J. 11, Thomas H. 8 (SMITH, John 26 (boarder), COX?, Malinda 18 (servant)
48. BROWN, Martin G. 71 (T VA PA), Phoebe J. 36, Ann E. 33
49. BROWN, Arthur E. 44 (widower) (shoemaker), Elizabeth 20
50. McNULT, Hu L. 46 (T VA T), Catherine J. 38, Margaret 16, Robert G. 13, Joseph A. 10, Charles Lee 7, Nora May 4, Lina Bell 2, WEAR, Margaret 9 (servant) (T __ T)
51. SMITH, James P. 31, Martha 26, Calvin M. 12, Mary 8, George 4, Eva 11/12 (b. Jul)
52. FRENCH, Joshua 46, Cintha 37 (T __ __), Frank 11, Edgar 9, KENNE, Martha 23, (niece), BISHOP, @Gloss@ 18, HIPP, Laura 15 (servant) (T GA T)
53. CULTON, Robert 62 (T VA PA), Amanda 55 (T PA T), John 19, Robert 12

Page 7, District 9

54. GARDINER, John 35, Esther 33, James 10, Andrew J. 8, George 5, Isabella 1
55. WOODS, Nicholas B. 59, Ellen 29 (wife) (VA Ger VA), Charles 6, Mary Ann 4, Leroy 8/12 (b. Sep)
56. CULTON, James 30, Clementine 28
57. PATE, Addison 28 (revenue officer), Laura 23 (T NC T), Benjamin 7/12 (b. Oct)
58. CARSON, Judson 30 (wagon maker) (NC NC NC), Mary E. 25, Sarah 1, Ira 12 (bro) (T NC NC)
59. BAYLESS, Pinkney 29 (carpenter) (T IL T), Elizabeth 25, Cora 5, James B. 2, John R. 9/12 (b. Aug)
60. BEATTY, Luziwa 52 (widow) (crippled) (SC SC SC), Baxter 21 (NC SC SC), Tennessee 19 (NC SC SC), Missouri 16 (NC SC SC)
61. NEWBY, James W. 43 (NC NC NC), Mary M. 38 (OH VA VA), Richard R. 9 (IN), Anna P. 7 (IN), Elizabeth 4 (IN), ZACHARY, Flora 23 (boarder) (NC NC NC), BRUFF, James B. 27 (boarder) (lawyer) (OH OH PA)
62. McTEER, William (B) 49? (T VA NC), Rosa (Mu) 26 (wife) (T VA NC), Cintha 4, Katie 2, William S. 4/12 (b. Jan), ROGERS, Lavina (B) 17 (boarder) (servant) (pneumonia & malarial fever) (SC SC SC), McTEER, Jesse 112 (father) (VA VA VA), HENRY, Katie Rena 22 (sis in law) (crippled) (T VA NC), Cintha 54 (mother in law) (NC NC NC)

Page 8, District 9

63. STINNETT, William 23, Margarett 22, Mary 1, Margaret Ann 1/4 (b. Feb)
64. STINNETT, Samuel 56 (T __ __), Martha 55, Margaret 22, Patton 15
65. STINNETT, John 31, Nancy 33, Florence 11, William 10, Alexander 7, Ebbert 4, Emmett F. 3, Ernest C. 2, Charles E. 1/4 (b. Feb)
66. CUPP, Andrew 32, Nancy J. 27 (neuralgia), Martha 12, William 8, James 6, Elizabeth 4, Mary C. 1
67. KIDD, Lewis M. 44, Orlina C. 33 (wife), Anna B. 7, Edgar F. 4, Ada E. 1, OADAM, Samuel 16 (boarder) (NC NC NC), Martha 45 (servant) (NC NC NC)
68. ELLIS, Napoleon B. 44, Malinda 41 (T T VA), Estelle 18, Charles 15, Ida 13, James 11, Horace 7, Annie 6, Edward 3
69. KIDD, Elbert S. 28, Florence 22, George E. 3, Edward Lee 1
70. HALL, Alexander 28, Hassie 21, Charles 4, Ora B. 1/2 (b. Dec) (f), RAULSTON, Clemma 14 (servant), BADGETT, Frank (B) 16 (hired man)

BLOUNT COUNTY (44)

Page 9, District 9

71. LAWSON, Newton 33, Sarah 38 (crippled) (T NJ T), Nancy E. 11, William 8, Max 6, John 5, Charles 2, Della 8/12 (b. Sep)
72. TEDFORD, Robert 46 (son) (widower), Phoebe 80 (mother) (deaf & dumb--crippled), Mary 52 (dau), RANGE, Columbus 12 (boarder)
73. NIPPLE, Jackson 48, Nancy 48 (NC NC NC)
74. TEDFORD, Hilliary 49, Bella 48, Hugh 20, Mary 15, Charles 12, Blanch 6
75. GODFREY, John 50, Lucinda 48 (paralasis), Samuel 14
76. ELLIOT, Moses 60 (VA Ire PA), Isabella 50 (sis) (T Ire PA), THOMAS, John 10 (relationship omitted)
77. McCLURE, William 43, Sarah 32 (wife), John E. 12 (crippled), Mary 10, Teresa 8, Edward 5, Samuel 3, William jr 1/2 (b. Dec), Samuel 36 (bro)
78. WEAR, James 68 (crippled), Mary 52 (sis), Jane 46 (sis)
79. WEAR, Dorcas 82 (widow) (T VA VA), Margaret 40 (dau), Jane 38, KINNAMON, James 22 (boarder)
80. LEMONS, Joseph 44 (T T VA), Mary 44, CATON, Elias 18 (boarder), McGILL, Mary 9 (relationship omitted)
81. ORR, William 54, Sarah 41 (wife) (T NC T), Lulu 3, Margaret 1, McNELLY, Mary 14 (stepdau), Elizabeth 13 (relationship omitted), Milton 10 (stepson)

Page 10, District 9

82. WEAR, Preston 82 (T VA PA), Betsy 84 (sis) (VA VA PA), Lucina 72 (sis) (T VA PA)
83. LAWSON, Winwright 35 (widower), Lucina 10, WEAR, Rosa 87 (servant) (VA VA VA), Esther 62 (servant)
84. RAULSTON, James 45 (crippled), Matilda 45 (SC SC SC), Martha 17 (T SC T), Sophronia 13 (T T SC), Louisa 11 (T T SC), Charles E. 9 (T T SC), Amanda 6 (T T SC), Myrtle 4 (T T SC)
85. TEDFORD, Howard 52, John 21 (son), Eliza 17 (dau), William 15 (son), Oscar 11 (son), MITCHEL, Susan 54 (servant)
86. GEORGE, Jane (B) 45 (widow)
87. McGUILLEY, James 23, Anna 19 (sis), George 17 (bro)
88. CLARKE, Jackson (Mu) 55, Miranda 50, S. Jane 18, Lorinda 16, Martha 15, Margaret 13, Millie E. 9, John W. 7, Oscar 3, James Roland 1
89. IRWIN, Rachel 44 (widow), James F. 20, Mary E. 18, Robert 15, HATCHER, Lulu 3 (niece)
90. WALLACE, Nancy 35 (widow), Gilford 3, BROADY, Charles 18 (son)
91. McCULLOCH, John 64, Emily 58 (IN? T T), Margaret 26, PROCTER, Harvey 78 (NC NC NC) (relationship omitted)

Page 11, District 9

92. EAGLETON, David 44, Martha 39 (T T SC), Margaret 13, Granville 9, CHANDLER, Nancy E. 36 (sis in law) (widow), HENRY, Green (B) 25 (servant?)
93. JOHNSON, James (B) 24 (VA VA VA), Nancy 23, Laura 5, Betsy 4, Mary E. 2
94. EAGLETON, John 46, Elizabeth 84 (mother), McCLURE, Emma 35 (relationship omitted)
95. SWANER, John 31, Mary 26 (NC NC T), Leona 8, Thomas 7, James 4, Samuel 5/12? (b. Jan)
96. BROWNING, Richard 57 (T T VA), Adaline 32 (wife) (SC NC SC), PITMAN, Rachel 17 (sis in law) (NC NC SC), Mary 8 (sis in law) (NC NC SC), Martha 4 (sis in law) (NC NC SC)
97. AMBRISTER, Joseph 65 (widower) (dispepsia) (T VA VA), Mary 11, GOFORTH, Mahala 30 (servant), Susan 7
98. AMBRISTER, Charles 30, Josephine 28, Ida Mary 7, Margaret 4
99. EAGLETON, Alexander 47, Leona 46, Samuel 19, John 16, Charles 13, Thomas 9, Josephine 6, McCroskey 3

Page 11, District 9 (continued)

100. DUNCAN, Mary 71 (widow) (T VA VA), Richard 47
101. MARTIN, Mary 35 (widow), George 11, Robert 8, Richard 6, Charles 5, Florence 2

Page 12, District 9

102. WILSON, John 47 (Mu), Mariah (B) 27 (wife), Tennessee 14, Sophronia 12, James 10, Mary 7, Richard 4, William 11/12 (b. Jun)
103. HART, Sarah 53 (widow) (crippled), James N. 28, John A. 16, Samuel 13, Will A. 11
104. HART, Thomas 54 (T T VA), Melissa 43 (wife), Effie A. 16, William 13, Cora V. 10, Ella B. 6, Nellie J. 6, Jessie 1 (dau)
105. CAMPBELL, Smith 50 (T NC NC), Rebecca 49 (NC NC NC), Will 6
106. CLARKE, Thomas 52, Mary E. 48, John M. 11, JOHN, Sylvester 29 (divorced) (relationship omitted)
107. CLARKE, Samuel 24, Mary E. 20, Hugh 3
108. CLARKE, James 22, Mollie 20, Anna 11/24 (b. May)
109. CLARKE, Harvey 51 (T VA VA), Margaret 42, May A. 18, Philander 17, Robert 7, Thomas 4
110. KIDD, James 63 (T T VA), Mary 61 (NC NC PA), Porter 19
111. COWAN, James 48 (doctor), Eliza 55 (sis), Mary 50 (sis) (widow), Lucinda 30. (sis), Phoebe 28 (niece), Samuel 22 (nephew), Martha 14 (niece)

Page 13, District 9

112. COWAN, Frank 63, Elizabeth 61
113. EAKIN, John W. 42 (deaf & dumb), Hettie 46, John 12, Jennie 6
114. LAURENCE, William 53, Margaret 50, Ellen 24, Nola 20, William 18, Anna C. 16, Charles 13, Elizabeth 10
115. AMMOUS, Thomas 28 (NC NC NC), Malinda 45 (wife) (T VA T), John 8
116. SEXTON, Thomas 24 (blacksmith) (GA GA GA), Mary 23, Charles 3, Eva 1
117. RAULSTON, William 33, Martha 26, Margaret 12, Anna 10, Sarah 8, Charles 5, Robert 1
118. BURTON, William 30 (works in a carding maching) (T VA VA), Mary 24 (T T NC), Jessie (dau) 2, William 5, Margaret 1/12 (b. May) (T T NC); WILLIS, Martha 63 (mother in law) (NC NC NC)
119. STEELE, James 24, Susan 25 (T VA T), Mary 2, Edgar 5/6 (b. Aug)
120. MITCHELL, Jasper 57 (T VA VA), Fannie 49, Lucinda 22, Franklin 18, Matilda 15, Mary 12
121. TUFSTALLER, Calvin 26, Adeline 21, Charles 4, Columbus 2, James 1/24 (b. May)

Page 14, District 9

122. WEAR, Andrew (B) 22 (T MS MS), Lizzie 20; SHARP, Willie 12 (bro in law)
123. KIDD, Alexander 41, Margaret 30, Orlina 13, Charles 11, Cora 6, Lowry R. 3; TAYLOR, Will 17 (boarder) (T KY KY)
124. BROWN, Madison (B) 54 (VA VA VA), Jane 50 (VA VA VA), Louisa 16 (NC)
125. RAULSTON, Jasper 19, Annie 15 (wife), Bertha 1/2 (b. Feb)
126. FARR, James 29, Rebecca 32 (NC NC NC), Laura 7 (NC), Lilly 3 (T), Mary 1
127. WILLIS, Michael 22 (works in fan? yard) (NC GA GA), Susan 23
128. MONTGOMERY, Coll 23 (T VA T), Rebecca 36 (mother) (widow); SCOTT, Sallie (B) 16 (servant)
129. MONTGOMERY, Nick (B) 49, Matilda 41, Ann 18, Claiboren 14, John 12, Houston 10
130. WRIGHT, Jeff (B) 30, Mary 23, Nancy 2 (step dau), Lydia 10 (dau), Ferbe 1 (dau), Millie 1/4 (b. Feb); POPE, Marshall (Mu) 35 (boarder) (crippled) (KY KY KY)

BLOUNT COUNTY (45)

BLOUNT COUNTY (46)

Page 14, District 9 (cont'd)

131. CLEMENS, Addison 43 (T VA T), Elizabeth 46, David 22 (teacher), Mary 20, Ella 16, Alice 12, Ann 10
132. CLEMENS, Henry 67 (widower) (VA VA VA), Tilda 28 (GA VA T)
133. CLEMENS, David 21 (T VA T), Nancy 23

Page 15, District 9

134. HENRY, William 39, Martha 35, Flora Lee 11, Maggie 5, Charles 1
135. DAVIS, Peter 36 (T T NC), Margaret 36, Mary 14, Martha 11, Francis 10, Nancy 8, William 5, Caroline 3, Charity 1
136. BAKER, Daniel 58 (minister, Pres.) (DC GA VA), Anna 44 (wife) (LA Scot MS), Ida C. 21 (LA), Susie S. 11 (LA)
137. COTHRAM, Joseph 42 (shoemaker) (NC NC SC), Elizabeth 45 (T VA VA), Josephine 22, Samuel 16, Jacob 14, William 12, Jackson 4
138. TOOLE, Edward (B) 57, Mary 44, Samuel 22, Robert 21, Margaret 15, John 14, Sallie 10, James 8, Marcus 5
139. PORTER, Patrick (B) 25 (brick moulder), Clauda 23, Eliza 6, Henry 4, George 3, Charles 1
140. SARIDER?, Ellen 47 (widow), Thomas 21, William 16 (works in brick yard)
141. MORRIS, Simon (B) 65, Sallie 58, Frank 24, Allison 21 (son), Elizabeth 19, Napoleon 16; MORRISON, Martha 11 (dau), George 9 (son), William 7 (son)

Page 16, District 9

144. CAUSLER, Jackson (Mu) 35 (T T NC), Catherine 70 (mother) (NC NC NC), Isaac 16 (son)
145. WILDER, Clark? C. 53 (VT VT VT), Sarah 36 (wife) (T NC T)
146. WHETSELL, John 25 (T VA VA), Anna 22, Clark W. 4
147. HARRISON, Wm. 31, MArgaret 25, Riley 13, Mary 12, Mattie 9 (dau), Texana 6, Samuel 4, Nola 1
148. MORRIS, James (Mu) 25, Hannah 26, Nelson 11, Mary 6, William 5, Rosanna 3
149. WEBB, Madison 52, Jane 46, William 12, James 7, Margaret 4, Sarah 1; CARTER, Rachel 34 (boarder)
150. EVERETT, Calvin 35 (T T VA), Mary A. 65 (mother) (VA VA VA)
151. STEVENS, Richard 34, Ann 30, James A. 11, William F. 9, Samuel 8, David A. 6, Richard jr. 4, Elizabeth 5/6 (b. Aug)
152. MURR, Martin 25, Tilda 26, Colonel H. 3, Charles E. 2, Collie F. 1 (son)
153. STEVENS, Elizabeth 68 (widow), Phoebe 23, Andrew 21; LONG, Calvin J. 14 (g son); MAINES, Martha 30 (boarder)

Page 17, District 9

155. HILEMAN, Jacob 40 (IL IL IL), Malinda 32 (IL T T), Matilda 13 (IL), Emeline 11 (T), Jacob 9, Dick Lou 7 (son), Monroe 5, Martha J. 3, Luella 2
156. RUSSELL, Wm. 35 (T T NC), Sarah 35 (T VA NC), Mary 18, James E. 14
157. MURR, Jacob 80 (T NC T), Fannie 74 (T PA PA), Fannie E. 16 (dau)
158. MURR, Jacob jr. 29, Eliza J. 26, Sarah 8, Fannie 6, John H. 4, James M. 1; TUFUTALLER, Rachel 52 (mother in law)
159. MURR, John 25, Elisabeth 22, Annie F. 2, Caledonia 1/4 (b. Mar), Teresa 14 (sis)
160. HATCHER, Rheuben 45, Elizabeth 33 (wife), William 19, Samuel 14, Nancy J. 12, Charles 6, James 4, Barbara 2, Ira 1/12 (b. May)
161. MURR, Margarett 39 (widow); KIRBY, Effie 14 (dau), Milton 12 (son); TUFUTALLER, Henry 6, Fordyce 7/12 (b. Oct)

BLOUNT COUNTY (47)

Page 17, District 9 (cont'd)

162. MURR, Alexander 22, Jane 21, Robert 3, Gustavus 6/12 (b. Jan)
163. TUFUTALLER, Wm. 56 (widower), Tensa 20 (dau), Jane 18, Lavina 17, George W. 16, William F. 12, John 6 (g son), James 3 (g son), Edgar 1 (g son), Margaret 23 (dau)

Page 18, District 9

164. RICHMOND, Eva 30, Susan 13 (dau)
165. HUTSELL, Margaret 44 (T VA VA)
166. MATHES, Samuel 29 (T AL NC), Elizabeth 36 (wife), Mary 10, Jane 8, William 5, Sarah 4, Elizabeth 1
167. DAVIS, John 45, Susan 37, Fielding 11; WHITE, Ludora 8 (dau), Mary Lee 4; DAVIS, John 11; WHITE, Sarah 14, Margaret 11
168. REAGAN, John 30, Elizabeth 58 (mother) (widow) (GA GA GA), Mary E. 21 (sis) (T T GA)
169. CRAIG, John W. 43, Flora 47, Mary J. 18, William 15, Effie E. 9
170. FARR, ABsolom 58 (widower) (blacksmith), Cornelia 23 (T T NC), Laura 14 (T T T), William 7 (T T T)
171. CLEMONS, Martha 63 (widow) (T NC NC), Fidelia 42 (crippled) (T VA T)
172. JAMES, Elijah 41, Dorcas 36 (wife) (T VA T), Martha 18, William 17, John 15, Samuel 11, Morton 7, Mary 7, Thomas 3

Page 19, District 9

173. COOK, Edith (B) 60 (widow) (VA VA VA); WILSON, Elizabeth 11 (relationship omitted)
174. WILSON, Winnie 22 (Mu), Sallie 3 (dau), Elizabeth 1 (b. May)
175. FARR, Joseph 26, MArtha 24, Della 3, Dora 2
176. THOMPSON, Jane 55 (widow) (T T VA), David 25 (widower), Samuel 19, Sarah 17, William 12
177. THOMPSON, Robert 46? (T T SC), Julia 32 (wife), Willie 7, Tennessee 30 (sis) (T T SC), Sophia 70 (mother) (SC SC SC)
178. GARDENHIRE, Saml. (B) 46 (diarhoea), Emily (Mu) 27 (wife), Walter (B) 14
178. [this family grouped with 178 above, but evidently a separate household] HUTSELL, Saml. 30 (W) (T VA VA), Mary 39 (wife), George 12, Martha 8, Mary 6, Margaret 1; CAMPBELL, John 17 ~~(servant?)~~ Son of Mary from 1st marriage
179. McILVAINE, Andrew 78 (Ire Ire Ire), Minnie 56 (wife) (Ire Ire Ire), Isabella 22 (Ire), Rebecca 20 (Ire), Joseph 18 (Ire), Robert 15 (Ire), Sarah 12 (Ire), Willie 9 (Ire)
180. DUNCAN, John 32, Fidelia 62 (mother) (widow) (T VA VA), Andrew 78 (uncle) (T VA VA), Ella 27 (wife), Anna 9 (adopted sis)
181. GARDENHIRE, Barney (B) 80 (widower) (blacksmith) (VA VA VA), Sangford 20 (T VA T), Mary (Mu) 26 (dau in law), Frank 11 (g dau)
132. McDONALD, Donald 36 (minister Pres.) (Scot Scot Scot), Jane 36 (Scot Scot Scot), James 12 (Scot), George 9 (Scot), David 7 (Scot), Donald jr. 6 (Scot), Anna 5 (T), Abigail 2, Grace 1/4 (b. Mar)

Page 20, District 9

183. WILLIAMS, John (Mu) 25, Edith (B) 25 (AL AL AL), William (Mu) 13, Phoebe J. (B) 10, Charles 6, John 4, George 1
184. BROADY, Isaac 45 (T KY T), Nancy 35, William 14, Jesse 12, Mary 10, Thomas 7, Sidna 5 (dau), Joseph 3, Ova 3/4 (b. Aug) (dau)
185. BARTLETT, Alex 54 (Pres. minister) (CT MA CT), Laura 50 (NY NY CT), Nellie 21 (OH), Cora 19 (OH), Addison 17 (OH), Robert 15 (OH), Clara 13 (OH)

BLOUNT COUNTY (48)

Page 20, District 9 (cont'd)

186. ELMORE, Edith 24 (OH CT NY), Carl 2 (g son) (T T OH); LEE, Eliza (B) 14 (servant) (T LA LA)
186. CRAWFORD, Gideon 30 (Pres. Minister), Margaret 24, John C. 4, Mary E. 2, Rebecca 10 (niece); MAYS, Mary (B) 21 (servant) (T GA GA)
187. BROWN, Mary 53 (widow), Ella 26 (GA T T), John 21 (clerk in dry goods store) (GA), Evie 17 (GA), Ethel E. 13 (T)
188. HEMBREE, Chas. 26 (minister Pres.) (MO T T), Elizabeth 19 (GA T T)
189. LAMAR, Thomas J. 53 (minister Pres.), Martha 38 (wife), Ralph 1; PORTER, Florence (B) 16 (servant)

Page 21, District 9

190. PEELE, Jessee 37 (OH NC __), Margaret 36 (OH VA NJ), Bertha 8 (OH), Clara 7/12 (b. Nov) (T); SPEARS, Hogan 17 (servant?)
191. JASPER, Robert 48 (Eng Eng Eng), Catharine 48 (Eng Eng Eng), Hugh N. 9 (Australia), Ernest 6 (AL)
192. LOTHERIDGE, Green (B) 46 (SC SC SC), Ferbe 27 (wife), Millie 16 (GA), Jane 11 (T), Jesse 9, Ben 6, Joseph 3, Luema 1/2 (b. Dec), Charlotte 60 (mother) (SC SC SC); WILSON, Alex 46 (relationship omitted)
193. MALCOM, John 70, Elizabeth 24 (wife) (T GA T), Wm. 8, Ida 11/12 (b. Jul), Kennedy 62 (bro)
194. JOHNSON, Ann? 35, Margaret 18 (dau), Elvira 10 (dau)
195. WATKINS, Wm. 52 (OH OH OH), Eliabeth 47 (IN OH NJ), Francis 16 (IL), Eva L. 13 (IL), George E. 9 (IL), Jesse 7 (IL), Milton 4 (T)
196. COTHRAM, Joel 32 (NC SC SC), Elizabeth 45 (wife), Christiana 69 (mother) (SC Ire GA); SUNDER, George 24 (stepson) (teacher); DUGAN, Josephine 22 (step dau); DAVIS, Samuel 16 (stepson), Jacob 14 (stepson), Wm. 12 (stepson); COTHRAM, Jackson 4 (son)
197. PANEL, Nancy 40 (widow), John 16
198. BOYD, John 37, Ellen 29 (crippled), Will 8; ANDERSON, Dora 16 (boarder)

Page 22, District 9

199. COFFIN, Alex (Mu) 24, Marcia (B) 23, Samuel 19 (bro)
200. FUZELL, James 36 (NC T T), Sopronia 26 (wife), Richard 2 (T T NC), George 7/12 (b. Nov) (T T NC)
201. AMMONS, Saml. 25 (NC NC NC), Eliza 28, Joseph 1, Mary 1/4 (b. Mar)
202. ANDERSON, Isaac 55, Mary 50, John 26, Lade 21 (son), Flora 18, Calvin U. 16, Nellie G. 16, Azala Z. 12, Eva 11
203. HUTTON, Thomas 56 (tanner) (Eng Eng Eng), Joseph 20 (son) (T Eng T), John 18 (KY), Mary 16 (KY), Danl. 14 (T)
204. PORTER, James 69 (T VA T), Sophronia 44 (wife), Florence 21, Laura 18, Clementine 14, William 8, Edgar 4, Wade H. 1
205. SNODDY, William 49, Sarah 46 (T VA VA), Oliver 19, Nannie 15, Rebecca 13, William 11, James 9, Ida 7, Thomas 4
206. TRUNDLES, Wm. (B) 56 (MD MD MD), Lucinda 55 (T VA NC), Eliza 24 (T T MD), Martha 17 (T MD T), Elizabeth 14 (T MD T)
207. SHARP, Abram (B) 62, Mariah 42 (wife), Wm. 25, Mary 24, Prior 20, Marcus 14, Elizabeth 12, Albert 9, Lulu (Mu) 3

Page 23, District 9

208. KENNEDY, Sol? (B) 45 (AL GA GA), Mariah 32 (T T GA), Charles 15, Franklin 11, Hannah 7, James 5, JOhn 4, Martha 1
209. JENNINGS, Granville 22 (KY KY KY), Mary 40 (wife); BREEDIN, John 12 (stepson), Elizabeth 12 (step dau)

Page 23, District 9 (cont'd)

210. CATLETT, Henry 53, Martha 46, Benjamin 23, Mattie 14 (dau), Julia 10, Lula S. 9, Wm. H. 5, Joda 1/4 (b. Dec); RAUHOFF, Priscilla 22 (servant)
211. MONTGOMERY, Bart 22, Callie 24 (sis), John 14 (bro)
212. RODDY, John 32 (T VA T), Susan 32, Mary 9, Wm. 6, Eliza 3, Samuel 1
213. FULKERSON, Betsy 32, Fredrick 11 (son) (T VA T), Roe 9 (son) (T VA T), Eva 15 (sis) (T VA T)
214. CALDWELL, John 65 (bookkeeper) (OH __ __), Susan 68 (IN VA KY)
215. FRANKLIN, Ben (Mu) 30 (VA VA VA), Harriet (B) 22, Jerry H. 7, Henry L. 6, John C. 3, Sarah 2/12 (b. Feb); WILSON, Mary C. 12 (niece) (T VA T)

Page 24, District 9

216. FRYE, Joseph 41 (carpenter) (VA VA VA), Sue 34 (T VA T), Aldine 5 (son), Homer 3
217. GREER, James W. 35 (hardware merchant), Martha 30, Wm. F. 2; TUCKER, John C. 11 (stepson)
218. CLUTE, Jacob N. 72 (NY NY NY), Jane 68 (Eng Eng Eng), Mary 42 (NY)
219. WALKER, Robert 62 (T PA SC), Margaret 48 (wife), Laura 21, Jennie 18, Robert 13; COX, Amy (B) 58 (servant)
220. KIDD, Henry 32, Sarah 32, Mary 11, Leonard 8, George 6, Marcus 3, Ora 1 (dau)
221. KIDD, Lewis 65 (T VA VA), Lydia 67, Elizabeth 35, Tennessee 5 (g dau), Mary 29 (dau), Richard 1/3 (b. Feb) (g son), Luther 5 (g son)
222. HICKY, Wm. 22 (GA GA T), Sarah 27 (wife) (T T GA)
223. BARTLETT, P. M. 59 (minister Pres.) (CT MA CT), Florence 27 (wife) (GA CT GA), Mason 7, Willie 3; ALDEN, Anna L. 67 (mother in law) (GA GA GA)
224. CRUMLEY, James 26 (college student)
225. GOFF, Hemon 21 (college student) (NY MI MY)
226. HAMMUN, James 67 (physician) (FL KY VA), Laura 43 (wife) (AL T T), Annie 19, Sue 17, Frank 13, James 11, Charles 8
227. ROGERS, Frank 21 (T VA T), Elizabeth 20 (T KY T); SCALF, Archie 9 (bro in law) (T KY T)

Page 25, District 9

228. ALLEN, Robert 41 (T T NC), Sarah 31 (wife), Margaret 12, Nancy 10, Alice 9, Charles H. 7, Eva 5, James L. 3, Bertha 5/12 (b. Dec); STONE, James 21 (bro in law)
229. ROGERS, Marion 25 (T VA T), Clara 25, Charles 3, Laura 3/4 (b. Aug)
230. ROREX, Houston (Mu) 53, Melvina 43 (wife), Ruth 20, Hannah 17, Eliza J. 15, Rachel J. 15, Houston jr. 12, Franklin 10
231. SMITH, James 37 (T KY KY), Phoebe 37, Mary 7, John 3, Vola 2, Lolamontis 1/4 (b. Feb) (dau); Jane 53 (mother) (KY T VA); CROSS, Melissa 16 (relationship omitted)
232. ALLEN, Houston 35 (T T NC), Margaret 24 (wife) (typhoid fever) (OH PA NY), Willie 2, Mary 26 (sis) (T T NC), Blanche 2 (niece)
233. BOYD, James (B) 22, Peggy 20, Boyd 3, Lottie 2, Jane 3/4 (b. Aug); MALCOM, Peter 19 (bro in law) (billious fever), George 15 (bro in law) (billious fever), Oliver 12 (bro in law)
234. CARR, James (Mu) 40, Lavinia (Mu) 30 (wife), William (B) 9, Andrew 7, Houston 5, Ann E. 3, General E. 1, Hannah (Mu) 60 (mother), George (B) 30 (bro), Oliver 25 (bro); MALCOM, Sena (Mu) 22 (niece), Rosanna 13 (niece)

BLOUNT COUNTY (50)

Page 26, District 9

235. THOMPSON, Palmer 37 (button maker) (WI CT MA), Anna 28 (GA T VA), Jennie 5, Elwin 21 (nephew) (button maker) (MO WI KY)
236. HANNUM, William 39 (T KY VA), Lottie 27 (wife) (KY KY KY), Neppa 6 (son) (KY), Lilly 1 (T)
237. TIPTON, Ellen (B) 30 (widow); PARHAM, Annie 11 (dau), Clemmie 6 (dau), Jamie 4 (son); FLANNIGAN, Mary (Mu) 8 (servant)
238. POPE, Ann E. 70 (widow) (VA PA VA); McGHEE, Eliza 48 (VA KY VA), Willie 17 (dau) (GA T VA), Minnie 13 (GA T VA), Lottie 11 (GA T VA); WEAR, Isaac (B) 13 (servant)
239. WEST, Henry 56 (blacksmith) (T SC SC), Rachel 50, Mary 20 (T NC T), Sarah 18 (T NC T), Nancy 16 (T NC T), Caroline 14 (T NC T), Tempe 13 (T NC T), Wm. 10 (T NC T)
240. JOHNSON, Dennis (B) 40, Clara 38 (T T VA); ASBURY, Violet 17 (dau), Lewis 26 (son in law), Parasata 1 (g dau)
241. GAMBLE, Henry (B) 36 (carpenter) (VA VA VA), Mary 28, John 11, Will 9, Linnaes 7, Charles 5, Myra 2, Samuel 1/4 (b. Mar)
242. FORD, Jayhere (B) 36 (GA GA GA)

Page 27, Village of Maryville

243. HASTINGS, William 46 (college prof) (IN IN NC), L. P. 46 (wife) (IN NC NC), William 14 (IA IN IN), Ernest 7 (T IN IN)
244. GARNER, Jeptha 49 (OH OH OH), Ella 39 (wife) (WI PA PA), Emily 18 (OH), Robert 3 (T), Henry E. 1; MILLS, Sarah 15 (servant)
245. GRINNELL, Jere. 63 (widower) (minister Friends) (VT CT VT), Mary 22 (IA VT VT), Evaline 17 (IN VT VT)
246. GRINNELL, Fordice 36 (physician) (OH VT VT), Elizabeth 28 (NH NH NH), Joseph 3 (IN)
247. BROWN, Julia 72 (widow) (Canada PA VA), Geral 44 (son) (carpenter) (NY Ire Canada)
248. McKINNEY, Eli 40 (carpenter) (NC VA NC), Myra 35 (NC NC NC), Shady 14 (son) (NC), Jasper 11 (IA), Lulu 7 (T), Bertha 3; BIRD, Laura 20 (boarder) (NC NC NC); ROBINSON, _____ 45 (boarder)
249. DRURIE, James 35 (tinner), Amanda 25 (wife) (NC SC AL)
250. CONNING?, William 46 (grocer) (NY NY NY), Mary 35 (wife), Alice 17 (MO NY NY), Mabel 11 (MO NY NY), Bertha 8 (WI NY NY)
251. COPPOCK, Benj. 31 (teacher) (OH OH PA), Julia 25 (OH OH OH); THOMAS, Martha 18 (servant) (T T NC); ANDERSON, James 26 (boarder) (teacher)
252. TOOLE, Newton (Mu) 65, Sarah (B) 50 (wife) (T T VA), Ellen 20, Samuel 19 (lung fever); McADOO, Ralph 20 (boarder); HUNTER, Pleasant 21 (boarder)
253. WILLARD, Benj. 54 (cabinet maker) (NY NY NY), Lucy 41 (wife), Frank 18, Will 14, Ellen 11, Fred 9, Ernest 3

Page 28, Village of Maryville

254. SCROGGS, Joseph 44 (PA PA PA), Louisa 32 (wife) (PA PA PA), David 1 (PA)
255. INERIE, Marcellus 36 (cabinet workman), Elizabeth 28, Will 13, Hester 11, Luther 4, Stella 1/3 (b. Feb)
256. SILSBY, John 62 (minister, Pres.) (PA NH PA), Sarah 58 (MA RI MA), John jr. 22 (editor) (WI), Hattie 17 (WI)
257. SIMPSON, Mark 37 (watch maker) (T Wales Eng), Elizabeth 32 (T T NC), Will 12, Robert 10, Mary 8, Annie 5, Mary 67 (mother) (Eng Eng Eng)
258. HARTLEY, Saml. 16 (printer) (OH MD OH)
259. CURRIER, John 26 (bookkeeper), Elizabeth 21 (MO MO T), Walter 3, Neeva 2
260. FULTON, Charles 27 (druggist) (MA MA VT), Anna 27 (PA NH VT), Frederick 19 (bro) (clerk in drug store) (VT MA VT)

Page 28, Village of Maryville (cont'd)

261. HENRY, Eliza 48 (widow) (PA Eng Eng), Matha 20 (T T PA), John S. 17
    (printer) (T T PA); SMITH, Tempest 20 (niece) (KY PA KY), Sarah 46 (sis)
    (teacher) (PA Eng Eng)
262. ROSS, Blackburn 27 (grocer), Nannie 24, Willie 11/12 (b. Jul); BREWER,
    Sarah (B) 15 (servant)
263. WILSON, Edward (Mu) 49 (carpenter), Fannie 45 (intermittent fever), Blount
    (B) 21, Charles (Mu) 17, Elizabeth (B) 14, Mariah 12, Kate 10, Melvina
    8, Sandy 2 (son), Nina 11/12 (b. Jul)
264. WINTERS, Orlando 43 (IN IN IN), Mary 42, John 11 (T IN T); PRITCHARD,
    Eliza 39 (sis in law), Martha 27 (sis in law) (works in wollen mill);
    EVANS, Mary 12 (niece)

Page 29, Village of Maryville

265. FLANAGAN, Caroline 45, Mary 19 (dau), Margaret 12 (dau), Aleck (Mu) 9 (son),
    Robert 6 (son)
266. BARGER, Matt (B) 33 (shoe maker) (T T AL), Florence 26 (wife), King 6,
    Harry 3, James 1; REED, Abram 16 (boarder)
267. BARGER, Lucy (B) 55 (widow) (T VA VA), Will 38 (son), Harriet 26, Andy 8
    (g son), Eliza 3 (g dau), Lucinda 15 (dau?); GENTRY, Walter 6 (g son),
    JORDAN, Silva 38 (niece) (crippled); BARGER, Harry 21 (son), Calvin
    19 (son)
268. HAMMEN, Esther (B) 50 (widow) (washer woman) (VA VA VA), Violet 21 (T VA VA),
    Roena 16, Willie 10, Frank 6, Luella 2 (g dau)
269. HAMMEN, Jack (B) 32 (T VA VA), Silva 28, Addison 6, Walter 1
270. OWENS, Sarah (B) 50 (widow) (washer woman) (T T SC); BOWERMAN, Mary 15
    (relationship omitted)
271. GEORGE, Albert (B) 33, Sophronia 37 (scrofula), Martha 16, Aleck 11, Hettie
    9, Will 7, Thomas 6, Joseph 4, John 2; HENRY, Esther 56 (mother in law)
272. AMBRISTER, Mariah (B) 49, George 20 (son) (cabinet workman)
273. AMBRISTER, Henry (B) 30, Mary 21, Laura 5, Henry 3, George 1

Page 30, Village of Maryville

273. DUNCAN, Lone (B) 46, Mary 19 (wife), Tommie 10 (nephew), Nellie 3 (dau),
    Harvey 1 (son)
274. BOYD, Charles (B) 42 (AL VA AL), Mary 35, Delia 15, Charles J. 10, Mary 8,
    McTeer 6, Luther 4, Maggie 2, Lee H. 1/12; BOYD, Susan 68 (mother) (AL
    AL AL)
275. AMBRISTER, Riley (B) 25, Mary 25, Wm. 6, Jessie 4
276. GEORGE, Joseph (B) 32 (carpenter), Dorcas 22 (wife), Ida 7, Tennessee Belle
    4, Louis 2
277. LILLARD, Thomas (B) 36 (grocer), Mariah 28, Will 11, Bartley 9, Malinda 7,
    Hayes 2, Jasper 1/2 (b. Dec); LILLARD, Henry 18 (nephew)
278. GARNER, Lucinda (B) 36, A(l)exander (Mu) 18 (son)
279. WHITLOCK, Charles (Mu) 28 (cobbler) (T NC NC), Jane 20, Lucena? 2, Minnie
    1; GARNER, Hazel 11/12 (b. Jul) (sis)
280. WALLACE, Charles (B) 51 (barber), Louisa 48 (crippled) (VA VA VA), John 16,
    Olly 9 (son); TOOLE, Mary (Mu) 22 (niece); WALLACE, Thomas 32 (boarder)

Page 31, Village of Maryville

281. McKENZIE, John 30 (stock dealer) (T Scot T), Sarah 22 (VA VA VA), Annie 8,
    May 1/2 (b. Dec)
282. HANNA, Joseph 56 (woolen manufacturer) (IN PA PA), Philora 48 (IN NY NY),
    Rollin 22 (works in woolen mill) (IN), Terry 19 (son) (IN), Daisy 10
    (IL); BIRD, Flora 20 (servant) (NC NC NC)

BLOUNT COUNTY (52)

Page 31, Village of Maryville, (cont'd)

283. GODDARD, Elias 40 (farmer & clerk in chancery court), Sue 34, Della 13, Willie 7, Robert E. 2; GRIZZARD, Henry 18 (nephew)
284. KIDD, William 74 (T VA VA), Susan 64 (T VA T), Addie 22 (seamstress), Emma 19 (seamstress)
285. HENDERSON, Zach (B) 50, Louisa 34 (wife) (NC NC NC); DeBOSE, Blanche 6 (dau) (T VA NC)
286. WILSON, Henry (B) 27 (painter), Kate (Mu) 28, Robert (B) 5, Maggie 2, Charles 1/12 (b. May); COFFIN, Betsy 16 (sis); WILSON, Horace 17 (bro), Charlotte 48 (mother)
287. MORTON, Benj. 49 (physician) (crippled), Matha 43 (T T NC), Mary 18, John 16, Magnolia 10, Naomi 7, Benj. jr. 5
288. HENRY, David (B) 40 (shoemaker) (T VA T), Melvina 23 (wife)
289. SCOTT, William (Mu) 61 (printer) (NC VA MD), Minerva (B) 53 (NC NC NC); JONES, Nancy 75 (mother) (NC NC NC)
290. ELMS, John (Mu) 25 (printer) (NC NC NC), Mary 29, Annie 11, Leonora 10, John 8, Bertha 6, Cora 1

Page 32, Village of Maryville

292. HORD, Joseph 33 (RR engineer), Annie 35 (T SC T), James 9; WELLS, Clara 20 (sis in law)
293. WILLIAMS, James 62 (physician & dentist) (PA VA VA), Martha 56 (PA VA VA), Lucy 28 (PA), Benj. 21 (works in sawmill) (PA), Harland 19 (PA), Elmer 17 (PA)
294. PEDIGO, Joseph 36 (miller) (T VA T), Rebecca 35, Joan 12, Elijah 10, Alice 6, Mary 3, Sarah 5/12 (b. Jan), Henry C. 22 (bro) (miller) (T VA T)
295. CAMPBELL, Jo 25 (T NC NC), Belle 22, Saml. 10 (stepson); RUDD, Margaret 17 (sis in law)
296. KELLY, John 42 (T VA T), Martha 48 (wife) (T VA VA), Mary 23, Sarah 22, Lizzie 20, Ann 17, Ellen 15, John 12
297. WILSON, Scott (B) 28, Margaret 28 (T VA T), Jessie 4 (dau) (scrofula) (T VA T), Johnie 1 (dau) (T VA T)
298. SCRIVNER, Nancy 29 (T VA T), Charles 12 (works in woolen mill), Joseph 8, Millie 5, Russel 1
299. PRESLEY, James 30 (carpenter), Mary 27, John 8, Augustus 5, Martin 3
300. HOLLIFIELD, Danl. 29 (NC NC NC), Myra 32 (T KY T), Sarah 7, Charles 4, Caroline 2

Page 33, Village of Maryville

301. THOMAS, Eliza 44, Eddie 3 (dau)
302. OWENS, James 30 (T T VA), Octavia 24, Lucy 9, Matt 10 (son), Saml. 2; HOWARD, Wm. (Mu) 23 (boarder) (T T VA)
303. GEORGE, Jefferson (B) 29, Keziah 26, Martha 10, Barbara 8, Cornelia 6, Elijah 4, Drusila 2, Louis 1/6 (b. Apr)
304. GRIFFIN, Daniel 46 (grocer) (NY NY NY), Margaret 43 (NY Eng Eng), Flora 16 (NY), Louis 15 (NY), Sarah 11 (NY), Alice 10 (NY), Walter (T)
305. COX, Eliza (B) 60 (widow), Will 12 (g son)
306. WEBER, Christopher 42, Amanda 30 (wife), Martha 9, Rufus 5, Jane 3, John 1
307. COFFIN, Cintha (B) 43 (widow), Nancy 17, Kate 10, Lulu 9, Lucy 3, Charles 1/6 (b. May), Susie 1/6 (b. May), Edgar 1/4 (b. Apr) (g son)
308. SCOTT, James (Mu) 73 (VA VA VA), Eliza (B) 61 (VA VA VA), Antna 19 (son), Lucinda 8 (g dau)
309. SCOTT, James jr. (B) 39 (KY VA VA), Margaret 27, George (Mu) 11, Maria 9, Minnie 7, Lilly 6 (SC), Julia 4 (SC), Magnolia 7/12 (b. Dec) (SC)

BLOUNT COUNTY (53)

Page 34, Village of Maryville

310. HENRY, Harry (B) 26, Emma 22 (GA GA GA)
311. THOMPSON, Henry (B) 37 (washer woman), GILLESPIE, Mary 26 (relationship omitted), Tony 5 (son), Nancy 5 (dau), John 3 (son), Abbie 3 (son)
312. McLIN, Thomas (B) 29 (NC NC NC), Jane 25 (T NC NC), Harris 16, Joanna 10, Henrietta 7, Leota 4, Jessie 3
313. WARREN, Lavinia (B) 36, Samuel 24 (son), Hannah 19 (dau), Will 14 (son), Robert 12 (son)
314. FAGG, Alexander (B) 40 (blacksmith), Melissa 37, Charles (Mu) 21, Will 19, Hugh 17, Lulu 12 (B), Belle 9, Minnie 7, Paris 5, John 2
315. FARR, Thomas 22, Belle 24, John 1
316. HAYES, Cadwallader 32 (shoemaker) (NC NC VA), Rachel 27 (T VA T), Ada 9, Rufus 7, Flora 4, Albert A. 2, Elbert E. 1/12 (b. May)
317. PEARSON, Lucinda 36 (widow), Will 18, James 14, Sarah 11
318. BLANKINSHIP, John 41 (physician), Sarah 38, Leonidas 19, John 15, Lilly 12, Minnie 10, GILLESPIE, Mary (B) 23 (servant)

Page 35, Village of Maryville

319. PATTON, Samuel 29 (watch maker & jeweller) (AL T T), Martha 26
320. AUSTIN, Henry C. 30 (hotel proprietor), Mary 24 (VA VA VA), Maud 8, Charles 4, Nannie 1, RIFFY, Malinda 15 (servant), LOWE, Lee 16 (servant), LEE, G. W. 27 (m) (boarder) (lumber man) (NY NY NY), ROREX, John 22 (boarder) (lawyer), HARPER, Andrew 27 (boarder) (merchant)
321. PLEASANT, Wilson (B) 54 (tanner), Betsy 55
322. GARNER, Tyler (Mu) 45 (baker)
323. BROWN, George 28 (rail R. mail service), Sarah 26, Lettie 8, Charles 5
324. TOOLE, George 31 (grocer), Emma 27 (T NH VT), Wallace 3
325. GREER, James 36 (clerk of circuit court), Sarah 37 (T VA T), John 11, Freddie 6, Nora 4, Nellie 1/4 (b. Feb), GREENWAY, Penelope 62 (mother in law)
326. GIBBS, Margaret 29 (widow) (T VA T), James 7
327. PFLAUZE, Charles 39 (cabinet workman) (Ger Ger Ger), Mary 26 (Ger Ger Ger), Carl 5, Louis 3, Robert 5/12 (b. Jan)
328. WILLIAMS, Samuel 50 (T VA VA), Sarah 43 (VA VA VA), Will 23, Emma 20, Alice 18, Margaret 16, Robert 8, Blanche 5
329. WILLIAMS, Martha 50 (seamstress) (T VA T), Elias 20 (son) (RR brakeman)

Page 36, Village of Maryville

330. HORD, William 29 (merchant), Kathleen 37 (T PA VA) (wife), BURGER, Joseph 30 (boarder) (merchant) (NY Ger Ger), Charles 27 (boarder) (merchant) (NY Ger Ger), KIDD, Jane (B) 33 (servant), BREWER, Wm. 20 (servant)
331. RULE, Andrew 35 (sheriff), Ruth C. 34 (wife), James 10 (son), Robert 8 (son), Benj. C. 6 (son), John 4 (son), Annie L. 1 (dau), STERLING, John 26 (boarder) (jailer), FERGUSON, Mary 20 (servant), FERRARY, Leo L. 41 (prisoner) (grocer) (Prussia Prussia Prussia), THOMAS, George 71 (prisoner) (T GA GA), KEY, Silas 17 (prisoner), GANUR, Allen (Mu) 44 (prisoner) (T NC T), WEST, John 25 (prisoner), WEST, John 25 (prisoner), MAYNARD, Jason 46 (NC NC NC), ROGERS, Henry (Mu) 38 (prisoner) (SC SC SC) (above was county jail)
332. SMALL, Foster 57 (merchant) (typhoid fever) (OH Ger KY), Sarah 57 (IN PA PA)
333. BROWN, Thomas 23 (lawyer) (GA T T), Luella 19 (IN IN IN)
334. HUDSON, Jerry 76 (VA VA VA), Joana 73 (NC VA VA), MADSON, Jane 28 (dau)
335. HYDEN, Samuel 55 (T VA VA), Catharine 47 (T T VA), Miriam 19 (typhoid fever), Lovisa 16, Carrie 13 (dau), Maurice 11, Nora 9
336. LANE, Charles (B) 49 (VA VA VA), Tamar 32 (wife), CURRIER, Martha 19 (dau) (T T T), LANE, Priscilla 12 (dau) (T VA T), Malda 9 (dau) (T VA T), George 7 (T VA T), Mildred 4 (T VA T), Virginia 2 (T VA T), ASBERRY, Duffield 15 (bro in law)

BLOUNT COUNTY (54)

Page 36, Village of Maryville (continued)
337. HACKNEY, Lambert 62 (miller), Malinda 62, James 26 (works in sawmill), High W. (son) 24 (works in sawmill), Tate 22 (son) (works in flour mill)

Page 37, Village of Maryville
338. BADGETT, Newman 26 (county registrar), Lucy 25, Nora 3
339. IRWIN, Hettie 75 (widow) (T VA T), Elizabeth 65 (sis) (T VA T), Hessie 30 (dau) (T VA T)
340. McCONNELL, Alfred 55 (T VA VA), Susanna 50 (AL T OH), Nannie 19, Sue 15, Maud 7
341. MOUNT, Theodore 30 (carpenter) (T T SC), Martha 28 (OH PA NY), Claude 10 (NE), Ella 6 (T), Anna 3, Charles 1/2 (b. Dec)
342. HANNUM, Amos (B) 50 (VA VA VA), Lavina 50 (SC SC SC)
343. SHARP, William (B) 50 (T VA VA), Eliza 26 (T MD MD), Wm. 12, Isabella 9, Ann 8, Cordelia 5, Laura 1
344. PACE, Fleming 56 (NC NC NC), Keziah 48 (wife) (NC NC NC), Samuel 13, Harriet 10
345. LEWALLEN, John 18, Polly 17 (wife) (NC NC NC), Sarah 1/12 (b. May) (T NC T)
346. PACE, John 27 (NC NC NC), Adeline 23 (NC NC NC), Wesley 4, John 2, Charles 1
347. LOUDON, Perry (Mu) 21 (T MD NC), Harriet 25 (sis) (T MD NC), Polina 17 (sis) (T MD NC), Will 16 (bro) (T MD NC)
348. TAYLOR, Rufus 36 (tanner) (T T VA), Edna 30 (T SC SC), Lula 11, Florence 9, Mary 1/6 (b. Mar), SEXTON, John 14 (nephew)

Page 38, Village of Maryville
349. BRUCE, Bettie (Mu) 44 (widow), Samuel 23 (teacher) (AL T T), Mary 17 (AL), Thomas 16 (AL), Joseph 13 (AL)
350. INGRAM, William 56 (teamster) (VA VA VA), Mary 47 (T NC T), John 22 (stays on RR Depot)
351. HALL, James 38 (Mu), Ferabe 30, Charity (B) 10, Lucinda 7, Charles 6, Margaret 2, Lesley 3/4 (b. Aug) (son)
352. KELLY, Frances 67 (widow) (VA VA VA), Eliza 29 (T VA VA), Willie 17
353. ENGER, Mary 38 (widow) (T PA T), Ida 12 (T PA T), Oscar 4 (GA PA T)
354. SHETSELL, Wm. 33 (T VA VA), Mary 34 (blind), James 11, Margaret 9
355. EVERETT, James 34 (T VA T), Rosalia 41 (wife), William 19, Hattie 17, Samuel 15, Indianola 13 (dau), LOURY, Charles 21 (boarder) (sewing machine agt)
356. MITCHELL, Wm. 17
357. EDINGTON, Thomas 50 (book agent), Mary 38, Florence 19, Catharine 17, John 13 (work in brick yard), Charles 9, Leonidas 5
358. HENDERSON, Aleck (B) 45 (teamster), Lucy 24, RUSSELL, Philis 40 (boarder) (widow) (T VA VA)
359. KENNEDY, Louis (B) 48 (T GA GA), Violet 46, Cheney 17 (dau), Carter 16, Will 8

Page 39, Village of Maryville
360. JOHNSON, Amanda 45 (divorced), Mary 25, Robert 18 (tinner), George 15, Andrew 13, Nora 10, CONNER, John (B) 60 (servant), Jane 60 (servant)
361. HUGHES, Dock 41 (brick mason) (SC SC SC), Martha 25 (wife) (GA GA GA)
362. SEWARD, John 23 (brick mason), Annie 22, Belle 4, Dulce 1 (dau)
363. GEORGE, Hiram (B) 50, Jane 48, Elizabeth 19, Hiram jr 15, Mary 14, Melvina 10, Mason 3 (g son), Paralee 7/12 (b. Aug) (g dau)
364. LAURENCE, J. C. (Mu) 25 (minister, Pres), Missouri 21
365. WALLACE, Caroline (B) 47 (washer woman) (AL AL AL), James (Mu) 15 (son) (T KY AL), LAURENCE, Leanora 2 (g dau), Estella 1/4 (b. Feb) (g dau)
366. WILSON, Oscar (B) 60, Mary 55 (T T VA), Will 20, Saml. 16, Oscar jr 15, Kathlene 10, Amelia 6, George 11
367. HENRY, Jerry (B) 48? (carpenter), Louisa 49 (T T VA), Joseph 23, Will 18, Charlotte 16, Dorcas 72 (mother), McCAMPBELL, Jas. 9 (nephew), Dennis 8 (nephew)

BLOUNT COUNTY (55)

Page 39, Village of Maryville (continued)

368. CHANDLER, Handy (B) 60, Mary 58 (T VA VA), Nancy 19
369. CLEMENS, Mary (B) 41 (widow) (T KY VA), Joseph 19, William (W) 17 (son),
    Agnes 14 (dau) McGINLEY, Nancy 27 (boarder), WILLIAMS, Thomas 20 (boarder),
    LORD, Claudius 27 (boarder) (painter) (NY NY NY)

Page 40, Village of Maryville

370. PORTER, Gibson (B) 23, Laura 22
371. PORTER, Henry (B) 28, Sarah 26, Nancy 6, Samuel 2
372. MARTIN, Matt (B) 30 (KY KY KY), Martha 29 (GA GA GA), Emma 7 (GA GA GA),
    Thomas 3 (GA GA GA), William 1 (GA GA GA)
373. BLAIR, Thomas 38 (miller), Phoebe 33, Vina 13, Sarah 11, John 10, Margaret 7,
    Mary 5, James 3, Robert Lee 1/12 (b. May), Elizabeth 1
374. CUPP, John 35 (grocer), Minerva 45 (wife) (T VA T), Martha 10
375. YANCEY, Miles (B) 38 (T VA T), Amy 27 (wife), Sarah 9, Willie 7, James 5,
    Ida 2, McADOO, Margaret 24 (boarder)
376. GEORGE, Lewis (B) 24 (widower)
377. BREWER, Nath (Mu) 27 (works in woolen mills), Martha 25 (T NC NC), Foster 7,
    Willie 6, Saml. 3, Nannie 2
378. COWAN, Henry (B) 27 (NC NC NC), Jane 25, Charlotte 5, Jimmie 3 (dau), William
    1, HASSLER, John 22 (boarder) (GA GA GA)

Page 41, Village of Maryville

379. HENRY, Jacob (B) 48 (blacksmith), Isabella 46, John 20, Will 19, Annie 16,
    James 14
380. MADISON, Levi (B) 54 (SC? SC SC), Rosanna 60 (wife)
381. LEE?, George (B) 35 (AL AL SC), Caroline 33 (LA SC SC), Emily 16 (T AL LA)
    Louisa 13 (T T T), John 10 (T AL LA), Florenence 7 (T AL LA), Charles
    5 (T AL LA), Lewis P. M. 2 (T AL LA), George 9/12 (b. Sep) (T AL LA),
    TAYLOR, Eliza 57 (mother) (SC SC SC)
382. SCRUGGS, Henry (B) 52 (T AL AL), Mary 48 (T T Africa), BOYD, Saml. 20 (nephew),
    STRAIN, Bluford 26 (SC SC SC)
383. TEDFORD, Sarah 56 (widow) (diarhaea), Luman 28 (son), (minister Pres.), Linda
    26, ERBY, Saml. 16 (servant)
384. TEDFORD, Edward 30 (druggist), Mary 26 (T VA T), Linton 4
385. JONES, David 45 (brick mason) (Wales Wales Wales), Mary 42 (NY Wales Wales),
    Maggie 10, Annet 5
386. WALKER, Wm. 57 (book seller & stationer) (T VA VA), Mary 45 (wife), Sue 18,
    Will 13, Osa 8 (dau)
387. HARVEY, Harriet 37 (widow) (T T VA), Dora 18
388. PARHAM, W. L. 47 (woolen manufacturer) (T NC T), Mary 40 (T T NC), William 20,
    Emma 18, Annie 15, Robert 13, Charles 10, Eddie 3, Guy 8/12 (b. Sep),
    SMITH, Mose 23 (nephew) (works in woolen mill), BRIDGES, Ellen (B) 20
    (servant) (T VA T)

Page 42, Village of Maryville

389. MOORE, Dorsey 40 (carpenter) (GA GA GA), Catharine 39 (wife) (T AL NC), Willie
    14, Annie 9, John 7, Cenith 4 (dau), Frank 10/12 (b. Aug), GILCHRIST, Mary
    30 (boarder) (music teacher) (IN Scot IN)
390. BINFORD, James 65 (NC VA VA), Rachel 55 (OH NC NC), Lizzie 17 (IN VA OH)
391. WILSON, Henry 42 (blacksmith) (OH OH OH), Anne 41 (KY KY KY), SHARP, Philip
    16 (nephew) (KY KY KY), FORD, Hook 31 (nephew) (printer) (KY KY KY)
392. McCONNELL, Lamar 40 (lawyer), Margaret 36 (T VA VA), Martha 15 (typhoid
    fever), John 13, Della 11

BLOUNT COUNTY (56)

Page 42, Village of Maryville (continued)

393. CURRIER, John 64 (T PA PA), Mary 61, Belle 21, COWAN, Ann 30 (dau), Charles 11 (g son)
394. LOWE, James 27 (druggist), Josie 26, Morris 8/12 (b. Oct), Emma (B) 18 (servant)
395. CATES, John W. 47 (physician) (T NC T), Mary E. 39, Benj. B. 15, Reuben 13, Edgar 11, Jessie 9, Johnnie 7 (dau), BROWN, Agnes (B) 23 (servant) (VA VA VA)
396. WALKER, Elijah 59 (farmer & miller) (T PA SC), Adeline 39 (wife), Ida 14, Henry E. 7
397. COFFIN, Eliza (B) 61 (widow) (VA VA VA), Clark 19, McDOWELL, Lou 19 (adopted dau)
398. WEAR, Millie (B) 53 (widow)
399. RICHARDSON, Steven (B) 31 (SC SC SC), Eliza 26, Will 11, Alex. 7, John 9/12 (b. Sep), CATLETT, Lafayette 19 (boarder) (T SC T)

Page 43, Village of Maryville

400. WILSON, John A. (Mu) 35 (painter), Alice 34, Flora 9, Lee 11/12 (b. Jul) (son), Mary (B) 60 (mother) (VA VA VA)
401. SEWARD, John 57 (brick mason), Cloa 43 (wife) (NC NC NC), Mollie 16 (NC), Charles 14 (T), Harvey 12, Eliza 10, Ada 8, Montis 7 (son), Emma 3
402. KING, Susan 45 (widow) (washer woman), Sarah? 20, Caroline 17
403. McKENZIE, Bartley 28 (RR brakeman) (T Scot T), Laura 20 (T T AL), Margaret 3
404. RICHARDSON, Jesse 35 (photographer) (NC NC NC), Malinda 29, Lizzie 12
405. NELSON, William 32 (miner) (Eng Eng Eng), Mary 31 (Eng Eng Eng), Jane 7 (IL), John 4 (PA), Polly 3 (GA)
406. ROWAN, Saml. P. 42 (lawyer), Tennessee 38, Laura 17, Baxter 15, Margaret 12, Maud 10, James E. 8, Beulah 5
407. McKENZIE, Roderick 68 (hotel proprietor) (Scot Scot Scot), Mary 63, Frank 21 (clerks in hotel), Jennie 19, Andrew 14

Page 44, Village of Maryville

408. FULTON, Aaron 49 (MA MA MA), Harriet 43 (NY MA NY), Cora 13 (NY)
409. WELLS, Leonidas 36 (tinner?), Mary 36 (VA VA VA), Steven 15 (IL), Edwin 13 (T), Charles 10, Homer 7, Dora 4
410. HANNUM, David (Mu) 40, Elizabeth (B) 36, Scott 17, LeRoy 15, Mary 13, Robert 8, Kathleene 6, Alexander 4, Bertha 3, Mattie 10/12 (b. Aug) (dau)
411. ARBERLY, Joseph 59 (college prof. & physician) (Syria Syria Syria), Mary 48 (wife) (Syria Syria Syria), Abraham 30 (physician) (Syria), Collul 28 (son) (shoemaker) (Syria), Fodlollah 26 (son) (physician) (Syria), Nazheeb 19 (son) (Syria), Habub 16 (son) (Syria), Nassum 13 (son) (Syria), Amelia 17 (niece) (Syria)
412. NORWOOD, Wesley 86 (T MD MD), Mary 58 (wife) (T VA T), STRAIN, Nancy 45 (sis in law) (T VA T)
413. RICHARDS, James 31 (RR Employee), Harriet' 29, John 13, James 10, Joseph 7, Charles 4
414. BOGLE, John C. 49 (surveyor), Elizabeth 39, John 17, Clementine 15, Samuel 12, Paul 1/2 (b. Dec)
415. FRANKLIN, Caleb 32 (brick mason), Harriet (B) 35, Alexander 7
416. GODDARD, James 31 (county trustee), Mary 24 (IA IN IN), Maggie 7, Frank 4, Rollin 2, Henry 1

Page 45, Village of Maryville

417. CHUMLEA, W. C. 34 (widower) (clerk of circuit court), Horace 10, Lulu 7, Saml. 4, Plily 2 (son), HAYES, Eliza 65 (relationship omitted) (NC VA VA), Nellie 23 (seamstress) (T NC NC)

Page 45, Village of Maryville (continued)

418. GOODWIN, John 47 (shoe & book maker) (SC SC SC), Nancy 36 (wife) (T VA VA), Tilda 15 (T SC SC)
419. SEXTON, Andrew 41 (GA SC SC)
420. CAUSLER, Lawson (Mu) 48 (wheel wright) (T T NC), Ann 33 (NC NC NC), Wm. 17, Nannie 12, Charles 9, Rexford (B) 6, Hugh 3, Carl? C. 5/12 (b. Jan)
421. HOOPER, Moses A. 28 (carpenter), Elizabeth 24, John 17 (bro)
422. McNEAL, David 22 (carpenter) (OH PA NY), Eva 22 (T IN T)
423. LAURENCE, John 27 (merchant), Kathleene 28, Edward 2
424. HOOD, Francis 62 (tailor), Eliza 58, Frank 23 (tinner), John 20 (RR conductor), DOOTON?, Mary 34 (dau) (neuralgia), Mattie 14 (g dau), Eliza 11 (g dau), Mary 10 (g dau), CATLETT, John (B) 37 (servant)
425. EVERETT, William 33 (teamster), Amanda 36 (VA VA VA), John 6, Will 6, Mary 4, Joseph 1
426. EVERETT, Tipton 28 (teamster), Tennessee 20, John 4, Ella 1
427. STEELE, Harriet (B) 55

Page 46, Village of Maryville

427. CAPP, Riley 29 (teamster), Olive 25, Margaret 5, Elizabeth 3, Bertha 1, May 1/6 (b. Apr)
428. MORTON, Silas 31 (wheel wright) (GA T T), Margaret 28, Guy 5, Joseph 3, Eddie Lee 2
429. BUHL, George 39 (merchant) (MI PA PA), Priscilla 38 (OH Eng Eng), Albert 13 (MO), Emma 11 (MI), Cora 8 (MI), DAVIS, Edwin 21 (clerk in dry goods store) (relationship omitted)
430. GREER, Joseph 37 (hardware merchant), Martha 33, William 11, Hugh 9, Cora 7, Pauline 1/3 (b. Feb), PRICE, Agatha (B) 40 (servant) (VA VA VA)
431. BOWERMAN, R. P. 63 (m) (broker) (T PA VA)
432. FRAZIER, Leander 38 (teacher) (NJ NY NY), Martha 50 (wife) (OH VA __), CUNNINGHAM, Ada 20 (servant)
433. HOOD, Robert N. 35 (lawyer), Sarah M. 24 (wife) (T T PA), William 12, Mamie 10, Margaret E. 2

Page 47, Village of Maryville

434. WILLOCKS, Moses 60, Paraseta 60 (palpitation of heart), Corintha 19, Marion 16 (son), Semantha 16
435. VAUGHN, Wm. 63 (ruptured) (NC NC NC), Juda 45 (wife) (NC NC NC), MADISON?, Polly 28 (dau), Martha 10 (g dau)
436. VAUGHN, Addison 26 (T NC NC), Louisa 25, Florence 4, Fannie 3, Charles 1/6 (b. Mar)
437. WILSON, Cornelius 33, Mary 25, Walter 4, Oliver 3, Roscoe 1/12 (b. May)
438. WILSON, Bird 35 (consumption), Ellen 25 (wife) (KY KY KY), James 11 (T T T), Mary 8 (T T KY), George 6 (T T KY), Sarah 4 (T T KY), Susan 2 (T T KY)
439. WILLOCKS, John 22, Martha 26, Idelia 3/4 (b. Sep)
440. HENRY, Lewis (B) 54 (liver disease) (T VA T), Mary 48, Mary C. 21, Rosa (Mu) 19, Hester (B) 12, Vina L. 9
441. McTEER, William 36 (lawyer), Mary T. 30 (crippled) (Syria NJ NJ), Alexander 22 (bro) (clerk in drug store), REAGAN, Nancy 35 (servant) (crippled) (T NC T)
442. KIRK, Wm. H. 34 (crippled) (jeweller & watch maker), Margaret 36, Charles 14 (IL), Mary 11 (T), John 8, Arthur 3, Maggie 1, HILL, Cintha 24 (servant), SAUNDER, T. J. 60 (m) (boarder) (physician) (NJ NJ NJ)
443. COWAN, Thomas P. 35 (dentist), Helen 31, SUMERS, James 12 (stepson), COWAN, Bessie 3 (dau), Nellie B. 1/4 (b. Mar)

BLOUNT COUNTY (58)

Page 48, Village of Maryville

444. BLACKBURN, A. E. 49 (widow) (teacher), Nellie 23
445. ASQUITH, George 38 (work in woolen mill) (Eng Eng Eng), Hannah 37 (Eng Eng Eng), Harry 12 (work in woolen mill) (VA), Ida N. 9 (T), Joseph 7, Fannie 4, George H. 2
446. LOVE, Preston B. 40 (printer) (T NC T), Mary M. 36, Andrew 15 (printer), Mary 10, Ida M. 8, Saml. P. 5, Tennessee 3
447. MILLER, Henry 46 (commercial traveller), Mildred 48, Julius C. 24 (commercial traveller), Sue 22
448. ASBERRY, George (B) 20 (works in flour mill), Annie 16 (wife) (married within yr), WILSON, Hattie 9 (sis in law)
449. RHEA, William 47 (miller) (T NC NC), Mary E. 40 (AL T VA), William 16, Lulu 9, Minnie 7, Ida 4
450. SEXTON, Cina 25 (GA GA GA), Elizabeth 8 (dau) (T T GA), Houston 3 (T T GA)
451. WILCOX, Alfred 35, Mary J. 46, Mary C. 11, Horace 7, John 4
452. PRUNER, John 31 (widowed) (VA VA VA), Leota 3 (T VA T) (son), Carra 3 (dau) (T VA T), FAULKNER, John jr 23 (boarder) (NY NY NY), AMERINE, Millard 22 (relationship omitted) (AL T T)
453. MOUNTCASTLE, W. D. 32 (m) (minister, Methodist), Fannie 28 (GA NC GA), Willie 2 (dau)
454. WILLSON, Ross (B) 23
455. HAYES, Richard (B) 18

Page 49, Village of Maryville

456. McGINLEY, Wm. D. 58 (lawyer), Elizabeth 43, Margaret 14, Richard 12, John 10, Benj. 8, Willie 6, Walter 4, "Joda" 2 (son)
457. GARNER, Wm. O. 22 (teacher) (OH OH OH), Lutetia 21 (IA IN IN)
458. McCAMPBELL, James (B) 38 (widower)
459. McCAULEY, John (B) 18
460. CATES, Charles T. 40 (lawyer) (T NC T), Martha 37, Charles jr 17, Minerva J. 15, Lulu 12, James Madison 11, LANE, Lucy (B) 16 (servant), SNODDY, John 18 (relationship omitted) (works in woolen mills)
461. FERRARY, Lucy 32 (VA VA VA), Cordelia 11 (dau) (T Prussia VA), Omega 9 (T Prussia VA), WILSON, Octavia 19 (relationship omitted) (MS MS MS)
462. EVERETT, James T. 22, Mary S. 21, Ann 82 (aunt) (VA VA VA)
463. VANCE, Dolly (Mu) 82 (widow) (VA VA VA), Polly 67 (dau) (T T VA), WILSON, John (B) 9 (boarder)

Page 1, District 8

1. BREWER, Andrew J. 45, Narsisa P. 34, Daniel C. 15, George W. 10, Amy A. 5, Mark M. 3, Ann 2, (not named) 1/12 (b. Jun) (dau)
2. HOUSER, Hugh B. 26, Margarette 27
3. GODDARD, William 38 (T VA T), Elisabeth A. 41 (T VA VA), John A. 12, George N. 9, Samuel M. 5, Margaret 1
4. DEE ARMOND, John 50 (T T VA), Mary M. 34 (wife), Mary 4
5. CUPP, Henry C. 29 (shoemaker), Hannah 22, Martha J. 3, Margret 1
6. CUPP, James E. 56 (T PA PA), Margarette 58 (T VA __), Joseph R. 20
7. CUPP, James F. 46, Sarah E. 37 (T T NC), Margrette 11, George A. 10 (idiotic), Joycey S. 4, Martha E. 11/12 (b. Jun), George 77 (father) (T PA PA)
8. GODDARD, Nathan 35, Dorcas E. 32 (wife), Laurea L. 10, Loney B. 7 (dau), Ulric 3, Barum 1 (dau)
9. HAMIL, May A. 45 (divorced), Martha A. 11
10. PRICHARD, Sarah 46 (NC NC NC)
11. WEBSTER, Mary C. 43 (widow), Soprona V. 15 (T T VA)

BLOUNT COUNTY (59)

Page 1, District 8 (continued)

12. TEFTELLER, Michael 50, Mary E. 37 (wife) (T VA NC), Jeff. H. 12, Jacob M. 11, Charles L. 10, Rabecca A. 7, Sarah L. 5, William D. 2

Page 2, District 8

13. HUTSELL, Jefferson 22 (T VA VA), Martha 26 (T NC T), Martha A. 4, Thomas L. 2, Melvil A. 9/12 (b. Sep)
14. HUTSELL, George B. 71 (VA VA VA), Martha 65 (VA VA VA), Isabella 26, Margret 24, Stephen 20
15. SMITH, Samuel 39 (AL __ T), Mary M. 36 (T NC NC), Martha J. 15, John Lemard 13, Fanie 11, Benjamin 6, Maggie J. 3
16. WILKINSON, Edward 58 (T MD VA), Margrett A. 50 (T NC NC), Edward L. 14, KINY, John 17 (stepson)
17. WHETSELL, Jesse 68 (VA __ __), Sarah E. 57 (wife) (NC __ __), RENFO, Alice 15 (stepdau) (T __ NC)
18. CLEMENS, Samuel 45 (T VA T), Mary 43, KIDD, John H. 8 (relationship omitted)
19. TEFETELLER, Calvin 29, Corneleous 31 (wife), William 6, Ellen 2
20. WHETSELL, Isaac 22 (T VA VA), Martha A. 22, Mary Ellen 3
21. COLTER, Samuel 24, Emma 27 (T __ NC), Robert H. 5, Sarah J. 3, Willie F. 1 (dau)
22. YARD, Samuel 66 (GA SC GA), Synthia 44 (wife), William G. 11 (GA)
23. DAVIS, Elias 66 (NC NC NC), Isabella 66 (NC NC NC), Martha M. 25 (NC)
24. CLEVINGER, James 35, Mirnervy 29 (NC NC NC), Elias A. 15, David C. 13, Jonathan 10, Hulda M. 2 (dau), Jessee 8/12

Page 3, District 8

25. RENFRO, William 22 (T __ NC), Lelia E. 17, Mary E. C. 7/12 (b. Oct)
26. CLEMENS, Samuel 26 (T VA T), Ellen 31 (wife) (T VA VA)
27. CLEMENS, Melvina 55 (VA VA VA), Eve 53 (sis) (VA VA VA), Eliza 51 (sis) (VA VA VA), Matilda 45 (sis) (VA VA VA)
28. BAKER, Samuel 38 (T VA VA), Arlena 40, Henrie E. 19 (dau) (GA), John J. 13 (T), Samuel 11, Sarah 9, William O. 6, Lafayette 5, Margret N. 3, Mary C. 1
29. McGINLY, John 56, Mary A. 58, John J. 18
30. McGINLY, Joseph R. 23, Fidella 38 (wife), Charles C. 13, John N. 11, Mary J. 9, Nancy A. 7, Laura I. 4, Telora E. 2
31. McGINLY, William 37, Susana 33, David S. 11, John R. 10, Cowan L. 6, Mary M. 2
32. McGINLY, David 30, Margret 27 (T VA T), Lena L. 4, Mary L. 3, John R. 8/12 (b. Sep)
33. EVERETTE, Aaron 37, Lucinda J. 31, Robert F. 11, Martha F. 8, Margret 6, James R. 4, Nancy C. 2

Page 4, District 8

34. HOUSER, Serena 49 (widow), James R. 27, John R. 25, Leah E. 22 (dau in law), EVERETTE, Amaron 34 (sis), Haffy 72 (mother), William T. 4 (g son)
35. EVERETTE, William 28 (T IN T), Frances N. 26 (IA T T), Robert F. 6, Margaret L. 4, Hattie J. 11/12
36. EVERETTE, Lorenz 60 (IN VA VA), Lucinda 54 (wife) (T PA T), Nancy C. 16
37. LOURY, Henry 35 (T __ T), Isabella 35, Georg H. 13, Robert W. 12, Lenora 10, James T. 6, Comela 4, Leona 8/12 (b. Oct)
38. NUCHOLS, Isaac 38, Mary J. 39, James R. 18, Rabecca A. 12, John F. 10, William 7, Matilda J. 6, Martha S. 4, Andrew? J. 2
39. HEDRIC, Isabella 37, Elisabeth 16 (dau), Jane 14 (dau), Towers 8 (son)
40. RUSSELL, Henry 65, Margret 65, Isaac H. 35, Julia T. 31 (dau in law), William A. 11 (g son), Mary J. 9 (g dau), Charles W. 6 (g son), Henry 4 (g son), James 2 (g son)
41. BOYD, Catherine 43, Rabecca J. 25 (dau), Sarah N. 20 (dau), Nancy E. 17 (dau) James 14 (son), John H. 6 (son)

BLOUNT COUNTY (60)

Page 5, District 8

42. BRADBURN, Catherine 46 (widow), Charles 26, James 22, George 20, Sarah 13; AMERINE, Willie 14 (nepew)
43. KELLER, George 21, Jane 21, Mary E. 5/12 (b. Jan)
44. McDONALD, James 29, Mary C. 23, Cora J. 3, Cordela 4, Ruben L. 10/12 (b. Jul)
45. MILLER, Joseph 23 (T Eng Eng), Noria 18 (T T KY), Anna 1
46. SIMERLY, John 59 (T T SC), Sarah 50, Jane 23, Serena 19, Susana 16, John F. 11, Ida 4 (g dau)
47. WALLACE, Thophilus 39, Mary L. 35, Mary E. 8, William S. 11, Thopholis 5, Jesse E. 11/12 (b. Jun)
48. BOYD, William C. 40, Sidney 33 (wife), William G. 14, Martha S. 11, Cora E. 7, Milford 5, Effa G. 2, Leminel 1 (son)
49. McREYNOLD, Gilford 65, Permelia 57 (T PA KY), Stephen 26, Ida J. 10 (g dau); MUNDY, Mattie I. 22 (dau), Carrie 1 (g dau)
50. BOYD, William 79 (T VA NC), Nancy A. 81 (sis) (insane) (T VA NC); McREYNOLDS, Miran 32 (dau) (widow), William M. 8 (g son) (OR T T), Mary M. 7 (g dau) (OR T T), Sarah T. 6 (g dau) (OR T T), John G. 3 (g son) (OR T T)

Page 6, District 8

51. SCOTT, Ebert H. 23, Eliza C. 27 (T GA T), Althey S. 2 (dau), Ann D. 78 (g mother) (NC NC NC)
52. RUSSELL, Calvin R. 42, Purlina J. 39, Lucinda J. 9, Richard T. 7, Elisabeth F. 4, Charles G. 2
53. GAINES, Thomas L. 35 (T T __), Hetty E. 38 (T NC T), Nancy T. 17, John T. 8, Mary C. 1
54. McDONALD, Henry F. 26, Eliza J. 23, Nancy L. 2
55. WHITE, Alsup 52, Nancy E. 50 (T SC SC), Mary J. 16, Rebecca A. 14, John A. 9, Minnie 4
56. WHITE, James H. 26, Caldona 20, Dora A. 6/12 (b. Nov)
57. FOGG, John H. 24, Sarah N. 18, Charles H. 3, William A. 9/12 (b. Aug)
58. CUPP, William L. 32, Margret 30, James J. 11, Mary E. 9, Lafayette 6, Robert F. 5, Margret F. 1, Charles G. 2/12 (b. Feb)
58. WHITEHEAD, Asa 25, Margret 49 (wife)
59. McCAMPBELL, Sam 35 (widower) (T VA T), Cordelia A. 8, Mary H. 7, Elizabeth 37 (bro) (T VA T), Mary E. 45 (sis) (T VA T), Mary M. 20 (niece) (GA T T), Elisabeth 85 (mother) (crippled) (T VA __)

Page 7, District 8

60. COWDEN, Samuel 38, Rhoda 32, James E. 12
61. HALL, Amanda 50 (widow) (T __ T), Benjamin 19 (T NC T), Margret 21 (g dau), Joseph H. 6 (g son), Mary J. 1 (gg dau)
62. WHITEHEAD, Mary J. 49 (widow), Pinkney 21, Sarah M. 19, Jacob 17, William H. 2 (son)
63. RUSSELL, Thomas 31 (T NC T), Leniya J. 36 (wife), Mary T. 10
64. RUSSELL, Isaac 46, Permelia 47, Abraham L. 18, James A. 16, Lucinda 11
65. RUSSELL, Sophina 41 (T NC SC), Isaac 17 (son), Joseph H. 15 (son)
66. RUSSELL, Patience 43 (divorced) (T T NC), James E. 18
67. POTTER, Isaac 25, Sarah E. 22, Mary J. 3, John 1
68. RUSSELL, Isaac 45, Mary A. 40, James H. 21, Sarah E. 18, Margarette 15, Edward 13, Nancy F. 10, Dora A. 8, Charles H. 5
69. BURCHFIELD, Mary 47 (widow) (Scot Scot Scot), Isabella 16 (T T Scot), William T. 13, James R. 9; HALL, John G. 6 (g son)
70. McDONALD, James 37, Hannah 50 (wife), Mary M. 8
71. RUSSELL, Joseph 46 (T T NC)

Page 8, District 8

72. BURCHFIELD, John G. 24 (T T Scot), Louisa 21, Laura F. 3, Caldona 2
73. POTTER, James 36, Sarah 40 (T NC T), Sarah M. 13, William J. 12, John 9, Rabecca E. 7, Nancy J. 5, Celina L. 2
74. MARTIN, Thomas 30, Agness 24 (T T Scot), John H. 4, Mary T. 4/12 (b. Feb)
75. TIPTON, Ruben 63, Elisabeth 53 (T __ T)
76. RUSSELL, Penilopy 63 (widow); JAMES, Henry 17 (son), Isaac J. 15; GIBSON, Thomas 8 (g son)
77. RUSSELL, Huston 26, Liddia 21, James H. 11, Isaac T. 4, Mary C. 3
78. BRADBURN, John 21, Sarah 21, Liddia 4, Caldona 1
79. GIBSON, Adison 38, Jane 36, Rutha H. 15, Joseph M. 11, Amanda 7, William 6, Florence 2, Margret 1
80. CURTIS, Martha 65 (crippled) (T __ __), Joseph 24 (son), Martha J. 10 (g dau)
81. SIMERLY, William 22, Harriette 23
82. BORING, Abner 65 (crippled) (T T NC), Caroline 58 (T NC NC), Sarah M. 25 (GA T NC), Palistine J. L. 20 (son) (GA T NC), Florence 1/12 (b. Apr) (g son --crossed out on schedule) (T T GA)
83. WILLIAMS, Joel 72 (T NC NC), Mary A. 54 (wife) (NC NC NC), Columbus 17, Moris 15, James 10

Page 9, District 8

84. BORING, William 31, Nancy J. 32, AMERINE, James 9 (boarder)
85. RUSSELL, John A. 21, Hester A. 19, Mary M. 1/12 (b. Apr)
86. SNIDER, James 49 (crippled), Ruthey C. 47, George T. 16, James A. 13, Luvena 11 (crippled), Martha 6
87. EVERETTE, James 26, Nancy J. 23, Charles L. 6, Mary L. 4, William T. 2
88. McCONNELL, John R. 41 (crippled) (T VA T), Sarah P. 30 (wife) (T NC T), Moses L. 12 (crippled), Jane M. 10, Lee H. 8, Mary J. 6, Anna L. 4, Elizabeth 1; LONES, Mary E. 41 (sis in law)
89. RUSSELL, Edward 36 (pfthisic) (GA VA SC), James 13 (nephew) (T SC T), William 10 (nephew) (T SC T)
90. McCONNELL, Amanda 37 (widow), Louiza J. 13 (T VA T), Elisabeth D. 11, William R. 10, Ida Maud 8, Alford 5, Joshua C. 3
91. WOLF, Isabella 45 (widow), Vincent 27, John 19, Sarah T. 16, Ida J. 13, Mary Ann 10
92. SIMERLY, Abraham 46 (T T NC), Nancy J. 53 (T PA PA), Jacob L. 17, Leah 15, Margret T. 10, Nanthaniel 9

Page 10, District 8

93. WILBOURN, Barnet 35 (wagon maker) (T NC T), Mary E. 18 (wife) (insane) (T NC AL), Mary 13 (dau), William C. 8 (son), Nancy V. 4 (dau)
94. LONG, Elisabeth 72 (widow) (T __ __), Martha C. 32 (T NC T)
95. LONG, William S. 30 (T NC T), Mary J. 26, Isaac C. 7, James T. 5, Darthula 2, Jacob A. 9/12 (b. Aug)
96. WILBURN, Taylor 33 (T NC T), Nancy N. 36 (T NC T), Mary Patience 7, Martha G. 5, Rabecca J. E. 2, Sarah E. 4/12 (b. Jan); SIMERLY, Elisabeth 15 (step dau), Jerimiah 13 (stepson), Margret T. 11 (step dau)
97. RUSSELL, William 20, Darthula 23, Jacob 7
98. COWDON, Nancy J. 41 (T T VA), Nancy A. 9 (dau), John B. 1
99. McGILL, Brownlow 18, Mary C. 23 (wife)
100. MATHEWS, DAvid 32 (T T NC), Elisabeth 40 (T T VA), William F. 9, Joycia E. 7, Nancy J. 5, Mary E. 4
101. RUSSELL, Eliza J. 60 (widow), Isaac 18, James 16, Jacob 15, Edward 13, Nancy J. 12, Mary A. 10, William 8, Thomas R. 7, Chales 5
102. RUSSELL, Samuel 23, Phebe A. 23, Ludora J. 5, James A. 9/12 (b. Aug)

BLOUNT COUNTY (62)

Page 11, District 8

103. McCONNELL, Newton 71 (widow) (VA VA VA), Isaac N. 24 (IN VA T), Ann 24 (dau in law) (T VA VA), Arthur G. 4 (g son), Albert N. 1 (g son); WHETSELL, William 11 (boarder)
104. JOHNSON, Margret 54 (widow) (T T VA), Sarah A. 20
105. GRINDSTAFF, Benjamin 77 (widower) (T VA VA); RUSSELL, Rabecca 26 (dau) (divorced), Anna L. 4 (g dau)
106. LONG, Andrew C. 41, Sarah E. 37, Mary J. 17, Saletha A. 14, Martha H. B. 12, Charles W. 8, John A. 7, Jacob T. 5, Milard 1
107. FULLER, Samuel 29, Phebe J. 24, Mary A. 5, Sarah M. 2
108. FULLER, George 26 (crippled), Nancy J. 19 (NC NC NC), Clementine 3, John A. 7/12 (b. Oct)
109. SIMERLY, james 22, Rabecca 21, Lafayette 4, Ida 1
110. LONG, John G. 27, Sarah C. 26, Huston A. 3, Mary T. 2, Thomas E. 5/12 (b. Dec)
111. SIMERLY, Mary J. 54 (widow) (T SC Ire), John H. 20, Eliza C. 16, Melvina 15; HALL, Sarah M. 22 (dau) (divorced), Mary Cordelia 3 (g dau)
112. PATE, Rufus 68, Dorothy A. 62, Rabecca E. 34, Madison 23
113. FEEZELL, George W. 68 (crippled) (T VA VA), Margaret E. 62; FAGG, William 18 (g son), Lydia J. 16 (g dau); CHAMBERS, Rhoda 6 (g dau); COOPER, William 17 (boarder) (T NC NC)

Page 12, District 8

114. FEEZELL, George S. 22, Nancy E. 21, Laura F. 4/12 (b. Jan)
115. SIMERLY, James 50 (widower), George W. 15
116. HICKS, Thomas 48, Martha 40, Mary E. 17, Margret 13
117. GAINES, Mary 38, Martha 10 (dau), James H. 7 (son), Sarah M. 2 (dau)
118. BURCHFIELD, John 27, Anna E. 24, Leannor V. 4, Lola E. 5/12 (b. Dec)
119. HALL, Elisabeth 57 (widow), Elijah 27, Martha E. 23 (dau in law), Sarah E. 6 (g dau), Fredie 1 (g son); WILBURN, Betsy 13 (cousin)
120. WILBURN, John 41 (blacksmith) (crippled) (T NC T), Sarah 38, William 17 (crippled), Taylor 14, Nancy 10, Isaac R. 8, John H. 5, Eliza J. 2
121. KELLER, Samuel 60 (gunsmith) (VA VA VA), Elisabeth 56 (T NC NC), John H. 28, Samuel H. 19, Phebe A. 17, William H. 15, James Lamar 13, Robin B. 10 (son)
122. HALL, Lafayette 27, Sarah 26; HALL, Mahala 40 (aunt), Thomas L. 13 (nephew)
123. HALL, James W. 54 (T NC T), Barbra E. 54, Nancy L. 11

Page 13, District 8

124. GRINDSTAFF, William 45 (brick mason), Sofrona 43, James N. 16, Susana 13, Lusinda 11, Laura A. 9, Charles F. 5, Mary A. 3
125. GRINDSTAFF, James 65, Matilda 58, Andrew J. 22, Martha 18 (dau in law)
126. WHITEHEAD, Henry 28, Sarah M. 25, Mary J. 4, Nancy A. 2
127. TEFETELLER, Ann 55 (T NC NC), Sarah L. 33 (dau), Joseph 21 (son)
128. TEFETELLER, Joseph 90 (NC NC NC) (crippled), Elisabeth 90 (NC NC NC), Serena C. 18 (g dau), Mary L. E. 16 (g dau)
129. WHITEHEAD, Alford 63 (T NC NC), Jane 54 (T NC NC), James 15, John 12
130. TEFETELLER, Samuel 34, Elisabeth 32, William H. 9, Lusinda 7, Isaac G. 6, Charles F. 4, James 1
131. SIMERLY, James 63, Nancy J. 34 (wife), Joana R. 17, Mary E. 14, George S. 13, Andrew S. 11, Charles F. 9, Nancy J. 7, Sarah F. 5, Martha E. 3, Margret L. 1
132. BLEVINS, Nicholas 30, Nancy C. 31, William D. 6, Docia E. 4 (dau), Martha E. 1

BLOUNT COUNTY (63)

Page 14, District 8

133. WHITEHEAD, Squire 67, Mary 50 (wife), Isaac 20, Mary 16, Thomas 18, Martha 14, John 9, Margret 4
134. POTTER, John 30 (shoemaker) (crippled), Mary J. 23, Joseph H. 2, James H. 2, James L. 3/12 (b. Feb)
135. WHITEHEAD, William 30, Martha J. 26, Elisabeth 10, John 8, George C. 6, William H. 4, (not named) 1/12 (b. May) (dau); KELLER, John 20 (bro in law)
136. GRINDSTAFF, John 36 (house carpenter), Martha M. 39 (T VA VA), George D. 13, Elisabeth J. 11, Mary C. 9, Jocia E. 5, Easter A. 2 (dau), Elisabeth 69 (mother) (T VA VA)
137. NEUMAN, Jacob D. 83 (house carpenter), Elisabeth 34 (wife), Luretta 13, William A. 11, John L. 8, Sidney A. 5 (dau), James H. 2
138. WALKER, William 51 (T T VA), Barbrah 46, Levi 20, Joseph 16, Eli 11, Docia 8, Israel 6, James 3
139. MILLER, Thomas 28 (T Eng Eng), Julia A. 31 (T T VA), Albert W. 5, Mary J. F. 3, David 2/12 (b. Mar)

Page 15, District 8

140. MILLER, David 54 (crippled) (Eng Eng Eng), Sarah E. 40 (T T VA), Margret E. 19, George M. 16, Marques 15, Gilbert R. 13, John C. 8, James A. 4, Mary Bell 2
141. WHITEHEAD, Daniel 26, Martha 22, Rabeca A. 5, James 3, Elisabeth 14 (sis)
142. MINGLE, George W. 53 (VA VA VA), Melvina 48, Janie C. 23, Nancy A. 19, Alexander 18, Joseph F. 14, Jacob A. 10, John H. 7, Mary F. 4, Margret E. 11/12 (b. Jun)
143. WALLACE, Abram 40, Margret T. 45, Mary E. 18, Hetty L. 16, Sarah F. 12, Margret 5, Luela C. 2
144. WALLACE, John M. 27
145. GIBSON, Barbrah 60 (T SC Eng), Madison 35 (son), Crafford 30 (son), Samuel 27 (son), Adison 22 (son), Joseph 16 (son) [note--all the above except Barbrah are listed as idiotic]
146. HALL, James F. 26, Mary 18 (T T SC), John Thomas 10/12 (b. Jul)
147. HALL, William 22, Margret 22 (T T SC), Henry 4, George T. 1
148. BELL, Samuel F. 58 (T VA GA), Martha F. 53 (T VA T); HENRY, Mary A. 30 (dau) (T VA T), Spencer H. 35 (son in law), James F. 7 (g son), Wallace 5 (g son)

Page 16, District 8

149. SCROGGS, Martha E. 48 (T NC VA); KELLER, Mary E. 19 (inmate)
150. THOMPSON, Andrew 62 (T NC NC), Catherine 60 (T VA VA), Andrew B. 21 (T T VA), Sarah F. 22 (dau in law); KELLER, William 5 (g son)
151. THOMPSON, George W. 23 (T T VA), Melvina 24, Andrew J. 3, Asa Watson 4/12 (b. Jan)
152. LONG, George T. 50 (T NC NC), Mary A. 46 (T VA VA), Polly A. 25, William H. 20, Sarah E. 19, George T. 16, Jacob F. 13, James A. 10, Arthur C. 3 (g son)
153. LONG, Jacob 76 (NC __ __), Polly 79 (NC); SIMERLY, Loneazy 19 (g dau), Caldona 2 (g g dau)
154. ROBINSON, Rabourn 65 (widower) (NC NC NC), John W. N. 18 (T NC NC), Martha J. 17, Lacy 10 (son)
155. CUPP, David G. 59 (T PA VA), Susana 60 (T VA VA), Hariet L. 22, Daries 20, Joseph P. 15; KEY, Rosana 88 (aund) (VA VA VA)
156. VAUGHN, William 32, Mary J. 20 (wife), William H. 1, Melvina 7, John I. 3/12 (b. Feb)

BLOUNT COUNTY (64)

Page 16, District 8 (cont'd)

157. KELLER, Elisabeth 50 (widow) (T VA VA), John 29, Neoma E. 20, Elisabeth 81 (mother in law) (VA VA VA), Susan I. 1/12 (b. Apr)
158. ROWLSTON, James P. 59, Mary A. 57 (T T SC), John A. 16, Joseph L. K. 11, Margret E. 12 (g dau); HAMIL, Margret L. 17 (cousin); HANNAH, Amanda 71 (sis in law) (T T SC) (insane)

Page 17, District 8

159. THOMPSON, James 67 (widower) (T SC SC), George S. 36 (paralysis)(T T VA), Lucrecy E. 27 (dau in law), James Watson 4 (g son), Susan J. 2 (g dau)
160. THOMPSON, Asa W. 28 (married within yr) (T T VA), Sarah J. 18
161. HILL, Robert 46 (VA VA VA), Eliza E. 41, James R. 21, Francis H. 14, Isaac 11, Leander 8, Thomas R. 7, John C. 4, George L. 2
162. HILL, Pleasant 42 (T VA VA), Matilda 42 (T NC T), Mary E. 14, Gilbert 10, Albert 10, Anna E. 5, John P. 3
163. CARPENTER, Lee 32 (T NC T), Elisabeth J. 27, Florence E. 6, John H. E. 5, Lula M. 3; SMITH, Fred D. 18 (relationship omitted) (T VA T)
164. POTTER, Alsup 32, Margret J. 35, Isaac H. 16 (deaf & dumb), Martha L. 10, John Davis 8, William A. 5, Margret J. 1
165. HUTSELL, George sr. 87 (VA VA MD), Margret J. 45 (wife) (T SC SC), Julia 13
166. ROWLSTON, Benjamin 25 (married within yr), Nancy L. 18
167. ROWLSTON, Mathew 44 (T SC SC), Sarah E. 38, Emily F. 11, Gerrge T. 6; POTTER, Granville 32 (bro in law) (blind)
168. ROWLSTON, Julia 82 (widow) (crippled) (SC MD SC), Elmira P. 36 (T VA SC), Mary 14 (g dau), John 9 (g son), Arthur 4 (g son), Charles 1 (g son)

Page 18, District 8

169. WALKER, Thomas J. 26, Elen J. 23, Lula 2, Lelia 8/12 (b. Sep)
170. HOLDER, William R. 23 (T NC T), Mary J. 21 (NC Fr NC), Bertha 1; WHITEHEAD, Nancy A. 46 (mother in law) (crippled) (NC NC __)
171. ROBERTS, Docia 74 (widow) (crippled) (T VA VA); MORTON, Mary H. 80 (inmate)
172. WILLSON, Matthew 80 (postmaster) (VA VA VA), Martha J. 42 (dau) (VA VA VA)
173. WILLSON, Harvey J. 49 (clerk in store) (VA VA VA), Minervy L. 47 (flux) (VA VA VA), Cora C. 15 (VA)
174. IVINS, Thornton (B) 47 (brickmason) (VA VA VA), Elizabeth 36 (VA VA VA), Robert 2, Margret 12 (adopted dau)
175. HERON, James M. 38 (crippled) (T VA T), Margret 34 (T VA VA), Rachael L. 13, Thomas 10, John J. 8, Mary A. 5, James G. 2
176. HERON, Jerimiah 36 (T VA T), Docia 26 (wife) (NC NC NC), Elisabeth 9, William T. 8, Jerimiah 5, David 2, Rachael S. 1
177. WHITEHEAD, Caleb 32 (cancer) (T NC T), Cordelia 30 (crippled) (NC NC NC), Samuel 8, Monroe 5, Thomas 2
178. BRADBURN, John 71 (NC VA T), Rachael 75 (T NC NC)
179. CARPENTER, William B. 21 (T NC T), Elisabeth J. 15
180. WHITEHEAD, Thomas 60, Mary 60, Catherine 22, Hannah S. 21, Rachael L. 19

Page 18, District 8

181. WHITEHEAD, Henderson 26, Scelia A. 24, Hannah E. 5, Alice H. 3
182. WHITEHEAD, Andrew J. 34, Elisabeth 33, Martha J. 13, David 11, John H. 9, William 7, Mary E. 4, Robert T. 2
183. WHITEHEAD, Thomas 67 (T NC NC), Elisabeth 63 (crippled)
184. WHITEHEAD, Fanie 39 (widow) (NC NC NC), John G. 19 (NC T NC), Sarah E. E. 18 (crippled) (T), Fanie T. 16 (NC), Solomon 13 (T), Mary A. 11, Nancy V. C. 9

Page 19, District 8 (cont'd)

185. BROWNER, Jesse 62 (T VA NC), Mary A. 62 (T T VA), John F. 18, Jesse F. 16 (crippled, Samuel G. 14, Catherine 13, David 13, William G. 4 (g son) (crippled)
186. BROWNER, Alexander 25 (NC T T), Louiza 34 (wife) (T GA T), Paris City 6 (dau), Ann Elisabeth 5
187. BORING, Absalom 47, Nancy J. 39, James M. 20, Martha E. 17, William B. 15, John 12, Nancy Ann 11, Mary E. 7, Rachael C. 6, Thomas H. 4, Margret C. 3-12 (b. Feb) (niece)
188. BORING, Rachael 70 (widow) (T VA T), Joseph L. 27
189. BORING, Thomas 29, Mary 29, James H. 5, William H. 9, John Thomas 6/12 (b. Nov)

Page 20, District 8

190. GOODWIN, Susana 46 (widow) (T VA NC), Thomas 23, James H. 19, Mary A. 17, Fanie J. 15, Lillie Josa 9, Margret C. 5
191. BLAIR, George 74 (T MD VA), Anna 65, Alexander 26, Abraham 23, Elijah 21, Rabecca 18
192. ROWLAND, Phillip 36 (NC NC GA), Mary 26 (wife), William E. 14, Eli 12, James H. 8, Loueazy 7, Rabecca 4, Florence 8/12 (b. Oct)
193. COOPER, Joseph 60 (SC NY SC), Arminta A. 39 (wife) (T SC SC), Jane 18, Mariah E. 16, John N. 14, James R. 12, William 12, Franklin L. 7, Mary M. 5; ANTNEY, Lucinda 46 (sis in law) (T SC T)
194. CRUMLY, Aaron H. 37, Nancy J. 28, Irena 8, Alen J. 6, Ella 3, Rachael 5/12 (b. Dec)
195. RASOR, James E. 46 (blacksmith), Margret A. 46, Leander 21, Sarah C. 14, Rachael A. 11, Hiley J. 7; CHAPMAN, Emily 40 (sis in law)
196. SMITH, David L. 26 (potter), Vienna 27, Kansas A. 5, Mary C. 3, John M. 4/12 (b. Jan)

Page 21, District 8

197. SMITH, James M. 53 (T __ __), Lucinda 51 (T VA T), Alvin H. 17, Ebbie O. 14 (dau), James T. 7
198. CARPENTER, Caleb 35 (T NC T), Isabella A. 33 (T NC T), Sarah A. 12, Susana E. 8, George A. 6, Martha J. 4 (crippled), William R. 2
199. WHITEHEAD, Matthias 56, Mary 56, Daniel K. 23, Hannah A. 15, Hanah 85 (T NC NC)
200. WHITEHEAD, William 26, Mary L. 23, Charles W. 2
201. SCOTT, Isaiah 45, Winnie 45
202. HAMILTON, David 66, Catherine 65 (T __ __); SCOTT, James 13 (g son); BRADBURN?, Catherine 7 (g dau)
203. LEDBETTER, Daniel 53 (blacksmith) (NC NC NC), Elisabeth A. 43 (NC NC NC), Margret L. 19 (NC), Martha J. 16 (T), Elisabeth H. 14, William J. 12, Nancy E. 9, Anna E. 7, Mary E. 6, Viena 4 (dau), Thomas G. 2
204. WEB, Corneleous 22, Catherine E. 21 (NC NC NC), Birdella 1
205. PARTON, John 49, Sabathia 37 (wife), Mary E. 9, William L. 7, James H. 5, Jesse F. 1
206. GOMLEY, Thomas 45, Elisabeth 39 (NC T T), Henry H. 21 (T T T), Loueazie 19 (dau in law), John 18 (T T NC), Samuel 16, Robert 13, Charles 11, David 8, Adilade 4, Charity A. 1, Henry 73 (father)

Page 22, District 8

207. RAWLINS, Joseph 37, Margret L. 25 (NC NC NC), Calvin H. 9, Margret E. 9, Sarah J. 6, Frank A. 5, John E. 4, Ellen E. 3, Joseph M. 1

BLOUNT COUNTY (66)

Page 22, District 8 (cont'd)

208. HERON, Thomas 45 (T VA T), Mariah 43 (T SC T), Emily L. 15, Martha E. 12, Florence A. 10, Laura M. 7, Alice S. 5, Gilbert G. 2
209. RAWLINS, William 25 (T T NC), Jane 24 (T T NC), Sarah J. 10, Mary E. 8
210. RAWLINS, James 63 (T SC T), Elmira 63 (NC NC NC), Calvin 21, Lorinda 26, Millie A. 19, William M. 8 (g son), James 3 (g son)
211. BORING, Isaac 35, Sarah J. 32 (NC T NC), John H. 10, James T. 8, Isaac T. 6, Ann J. 4, Joseph G. 8/12 (b. Sep) (T T T)
212. BORING, William 43
213. RICH, William B. 32 (NC NC NC), Mary 32 (T NC NC), Anna E. 11, Matilda J. 8, Hanah T. 5, Margret M. 3, Nancy Penelope 1/12

Page 23, District 8

214. MORTON, Alvin P. 27
215. ELIS, John A. 45, Perlina J. 42; HERON, Lidda J. 5 (inmate)
216. THOMPSON, JohnH. 39, martha L. 39 (T PA NC), John A. 10, Catherine M. 9, Fannie J. 7, Benjamin L. 3
217. HOLDER, Thomas 52 (crippled) (NC NC NC), Rabecca 45 (NC NC NC), James H. 21, John S. 19, Elisha J. 17, Eliza J. 12, George W. 6, Docia 3
218. MORTON, Eliza A. 57 (widow) (T __ __), Eliza J. 17, Martha A. 16
219. McINTURFF, Isreal W. 28, Mary E. 25, William A. 8, Andrew J. 6, George L. 4, Barbrah J. 4/12 (b. Feb)
220. MORTON, Harmon D. 20, Gilbert 17 (bro)
221. WALKER, William 22, Emily M. 20, Levi 8/12 (b. Sep)
222. MORTON, John A. 27, Robecca E. 19
223. MORTON, Mary 84 (widow) (T __ __), THOMPSON, William 29 (son in law), Mary W. 36 (dau)
224. WHITEHEAD, David 52, Elisabeth 46; KELLER, Rachael L. 17 (step dau), Sarah A. 13 (dau), Martha J. 13 (dau)
225. WHITEHEAD, James L. 21
226. KELLER, William T. 33, Nancy C. 25, Joseph A. 10, James B. 9 (crippled), Catherine C. 6, William T. 4, Sarah J. 1

Page 24, District 8

227. POTTER, Henry H. 29, Elen E. 39 (wife), Elisabeth J. 11, Sarah C. 10, Nancy A. 8, Wallace L. 7, Margret F. 5, John T. 3, George D. 9/12 (b. Aug); MURR, Joseph E. 19 (stepson)
228. KELLER, Joseph W. 34 (T VA T), Elisabeth A. 33 (T T VA), Sarah C. 11, George T. 9, Andrew B. 7, Sam H. 4, Martha E. 2, Mary J. 5/12
229. KELLER, George W. 30 (T VA T), Sarah E. 16 (wife) (T T VA), Isaac T. 1
230. GOFF, Jane 76 (widow) (VA __ VA)
231. RUSSELL, Nancy J. 36 (widow) (T PA VA), John H. 15, Nancy J. jr. 10 (AR), Samuel Lamar 8 (T)
232. KELLER, Isaac T. 25 (T VA T), Elisabeth J. 21, Elisabeth 10/12 (b. Aug)
233. McREYNOLDS, John 30
234. CLEMENS, Henry T. 34 (T VA T), Nancy A. 32 (T T IN), Agness E. 9, John E. 7, Henry N. 3, Anna T. 7/12 (b. Oct)
235. CARPENTER, Abel 60 (NC NC NC), Susana 59 (VA VA VA), Abel P. 23, Samuel 18, James A. 15
236. BRITT, Andrew J. 45 (crippled) (T NC NC), Rabecca 44 (T NC NC), Isaac 13, Rachael 9
237. SIMERLY, James 21

BLOUNT COUNTY (67)

Page 1, District 12

1. McNUTT, _____ 48 (T VA T), Lucretia 46, Frances 25 (B) (GA __ __)
2. AMMONS, William 29 (widower) (NC NC NC), Mary 22 (NC NC NC), Ruben 27 (bro) (NC NC NC)
3. SMELSER, Robert M. 26 (T VA T), Mary 27 (T __ __), William 4, Lucy Jane 2
4. JOHNSON, Robert 35 (T NC NC), Ann 30, Sarah D. 11, John 9, Laura 1, Charles 7; LONG, Nancy 45 (sis) (T NC __), ADAMS, James 34 (boarder) (miller) (T __ __)
5. BROWN, Elijah 63 (VA __ T), Sabrey 60 (T VA NC), Dexter 14 (T VA T); ROBERTS, Debora 80 (sis in law) (T VA NC); KIRKPATRIC, John 55 (boarder) (VA VA MD)
6. BROWN, John 23 (T VA T), Margaret 18, Sestine 10/12 (b. Aug) (dau)
7. WAYMAN, John 24 (T NC T), Margaret 25, Elisabeth 5, Azro 1 (son)
8. SINGLETON, John 23, Mary 19, Elisabeth 48 (mother) (T VA T), Jefferson 17 (bro)
9. WHITE, Hugh (B) 28, Charlotta 20, Rufus 4, Mary E. 2, George 4/12 (b. Feb); ROREX, James 9 (boarder), Claborn 17 (boarder)
10. CLEMERS, Joseph 47 (VA VA VA), Nancy Jane 50 (T NC T), Henry C. 25 (teacher), Florence 17, Hugh 11
11. CLEMERS, Philander 23 (T VA T), Hettie 28 (wife)
12. MARTON, John 38, Susanah 32, Etha 12 (dau), Cara 10, George C. 8, James A. 5, Nancy 3, Margaret 7/12 (b. Nov)

Page 2, District 12

12. DAVIS, John 40 (T NC NC), Mary 24 (wife) (T NC NC), Samuel 13, Laura 9, Wesley 3, Matilda 5/12 (b. Dec)

Page 3, District 12

13. HAGGARD, William 47, Susanah 48, Pinkney 20, Sevier 17, Columbus 15, Mary C. 13, Lula 9
14. TEMPLE, S. Taylor 25, H. Ann 25, Laura 6, William 5, Anderson 3, Marshal 5/12 (b. Dec)
15. GAMBLE, Marion 42, Eudora 39, Mary E. 13, Allice 11, Alexander 7, Joseph 4, Hettie 2
16. DOOPES?, Oliver 25, Delilah 28 (T NC T), Steven 3
17. HOOK, Marselus 42, Harvey 77 (father) (rheumatism) (T VA PA), Margaret E. 69 (mother) (SC NC SC), Abigal 40 (sis) (teacher) (T T SC)
18. HOOK, John 50 (T T SC), Elisabeth 52 (T VA VA), Adra A. A. 25, Arena A. A. 22, Elizia 20
19. OTT, Marcus 21 (T Ger T), Sarah 16, William 1/12 (b. May)
20. ROBERSON, Richard 52 (NC NC NC), Elisabeth 35 (wife) (T NC __), Asby 17 (son), Mary 16, Martha 12, Nancy J. 10
21. BALLARD, Richard 24 (T __ __), Rachel 25 (T NC T); ROBERSON, Rachel 83 (mother) (NC __ T), Rebeca 60 (sis) (NC __ T), Rachel 50 (sis) (NC __ T)
22. HARMON, James 34, Ann 27, Rachel 6, John 5, Edward 3, Charles 4/12 (b. Feb); DAVIS, Mary 16 (sis in law)

Page 4, District 12

23. TATE, William (B) 33 (works in iron ore mine) (T __ T), Mary 40 (wife), Susan 16, George 12, Classa 9, Lucy 7, Hettie 5, Daniel 2
24. MORTON, James 25 (T NC T), Rebecca 27, Mary L. 4, Rebeca E. 2, infant 1/12 (b. May) (dau)
25. MORTON, Pope 27 (T NC T), Sarah 25, James 5, Mary 4, Millard 2, Rebeca 10/12 (b. Aug), Rebeca 68 (mother) (T SC Ire)

BLOUNT COUNTY (68)

Page 4, District 12 (cont'd)

26. KENNEDY, James 46, Isabella 46, Samuel 16, Alexander 13, Harvey 6
27. ROWAN, Mary 60 (widow) (T PA T), Hester 39 (neuralgia), Florence 25 (teacher) (T T VA), Mary 22 (T T VA), Theodore 19 (T T VA), Houston 19 (T T VA)
28. HEDRICK, William 33, Mary 55 (mother)
29. HITCH, Elias[ofCr?] 53 (T VA VA), Mary Anne 32 (wife) (IN T IN), Hattie 12, George 10, Edward 7, Columbus 5, Mary 1
30. GILLESPIE, Candor? 77 (effects of military imprisonment) (T VA VA), Ann 45 (wife) (Eng Eng Eng), Mathew 40 (pritation of the bowels) (T T T), Delia 18 (T T Eng), Campbel 14 (T T Eng); HOLIDAY, Jane 37 (sis in law) (Eng Eng Eng)

Page 5, District 12

31. REED, William 22, Ann 18, Andrew 11/12 (b. Jun); McCROSKY, Samuel 31 (bro in law)
32. KINNAMAN, John 69 (NC NC NC), Rachel 60 (T T NC); KENNEDY, Rachel 18 (cousin)
33. KINNAMAN, Samuel 32 (T NC T), Kate 22 (wife), Ann 1, Dorcas 4/12 (b. Feb) (dau)
34. McCROSKEY, William 33, Mira 35 (NC NC NC), Samuel 11, Sarah 9, Nancy 6, Mary Jane 4, James 2, Martha 5/12 (b. Dec)
35. DEEA(R)MOND, Richard 35, Susan 32, Cecil 11, Milford 7, Nora 2
36. HOUSER, James 19, Mary J. 29 (wife), Silla 1/12 (dau)
37. JOHNSON, Robert 64 (NC NC NC), Mary 29 (GA GA GA), William 14 (T NC T), Clark 12 (T NC T), Allie (11) (step dau) (T NC GA), Samuel 5 (T NC GA), Derona 5 (dau) (T NC GA), Margaret 3 (T NC GA), Dorthula 3/12 (b. Feb) (T NC GA)
38. McPETERS, Mary 34 (widow) (headache) (T T NC), Elisabeth 21, Samuel 18 (crippled), John 13, Martha 7, Mary Ann 4 (GA T T); MANAS, Micheal 38 (boarder) (T __ T)
39. McPETERS, James 23, Emman 26 (wife) (GA T GA), Robert 10/12 (b. Jul)
40. JOHNSON, James 33, Sarah 34, Sila 11 (dau), Lou 10 (dau), Charles 6, Edward 2

Page 6, District 12

41. KIDD, Alexander 23, Mary 23, Nora 2, Omah 5/12 (b. Dec) (dau)
42. BROWN, George (B) 30 (SC SC SC), Mary 28, Rhoda 8, Jane 2; EPPS, John 12 (servant); KEY, Sina 15 (servant)
43. KENNEDY, Alexander 78 (T NC NC), Mary Ann 50 (wife), Rufus 29 (teacher), Walter 20, Trephena 17, Lizzie 14, Charles 12, Cora 8, Richard 5
44. WOOLF, Cornelius 62 (T VA T), Elisabeth 55 (T VA T), Peter 19, Franklin 17; CALDWELL, Martha 16 (boarder)
45. SANDERSON, Thomas 63 (miller & farmer) (paulsey) (Eng Eng Eng), Emaline 59 (Eng Eng Eng), Helen 18
46. WALKER, James 28, Nancy 28, Joseph 57 (father), Elisabeth 55 (mother)
47. WOOLF, James 86 (diseased liver) (VA VA VA), Margaret 65 (wife) (T VA NC)
48. PORTER, Robert 31 (teacher), Maggie 29, Samuel 10, John 7, Jennie 4, Robert 5/12 (b. Dec)
49. HARRIS, James 44, Lucinda 45, Andrew 18, Robeca 16, Charles 13, William 10, James 6
50. RHYAN, H. F. 34 (miller), Nancy 28, Benjamin 9, Charles 2

Page 7, District 12

51. MALONE?, Andrew 30, Nancy 29, Mary 11, Jane 9, Rachel 6, James 2
52. SUTTLE?, William 32, Mary 27, Nathan 4, Ellen 3

BLOUNT COUNTY (69)

Page 7, District 12 (cont'd)

53. CALDWELL, Joseph 36, Jane 23 (wife), William 9, Nellie 5, Martha 2
54. CHILDRES, George 25, Nancy 24, Elisabeth 1; HOOD, Jennie 56 (mother in law)
55. RULE, Harvey 29, Mary 22, Silla 2/12 (b. Mar) (dau)
56. SHAVER, Thomas 60 (T VA T)
57. DAVIS, Jackson 49 (merchant) (VA VA VA), Lucinda 35 (wife), James 59 (brother) (office holder, constable) (VA VA VA)
58. FRENCH, James 50, Elisabeth 37 (wife) (T VA T), George 18, Sarah 16 (step dau), Jennie 14 (step dau), Loutecia 10 (step dau), Francis 6 (step son), James 3 (step son)
59. HAYNES, Michael 21 (clerk in dry goods store) (T VA VA)
60. SHAVER, Margett 43 (widow), Mary 17, William 21
61. THOMAS, William 26 (T VA VA), Elzenia 24, Samuel 4, Jennie 1; MAIZE, Jane 62 (mother in law)
62. SMELSER, Sarah 58 (widow) (T T AL), Samuel 23 (T VA T), James 17 (T VA T), Jane 19 (T VA T)
63. MAGILL, Mary 44 (widow) (T VA SC), Martha 16

Page 8, District 12

64. BROOKS, William 21, Mary 19, Edward 2/12 (b. Apr)
65. FREEMAN, John 50 (miller) (NC NC NC), Sarah 38 (wife) (T NC NC), Martha 14, George 12, Sarah 10; EPPS, George 16 (B) (servant) (apprentice under mill wright) (T NC NC)
66. CALDWELL, Mary 56 (widow) (T VA T), CHANDLER, Nancy 33 (dau), Jeanie 11 (g dau), Robert 7 (g son), George 9 (g son), Mary 5 (g dau), Rachael 3 (g son), William 1 (g son)
67. HITCH, Mathew 33, Sarah 36 (consumption) (T NC T), William 11, Elias 9, Mary 7, Repts 4 (son); PARKS, Thomas 39 (bro in law)
68. HITCH, Elias 65 (T VA VA), Jennie 64 (T NC VA)
69. MARTIN, William (B) 45 (T __ __), Harriet 24 (wife), Nellie 10, Laura 6, John 4, William 1; GREEN, Ann 15 (niece)
70. HITCH, James 51 (T VA VA), Ellen 43?, Eleven 24 (son), Andrew 19 (cholera morbus), Jennie 16, James W. 9, Archable 9, John 7, Elias T. 5, William 2, Lucinda 25 (dau) (idiotic)
71. WATERS, Enoch 23, Mary Ann 18, Rachel 5 (white swelling), James 9/12 (b. Aug)

Page 9, District 12

72. WOOLF, Franklin 49 (T VA T), Major 51 (bro) (T VA T)
73. HENRY, Albert (B) 29, Sarah 29, Edward 8, Andrew 5, Samuel 1, Harriet 23 (sis) (teacher), Sarah 13 (sis)
74. CARTER, William (B) 60 (T __ T), Caroline 42 (wife) (T __ VA), Sarah 14, Lulah 11; HASKEL, Fredric 50 (servant) (T __ __)
75. GILLESPIE, Nancy 80 (widow) (T NC Eng); KENNEDY, Sarah 18 (niece); FINLY, Alex 19 (nephew)
76. LORD, B. 64 (minister) (NY CT NY), Henrietta 60 (NJ NJ NY), Mary 33 (NY), Anna 32 (NY), Hellen 24 (NY) (teacher), Caroline 20 (NY), Grace 18 (NY); TILSON, Samuel 14 (servant) (T __ __); KINGSEE?, Nancy 18 (servant) (T __ __)
77. KELLER, William 38 (widower) (blacksmith) (T T VA), George 14, Maggie 11, James 8, Mary 6, Ellen 1
78. JOHNSON, David 47 (T PA T), Sarah 35 (wife) (T PA VA), Oliver 11
79. DELOZIER, Jesse 56 (T KY T), Susanah 50, George 25, Joseph 21, Wylie 18, Andy 16, Margaret 13, William 10, Oliver 8, Cora 6

BLOUNT COUNTY (70)

Page 9, District 12 (cont'd)

80. FRENCH, Peter 48 (T VA T), Malinda 43, Manerva 23, Jacob 17, Charles 4; PARKER, Thomas 17 (servant) (T __ __)

Page 10, District 12

81. PARKER, David 63 (T __ MD), Margett 53 (wife) (T __ Ire), DAvid 18, Sowel 16 (son), Rachel 12, Susan 39 (T T VA), Ann 16 (g dau) (T VA T)
82. BLAIR, Hiram 31, Jane 26, Adra 6 (dau), Samuel 1
83. GODDARD, James 31, Tomella 25 (wife) (T VA T), Edith 5, Arthur 3, Horace 1; KELLER, John 15 (hireling)
84. PATTY, John 34 (T SC T), Virena 33 (wife), Ann 10, George 8, James 7, Charles 3, Susan 8/12 (b. Sep)
85. MORE, Matilda 40, Lawson 18 (son), Mac 10, Lou 8 (dau), Odom 4, Sopha 9/12 (b. Aug)
86. BOYD, N. C. 35 (cabinet maker), Elisabeth 29, John 12, Ida 7, William 3, Fredric 1
87. KIDD, Robert 80 (VA VA VA), Easter 77 (wife) (T PA T)
88. McCAMY, Elisabeth 61 (widow) (cholera morbus), Sarah 20 (dau) (teacher)
89. MAIZE, James 32, Elisabeth 29, Ida Jane 7, Martha 5, William 3, Joel 8/12 (b. Sep)
90. MAIZE, James 57, Susan 56, Arena 26 (blind), Phlegm 16 (m); KELLER, Cordela 7 (servant)

Page 11, District 12

91. WALKER, John 53 (T VA T), Sarah 55, Thomas 29 (teacher), Margaret 19, Mary 16, John C. 14; DREPES, Peter 21 (son in law) (carpenter) (T TNC)
92. DREPES, Jacob 73 (blacksmith) (T PA PA), Eliza 58 (wife) (T NC NC), Thomas 23 (blacksmith) (typhus fever)
93. WALKER, William 26, Malisa 20, Eliza 4, Jacob 2
94. MASSEY, Samuel 26, Matilda 19 (dyspepsia) (KY T T)
95. MASSEY, James 62 (T T VA), Martha 49 (wife) (neuralgia) (T NC T), Nancy 33 (dau); GIVENS, William 15 (servant) (GA __ T)
96. ANDNEY, Cambell 52 (T VA VA), Bettie Ann 45 (T KY T), Sarah 21, John 19, Malisa 15, Silla 8 (dau), George 5, Lena 2
97. CHAMBERS, Elisabeth 38 (widow), Nancy 20 (dau) (divorced), Albert 15, John 13, Thomas 9, William 7
98. RODDY, Columbus 38, Malida 40, Martha 10, James 8, Harvey 6, Tennessee 3, John 1
99. BRAKEBILL, Peter 59 (T VA T), Rabeca 63; WALKER, Harriet 28 (dau) (widow), Albert 6 (g son); FRASIER, Julia 18 (servant)
100. BEAL, William 29 (T T VA), Sarah 25, Annah 1; FRASIER, Marion (B) 23 (servant?)

Page 12, District 12

101. McMILLEN, Henry (B) 28, Rosa 21 (T __ __), James 2
102. BRAKEBILL, William 31, Nancy 30, charles 9, Albert 6, Horrace 3
103. KER, William 38 (engineer at sawmill), Mary 27, Sarah 11, William 8, Rebeca 6, Edward 3, Ninie 2/12 (b. Mar) (dau)
104. THOMAS, Jackson 18 (works in sawmill), Sarah 16, Elen 9/12 (b. Aug)
105. BACON, Rufus 23 (lawyer), Adda 17 (wife)
106. GILLAND, James 27 (works in sawmill) (NC NC NC), Mary 25, Sarah 11, Margaret 8, Caroline 6
107. BROOKS, Franklin 24 (teamster at sawmill) (NC NC NC)

BLOUNT COUNTY (71)

Page 12, District 12 (continued)

108. RUSSEL, Ike (B) 20, Rachel 19
109. SHARP, William (B) 27 (works in sawmill), Anna 18 (T __ __)
110. McCLANAHAN, Robert 30 (owns sawmill), Mary Ann 30
111. SPANGLER, Johnathan 28, Margaret 39 (wife), Elisabeth 5, Charles 3/12 (b. Feb)
112. JOHNSON, Richard 43, Mary 35, Martha 8, Robert 3
113. HITCH, Archable 28, Lucretia 23, Robert 4, Sadia 1 (dau), THOMAS, Isabel 9 (servant)
114. HALL, William 44 (widower) (T VA T), John 14, William 12, Adella 9, Thomas 7, DRINBY, Margaret 43 (house servant)

Page 13, District 12

115. SHAVER, Houston 41, Elisabeth 15, Cornela 13, Lou 10 (dau), Florence 8, Edward 6, Hattie 3
116. DAVIS, Rease 29, Jennie 29, James 9, Rachel 6, Mary 3, John 4/12 (b. Jan)
117. BURNETT, Fannie 65 (widow), Isaac 21, Mary 14
118. McCLAIN, John 40 (T NC NH), William 7 (son), Andrew 1 (son), Nancy 34 (wife)
119. SHAVER, William 62 (widower)
120. BEAL, John 57 (T VA VA), Ann P. 55 (VA VA VA), Robert 19, Nancy 15, Marget 12
121. BEAL, James 23 (T T VA), Adda 24 (wife), Benjamen 4/12 (b. Jan)
122. PORTER, Henry (B) 26 (T T __), Elizia 25 (T VA T), Mary 2, Martha 2/12 (b. May, REBENSON, Mary 15 (sis in law) (T VA T), TALLY, John 11 (nephew)
123. McBATH, Andrew 51 (T Ire T), Martha 50, William 21, Robert 12, SINGLETON, Robert 18 (nephew), COX, William (B) 24 (laborer) (T __ __), McBATH, Elizia 60 (sis) (idiotic) (T T T)
124. ROREX, John 70 (T __ __), Caroline 58 (wife) (T __ __), Samuel 36, Noga 32 (wife), Cora 9 (dau), John 6 (son), Mary 4 (dau)

Page 14, District 12

125. ROREX, Samuel (B) 40 (T __ __), Margaret (Mu) 35, Jane (B) 15, Cytha 12, Henry 9, Samuel 6, James 3, Isabella 4/12 (b. Jan)
126. BRAKEBILL, John 43 (merchant) (T PA PA), Nancy 31 (wife) (T T SC), Florence 12, James 11, Nancy 9, Jane 5, Jackson 2, Ann 2/12 (b. Mar), SATIFIELD, Ruth 64 (mother in law) (SC SC SC)
127. REEDER, Allen (B) 65 (widower) (T __ __), William 19, Mary 16, Henry 14, GREEN, James 14 (g son)
128. DREPES, Jacob 28 (blacksmith), Dolsena 21, Jacob 4, Olevia 2, Thomas 5/12 (b. Dec)
129. DYCHE, James 58 (T PA T), Margaret 56
130. ROREX, Andrew (B) 44, Rebeca (Mu) 40, George (B) 22 (RR hand), Absolom 18, Mary 16, Charlottie 13, Margaret 10, Andrew 7, Franklen 6, Allice 5, Louella 3, Martha 2, Hiram 20, Anna 16 (dau in law) (married within yr)
131. CUNNINGHAM, Kery? 27, Kate 25, Samuel 9, Adra 6, Lula 3, Nora 1

Page 15, District 12

132. KINNAMAN, Arthur 34 (T NC T), Anna 30, Pearlie 7, Johnnic 1
133. GRIFFEN, Charles 32 (T VA VA), Mary 32, George 10, James 8, Jacob 6, John 4, Elizia 3, Silla 10/12 (b. Jul)
134. SUTTLES, Henry 62 (T VA VA), Jane 55 (T VA T), James 19, Mathew 13
135. VINEYARD, Elisabeth 61 (widow) (VA VA VA), Ellen 31 (T T VA), William 25, Frances 24, John 22, Tabler 21
136. VINEYARD, James 37 (boot maker) (T VA VA), Mary Jane 39 (T VA T), Elisabeth 15, William 14, John 11, Harison 9, Mary 7, Charlie 5, Lenard 3, Robert 1

BLOUNT COUNTY (72)

Page 15, District 12 (continued)

137. HENRY, George 53 (T T NC), Isabela 43 (wife) (VA VA VA), Horris 25, Charles 23, George 20, William 18, STONE, Julia (B) 18 (servant) (T __ __)
138. HENRY, Harrison (B) 40, L(u)cinda 30, Samuel 6, Mary 4, William 11/12 (b. Jun)
139. MAIZE, John 29, Serepta 29, Edward 9, John 7, Samuel 5, Russel 3, Ann Elizia 6/12 (b. Dec)

Page 16, District 11

140. EVERETT, Lewis 48 (widower), James 19, Margaret 16, William 14, John 11, Lewis 8, Martha 6, Clementine 3, KINNAMAN, Sarah 67 (mother in law)
141. THOMAS, Martha 54 (T VA T), Alvira 53 (sis) (T VA T), WILSON, Frances 11 (servant)
142. GEORGE, Houston 34, Elisabeth 21 (wife), COX, George (B) 28 (boarder)
143. GEORGE, Mary 60 (widow), James E. 24 (physician)
144. GEORGE, Lottie (B) 50 (T T VA), Edward 7 (nephew), Mary 28 (niece)
145. McCLURE, John 26, Isabela 22, William 4, Flora 1
146. GILLESPIE, Carson (B) 29, Ellen 22, John 4, George 1
147. HITCH, Archoflo? 56 (T VA VA), Houston 27 (son), John 24 (son) (teacher), William 22, Thomas 19, Lucy 16, Albert 12, Charles 7
148. BOGLE, Philander (B) 33, Sibba 26 (wife), Sarah 10, John 7, Frances 5, Mary 3, Martha 7/12 (b. Oct)
149. HARRIS?, James 39, Nancy 35, Charles 19, William 10, Margaret 8, Maud 6, Franklen 4, RAINS, Nancy 15 (servant)

Page 17, District 11

150. WALLACE, Joseph (B) 58 (widower) (T AL T), Fanny 28 (widow), Toney 20, Edward 2 (g son)
141. ROREX, Alford (Mu) 35, Mariah (B) 33, Margaret 16, Minie 14, Bruce 11, Laura 9, John 7, Anna 5, Alford (Mu) 3, James 2/12 (b. Mar)
142. WRINKLE, Emerson 51 (depot agent), Sarah 49, Sofrona 20, Cyrecia 19, Edward 16, Andrew 14, William 12, Mary 11, Margaret 9, McNALL, Agnes 79 (mother in law) (T T __), PATTY, David 22 (boarder)
143. TAYLOR, James 52 (T VA T), Mary Ann 46, Houston 27, Lucy 19
144. KEMELY, Martha (B) 42 (widow) (T __ __), James 22, Thomas 13, Sarah 18, Pheoba 12, Ida 6
145. GEORGE, James (B) 50, ARMSTRONG, George 15 (g son)
146. SAMS?, Rice 76 (VA VA NC), Robeca 70 (MD __ __), HOOD, William 13 (g son) (KY KY NC), Riley 9 (g son) (KY KY NC), James 7 (g son) (KY KY NC)
147. SAMS, Ann 43 (widow) (T VA VA), William 21, Rebeca 16, Rosa 4

Page 18, District 11

158. CHANDLER, James 31 (T T VA), Perscila 21 (wife), Charles 2, Jessie 5/12 (b. Dec) (dau), WALLACE, Susan (B) 20 (servant) (T GA T)
159. WALLACE, Charles (B) 36, Mary 26 (wife), Rufus 11, Hugh 8, Martha 6, William 5/12 (b. Dec)
160. JENKINS, Samuel (B) 25 (widower) (SC T SC), Edward 8 (T SC T), Rutherford 2 (T SC T), MARTIN, Thomas 55 (father in law) (T __ T), Rosa 45 (boarder) (T __ T)
161. CHANDLER, John 67 (T VA VA), Ann 52 (wife) (consumption), Sarah 26, Nancy 24, James 22, Josephine 17, Robert 15, Ann 12
162. COX, Jackson (B) 39 (T VA T), Josephine 28 (wife) (T __ T), King 18, Lawson 8 (son)
163. CHANDLER, William 34, Susan 30, Oliver 8, Cora 7, Mary 5, John 1
164. SINGLETON, Robert 58, Catherine 55, Mary 33, Margaret 31, James 22, Jane 14, SHAVER, John (B) 60 (servant) (T T __)

BLOUNT COUNTY (73)

Page 18, District 11 (continued)

165. MARTIN, Viney (B) 78 (widow), Samuel 14 (g son), William 10 (g son), Elizia Jane 8 (g dau)
166. SINGLETON, Philander 30, Sarah 28, Bertha 1, William 28 (bro), John 20 (bro)

Page 19, District 11

167. MADISON, William 49 (widower), Mary 22, Matilda 20, Bauaguard 15, Jane 14, Charles 12, Prior 11, Andrew 9
168. WALLACE, Anderson (B) 47, Malvinna (Mu) 49 (T NC T), Sendora 19 (dau) (teacher), Magnolia 17, Surilia Jane 12, WRANKIN, Thomas 16 (nephew), BADGET, Elisabeth 78 (mother in law) (T __ __)
169. CASTEEL, William 25 (T VA T), Susan 22 (T T VA), James 3, William 2/12 (b. Mar), GRATIE, Adaline 40 (T VA VA) (aunt)
170. SINGLETON, John (Mu) 31, Mary 32, Elisabeth 9, John 7, Alfred 4, Ann 2
171. SINGLETON, Harrison 40, Jane 26, Lawson 39 (bro), PORTER, Pheoba 54 (mother in law) (T VA T), GIVENS, Martha 22 (servant) (T __ __)
172. GIBS, Alfred 24, Lucy Jane 17 (wife) (T __ T), Mary 7/12 (b. Oct)
173. DeARMOND, Scinkley 58 (widower), Nancy 24, Ellen 21, Samuel 19, Jane Anne 17, TEELFORD, Mary 27, Caldwell 6 (g son), James 4 (g son), Elisabeth 11/12 (b. Jul) (g dau)
174. KIDD, Mary 76 (widow) (T VA VA), Mary C. 34 (flux) (T VA T)
175. KIDD, Perry 40 (T VA T), Sarah Jane 34, Allace 12 (dau), Mary C. 11, Peggie 9, Ulysses 7, Ida 5, Daferdelar 3 (dau), Arthur 7/12 (b. Aug)

Page 20, District 11

176. SINGLETON, Whyley (B) 50 (T NC T), Ellen 30 (wife), Mary Jane 18, Samuel 15, James 12, Ellen 5, McCurine 2 (g son)
177. BADGET, Harrison (B) 28 (widower), Alexander 6
178. BADGET, Andrew (B) 46 (widower), Florence 22, Tennessee 17, Burnside 14, William 12, Mary 10
179. McBATH, Samuel (B) 40 (T NC T), Elisabeth 30 (wife) (T T NC), Anderson 12, Martha 10, Malvina 8, Elizia Jane 6, George 4, William 2, Bartley 3/12 (b. Feb)
180. SWAGERTY, Harrison 36, Nancy 33, Nancy 8
181. BELL, Anelizia 21 (F), Samuel 7 (son), John 4 (son), James 2 (son)
182. BALLARD, William 25, Nancy 62 (mother) (T NC SC), HOLIS, Ransom 12 (cousin)
183. LEBOW, Richard 64 (T __ __), Amy 67 (T VA VA), Sarah 33
184. LEBOW, Pyer 42, Lou 40 (wife) (T VA VA), William 14, Lucy 12, Sarah 10, John 8, Emer Bell 6 (dau), Lora 3, Edgar 2/12 (b. Mar)

Page 21, District 11

185. LEBONW?, Madison 28, Mariah 31, John 10, Elizia Jane 8, Mary 6, Sarah 4, James 7/12 (b. Oct)
185. BALLARD, Mark 37, Alzenia 33, Samuel 13, Ellen 12, Nora 8 (this family was included in 185 above)
186. SWAGERTY, Marion 36, Ann 24 (wife), Anna 11, Samuel 9, Cora 7, Nancy 6, Mary 4, Frances 3, Neoma 4/12 (b. Feb)
187. HARRIS, John 38, Frances 32 (T T AL), Mary Jennie 2, MORGAN, Alexander 12 (nephew)
188. NEALEY, Samuel 68 (widower) (T T NC), Mary 27
189. GENTRY, Allen 30 (T __ __), Sarah 30, Mary 8, Minda 7, Manda Ann 4, Perry 7/12 (b. Oct)
190. BOWMAN, Joseph 45 (T NC T), Catherine 35 (wife), William 14, Lewis 12, Sarah 11, Martha 9, Neoma 5, JONES, John 18 (stepson), Wesley 17 (stepson), Robert 16 (stepson), Sarah 14 (stepdau), Nancy 12 (stepdau), William 10 (son), Sarah 84 (mother in law)

BLOUNT COUNTY (74)

Page 21, District 11 (continued)

191. JONES, Lewis 46 (T VA T), Nancy 40 (NC NC NC), Nancy 22, William 20, John 15, Sherman 10, Lastamonar 13 (dau), Joseph 11, Martha 9, Bascum 5, Arthur 1

Page 22, District 11

192. NEALEY, Whyley 65 (T T NC), Rebeca 35 (wife), Sarah 23, Jos. as 20, Thomas 17, Steven 16 (crippled), Cotus 14 (son), Scyntha 11, Phyley 8 (son), John 3
193. NEALEY, William 35 (widower), Samuel 12, Lucy 11, Richard 8, Harriet 5 (T T IL)
194. NEALEY, John 34, Sarah 25 (T NC NC), Phlrey(sic) 7 (son), Monroe 4
195. GENTRY, Charles 18, Mary 56 (mother) (SC NC __), Samuel 15 (bro)
196. NEALEY, Pane 56 (f) (T __ __)
197. KINSEY, John ? 26, Scyntha 26, William 6, Anderson 3, Samuel 3/12 (b. Feb)
198. ROCKLY, Presley 42, Hester 38, John 17, Robert 14, Anna 12, Margaret 10, Franklin 9, Isham 6, Joseph 4, Lacciphine 1 (dau), Isabela 30 (sis), JOINER, John 24 (son in law) (married within yr), Josephine 15 (dau) (wife of John Joiner)

Page 23, District 11

199. WRIGHT, James 32? (T NC T), Lassiphine 19 (wife), Tyrressie 9 (dau), Florence 1 (dau), John 8/12 (b. Sep), HART, Josephine 40 (sis in law), GEORGE, Rorbert (B) 10 (servant)
200. SINGLETON, William 66, Lucinda 59, Zolicoffer 17 (dau)
201. PHELPS, Elijah 54, Martha 52 (VA VA VA)
202. JOINER, George 33 (VA VA VA), Martha 36 (T NC T), Sarah Ann 11, Samuel 8, Magnolia 7, Mary 5, John Tildon 3, Theodore 1
203. BEAULINGER, Ames 27 (T Eng NC), Sofrona 26, Charles 6, George 4, Clara 1, Sarah 65 (mother) (NC NC NC)
205. BESLEY, John 25, Martha 28, HOBBS, James 8 (cousin)
206. BALLARD, John 54, Emly 43 (wife), Laura 21, Marcus 15, Samuel 13, James 11, Edward 8, Franklen 6, Nora 2, HOBBS, Nancy 9 (niece)
207. DUNCAN, James 23, Nancy 25, Charles 6, Vinana? 3 (dau), Samuel 4/12 (b. Jan)
208. WOODS, Thomas 40 (miller) (SC Ire GA), Elisabeth 37 (SC SC SC), Ella 13 (SC), Pheoba 13 (T), Simon 12, Cassa 10, Anna 7, Thomas 5, Emma 3, Mary 1

Page 24, District 11

209. ACREAGE, Levi 64 (GA GA GA), Elisabeth 60 (T T WI), James 34, Joicey 37 (dau in law), David 7/12 (b. Oct) (g son)
210. LEBOW, Taylor 38, Susan 15 (dau), Sarah 14 (dau) (IL), Mary 8 (T), Charles 6, George 4
211. LEBOW, Isham 72 (T T VA), Sarah 72 (T T NC)
212. LEBOW, Samuel 29, Hester 22, Cora 7, Hastenesco 4 (son)
213. BADGET, Richard (B) 45, Julia 40, Nancy 16, Richard 13, William 8, Luvenia 5, Isaac 3, Ann 1
215. GEORGE, Wright 60 (widower) (T VA VA), Isaac 27, Burrel 24, Allace 22, Adra 19
217. WOODS, George 28 (SC Eng GA), Cassandra 6 (T __ __)
218. WALKER, Samuel (B) 67 (NC NC NC), Ceila 30 (wife), Lou 14 (dau), Laura 11, Chales 10, Allice 15 (stepdau) (T __ __), Joseph 10 (stepson), John 7 (stepson), Hyram 5 (stepson)

Page 25, District 11

218. TYLOR, Daniel 21, Rebeca 22, Mary 10/12
219. RANKIN, Milton 34, Margaret 33, William 10, Richard 7, Mary 4, Elisabeth 2, Elisabeth 69 (mother)
220. KIDD, Louis 29, Rachel 29, Adra 1, WHEELER, Elisabeth 66 (mother) (T VA T), Mary 27 (sis in law)

BLOUNT COUNTY (75)

Page 25, District 11 (continued)

221. TAYLOR, Martha 82 (widow) (T VA VA), Mary 62 (T VA T), Susanah 46 (T VA T), Grensfield 19 (g son), Minie 14 (g dau), Martha 48 (dau) (T VA T)
222. HITCH, Steven 50 (T VA VA), Charlotta 52, Laura 16, Malena 14, Charles 12, Robert 10, Elias 30 (widower) (wagon maker), James 3 (g son)
223. HARRIS, Addison 68 (T T NC), Mary 60, Sarah 36, William 18, Samuel 16
224. HASKENS, Mary 40 (widow) (NC NC KY), Mary 19 (T T NC), George 12, Allice 10, Martha 4, John 4, ODOM, Charity 71 (mother) (billious fever) (KY NC __), Martha 45 (sis) (T NC KY), Samuel 15 (nephew) (NC NC NC)
225. KIDD, Francis 53 (T VA T), Jane 42 (wife), Bartley 8, Josephine 6, William 5, Jefferson 1

Page 26, District 11

226. MACFADDEN, Martha 54 (widow) (T __ VA), John 27, Elizia 22, Josias 20, Celinar 19 (dau), Andrew 17, Martha 16
227. GODFREY, Alex 40, Caroline 40, Guss 11, Henry 9, Francis 7, Riley 4, Emmer 1
228. CALLAHAN, Amos 32 (millwright) (PA MD PA), Lucy 38, Thomas 3 (T PA T)
229. TAYLOR, Harriet 50 (widow) (T MD MD), Matilda 32 (teacher), Susan 30, Martha 23, Calvin 19, Redden 16, Grensfield 15, Ann 9
230. MAIZE, Pryer 28, Delilah 35 (wife), Serena 10, Martha 5, Lidda 7, Peter 6, Susan 4, William 3, David 1
231. GEORGE, Perry (B) 21, Margaret 22, Bartley 2, Sarah 1, Louis 59 (father) (T GA GA), KELLER, Margaret (W) 19 (niece)
232. KIDD, Jefferson 48, Mary 42, Samuel 21, Robert 18, Mollie 16, John 13, William 11, Flora 8, Ida 5, Lula 2, George 5/12 (b. Dec) (dau)

Page 27, District 11

233. SEXTON, John 57 (blacksmith) (GA SC GA), Margaret 48 (billious fever) (GA GA AL), William 21 (blacksmith) (GA), Alexander 9 (T)
234. SAMS, Rice 36 (carpenter) (NC NC VA), Matilda 43 (wife) (T NC NC), James 19 (T NC NC), William 15 (T NC NC), Charles 13 (T NC NC), Lilla 12 (T NC NC), George 9 (T NC NC), Mina 5 (T NC NC), Alexander 3 (T NC NC), Elijah 4/12 b. Jan) (T NC NC)
235. WALKER, James 62 (T VA VA), Mary 60, Joseph 24, William 22, Samuel 17, ANDERSON, Martha 9 (niece), Willis 7 (nephew), WALKER, Abner 28 (son) (agent for wheat drills)
236. McNUTT, Henry (B) 21 (T T GA), Nancy 22, William 3, Ann 1, PORTER, Cealie 57 (mother in law)
237. HENDERSON, John 30 (NC NC NC), Elisabeth 27 (T NC T), Martha 8, Martha 8, Charles 3, Arther 8/12 (b. Sep)
238. PORTER, Richard (B) 28, Percyllia 27, Isaac 1, TAYLOR, Clarrie 55 (mother in law)
239. WATSON, Best 36 (T T VA), Neoma 36 (NC NC SC), Laura 11, Nancy 9, Jahue 4, Ara 8/12 (b. Oct) (dau), Samuel (B) 18 (servant) (NC NC NC)
240. BAILLEY, James 47 (T VA T), Sarah 37, Charels 12, Walter 9, Nancy 8, George 7, James 5, GRAVES, Solomon 76 (father in law) (T SC T), John 30 (bro in law), STEVENS, Kate 50 (boarder) (T VA VA), WATSON, Nathaniel 8 (boarder) (T NC T)

Page 28, District 11

241. LAWSON, Anderson 36 (T NC T), Joicy 32 (NC NC NC), William 12, Gilford 10, Mary 8, James 6, Samuel 4
241. WRINKLE?, Jacob 45, Narcissus 44 (wife), Andrew 21, William 17, Hugh 15 (this family included on schedule with #241 above)

BLOUNT COUNTY (76)

Page 28, District 11 (continued)

242. AMMONS, Nathan 34 (NC NC NC), Serena 31, Ida 8, Frances 6, Sarah 5, Mary 3, William 2, Charles 2/12 (b. Apr)
243. MARANVILLE, Riley 41 (IL OH OH), Surrellda 38, Samuel 14, Leander 14, Jane 12, Mary 10, Wright 7, Harriet 8, Malissia 3
244. CHANDLER, Richard 29, Manda 39 (wife), Nancy 3, Lucy 1
245. CHANDLER, Steven 22 (T T VA), Eva 20, Mary 1, David 76 (father), Mary 47 (mother)
246. MORRISON, William 49 (VA NC VA), Cornelia 42 (GA GA GA), James 22 (AL), Fanny 19 (AL), Mary 15 (AL), Lourinda 12 (T), BOYD, Martha 65 (mother in law) (GA NC NC)

Page 29, District 11

247. CHANDLER, Richard 30 (T T VA), Ann 27, William 7, Flora 6, David L. 3, Jean 1, CURTIS, Susan 29 (boarder) (teacher) (CT __ __)
248. SHARP, Caldwell (B) 55, Isabela 35 (wife), Rebeca 1 McTEER, Samuel 30 (servant)
249. BADGETT, Samuel 34, Margaret 30, Cora Bell 11, Charles 8, William 7, Horace 5, Kirt 4, Stella 1
250. BADGET, Agustus 58 (T NC VA), Cathrine 58, Hester 19, Malinda 17, Howard 13, BOYD, Isaac 21 (boarder)
251. GODFREY, Cuss 35, Adaline 33 (GA GA GA), Mary 12, Sarah 10, John 8, Casanda 6, Elizia 4, Charles 2, Thomas 1/12 (b. May), KERROL, Malvina 35 (sis in law) (GA GA GA)
252. HOUSEHOLDER, Isaac 24, Margaret 20, William 1
253. GODDARD, William 30, Ellen 30, Elnier 7 (dau), Rosker 6 (son), Charles 5, Mable 3, _____ 1 (son)
254. RULE, Peter 68 (miller) (VA VA VA), Mary 67 (T __ __), Manerva 45, Sarah 24 (weaver)

Page 30, District 11

255. RULE, Robert 38 (miller) (T VA T), Lucinda 31, Richard 12, Peter 9, Robert 7, Harriet 2
256. KIRBY, Sarah 55 (widow) (T VA T), Lidda 16
257. McDONNAL, Riley 23 (T NC T), Julia 21 (NC NC T), Atta 1 (dau)
258. ANDERSON, Calvin 32, Marginda? 27 (wife), Minna 8, James 6, Della 3, John 8/12 (b. Sep), BRUMET, James 25 (boarder) (T VA T)
259. ANDERSON, Ross 60 (T VA T), Rebeca 52 (T VA T), McCOLLA, Jennie 10 (g dau), McCOLLOCH, Charles 8 (g son), TIPTON, Mary 19 (servant)
260. GENNELL, James 32 (GA GA GA), Sarah 29 (NC GA GA), David 11 (GA), Benjamin 8 (T), Marion 6 (son), Mary 2, Nancy 35 (sis) (GA GA GA)
261. COCHRAN, Price 52 (T NC NC), Ake 25 (son), Nancy 21, Julia 18, John 16, Allice 14, Mathew 9, Mary Jane 27 (widow), Ann 6 (g dau) (TX GA T), Daisy 4 (g dau) (T GA T)
262. KENNEDY, John 27, Mary Ellen 24, Ann H. 4, Erle Wright 2 (son)
263. WILLIAMS, Alex 48 (saddle & harness maker) (T NC VA), Mary 43, Retelia 23 (dau), Joseph 19, John 16, Jennie 14, James 9

Page 31, District 11

264. GADDAS, Martin 41 (lumber trader) (GA NC SC), Mary 48 (wife) (GA NC SC), Florida 20 (GA) (works in cotton factory), Mourisor 18 (dau (GA) (works in cotton factory), Jolandra 15 (dau) (works in cotton factory) (GA), Lillia 13 (GA), Maud 10 (T), Ferdinan 6
265. McBATH, James 28 (merchant), Elisabeth 27, Edgar 5, Oscar 3, Jessie 1 (dau)
266. TERRY, Elisabeth 59 (widow) (T NC VA), Louisia 33, Lucy 16 (works in cotton factory)

BLOUNT COUNTY (77)

Page 31, District 11 (continued)

267. VINSON, Francis 48 (machinist), Elisabeth 30 (wife), William 21, Ida Bell 5, Anna 3, Hellenia 2
268. HOOD, Parker 52 (T __ __), Jane 43 (T __ __), Mary 28, Martha 24 (works in cotton factory), Jane 21 (works in cotton factory), Ellen 19 (works in cotton factory), Isaac 12, Allice 10, William 7
269. HODGE, William 45 (picker hand in cotton factory), Margaret 44 (T VA VA), Thomas 19, Andrew 15, Iva 10 (son)
270. MOSS, William 72 (cooper) (VA VA VA), Hester 76 (VA VA VA), Percillia 36 (works in cotton factory)
271. HOOPER, Samuel 23, Hester 25 (T VA VA), Homer 1
272. TERRY, Joseph 24 (works in cotton factory), Mary 26 (NC NC NC), Minia 7/12 (b. Oct)
273. HOOPER, Margaret 55 (widow) (T VA VA), Ellen 26 (T NC T), Adda 20 (works in cotton factory) (T NC T), Emer 19 (dau) (works in cotton factory) (T NC T)

Page 32, District 11

274. ELLER, Clarin 50 (NC NC PA), Nancy 27 (wife), Lorena 22 (works in cotton factory (NC NC NC), Allice 20 (works in cotton factory) (NC NC NC), John 17 (NC NC NC), James 11 (T NC T), William 8 (T NC T), Follie 3 (dau) (T NC T)
275. SENTRY, Melton 58 (NC NC NC), Mary 55 (NC NC SC), Elisabeth 26 (NC), (works in cotton factory), Balerme 20 (dau) (works in cotton factory) (NC), Sarah 16 (works in cotton factory) (NC), Jane 12 (T)
276. HODGE, Henry 80 (minister) (T NC NC), Jane 68 (wife) (T NC T), Delliah 44, (works in cotton factory), Mary 38
277. WALLER, George 21 (works in cotton factory), Martha 23 (sis) (works in cotton factory), Nancy 16 (sis)
278. HEARTSEL, William 57 (T VA T), Ann 58 (T NC VA), Martha 21, Parilee 20 (work in cotton factory), Nancy 15 (work in cotton factory)
279. HENDERSON, Elisabeth 48 (widow) (NC NC T), Isaac 20 (works in cotton factory) (NC NC NC), Sarah 24 (works in cotton factory) (NC NC NC)
280. STEEL, James 52 (T NC NC), Neoma 44, Serena 20 (works in cotton factory), Abraham 19, Happy Jane 15, Nancy 13, Matha 10, Mary 10, Pleasant 8, Susan 6
281. MASTIN, Charles 36 (machinist) (IL PA Fr), Josephine 26 (GA GA GA), Mary 3 (GA), John 1 (GA)
282. HODGE, William 22 (minister), Clarrissa 21 (puerperal peitian), Sulla 1/12 (b. Apr)

Page 33, District 11

283. CHIDRESS, William 38 (T VA VA), Jane 37, Charles 2, Hettie 8/12 (b. Aug), GODFREY, Susan 5 (boarder)
284. SPECK, Laurence 38 (merchant) (T VA T), Elisabeth 38 (MS NC MS), George C. 10, Hugh W. 8, Anna L. 6, Thomas A. 4, Nettie C. 2
285. HAMPSON, Samuel 52 (spiner in cotton factory) (Eng Eng Eng), Etizia 44 (T NC T), Sarah 18 (works in cotton factory), William 16 (miller), James 12, Mary 10, Atha 8, John 3, _____ 1/12 (b. Apr) (dau)
286. McCAMBELL, Thomas 43, Mary 48, Texanah 24, Leon 22, Ann 20, Andrew 18, Mary 16, William 14, Susan 12, John 8
287. WINE, Elisabeth 51 (widow) (VA VA VA), Mary E. 27 (works in cotton factory) (T T VA), William 28 (clerk in store), Edward 18, Sarah 14, Margaret 12, James 7
288. McCARRELL, Pleasant 38 (minister) (T T VA), Sarah 37

BLOUNT COUNTY (78)

Page 33, District 11 (continued)

289. MAYFIELD, James 58 (T NC SC), Mary 58 (T VA VA)
290. PICKENS, Mary 50 (widow), Alexander 28, Benton 22
291. KIRBY, Franklin 27, Elizia 20, Lilla Bell 2, Minia 1
292. WILLOCKS, Rush 50, Elizia 29 (wife), Sarah 10 (NC), Caroline 9 (NC), Robert 6 (NC), Mary 5 (T), John 1

Page 34, District 11

293. ROBERSON, Frank (B) 45, Sarah 22 (wife), Jane 4, Rosa 2, William 10/12 (b. Jul)
294. GODDARD, David 62, Matilda 60 (T VA T), John 24, Samuel 21, Hugh 18, Eufrazia 15
295. HALL, Addison 54 (T VA T), Lucy 45, James 26, Elisabeth 23, Allice 20, Margaret 19, Columbus 14, Thomas 10, HENDERSON, Samuel 20 (boarder) (T __ __)
296. WAYMON, Samuel 18, Joanah 21 (married within yr)
297. MAXEY, Marion 39 (T VA NC), Harriet 28 (wife) (T VA T), William 10, Fanny 5, BRYANT, William 20 (boarder) (KY KY T)
298. HARRIS, Adderson 61 (T VA VA), Cathrine 52 (T VA Ger), James 21, Samuel 18, Harriet 14, Hettie 12, Hannah 9, Elizia 6
299. TIPTON, Gabriel (B) 59 (T NC T), Nerva Jane 42 (wife), Harrison 15, Sarah 13, Sofronia 11, Nancy 7, Sofronia 70 (mother in law) (blind)
300. ROBERSON, Thomas 53 (harness & shoe maker) (T NC NC), Mary 57, Andrew 12

Page 35, District 11

301. GRAY, Jeremiah (B) 57 (T VA VA), Jane 49, Howard 16, Melvin 13, Mary 11, Franklin 9, Charles 5, Hayes 3
302. HARRIS, Andrew 71 (T VA VA), Sarah 49 (wife) (VA VA VA), Harvey 23, Victory 19 (dau), Elisabeth 16 (teacher), Thomas 1, Russel 9
303. HAMMIT, Albert 18, Malissa 24 (wife) (married within yr), HARRIS, Nancy 69 (servant) (T __ VA), (deaf & dumb)
304. McBATH, Alex 47 (T VA VA), Hannah 41, Horrace 20, William 18, DANBY, Laura 11 (servant)
305. EVANS, Martha 56 (NC NC NC), John 21 (son) (T T NC), TALLEY, Caroline 40 (sis) (widow), John 15 (nephew)
306. JOHNSON, William 42, Martha 37 (T T VA), Lucy 15, Joseph 13, Mary 11, James 9, Steven 6, Allice 5, Alexander 4, Aldren 2 (son), Thomas 3/12 (b. Feb), BOYD, Richard 22 (boarder)
307. FRENCH, Marsh 41 (T VA T), Mary 28 (wife), Florence 9, Hugh 7, Charles 5, Stella 2, GARNER, John (B) 19 (servant) (T __ __)
308. BOWEN, Alex 39, Margaret 27 (wife), Calvin 5, Robert 3, George 1

Page 36, District 11

309. BRUCE, William 35 (blacksmith) (T NC T), Ellen 35, Elisabeth 9 (MO), Malinda 6 (T), Nancy 4, Horrace 2, HARRIS, John 30 (bro in law)
310. KIDD, Henry 42? (carpenter), Talitha 39, Mary 10, Julia 9, John 6, Richard 1
311. BOWEN, Ann 6_ (widow), Elisabeth 34 (dau)
312. WRIGHT, Deve 60 (T VA T), Nancy 52 (T T SC), Laula Jane 18, Nellie 15, COX, Sarah (B) 14 (servant) (T __ T)
313. WRIGHT, William 65 (widower) (T VA T), William 21 (son)
314. DAVIS?, Jonathan 44 (stone mason) (VA VA VA), Nancy 39, Andrew 18, James 15, Layfayett 12, Viola (this name crossed out and indicated as son) 10, Meronia 7 (dau), Minia 5, John 3, William 1
315. COCHRAN, Henry 28, Malissa 23, (T MO T), Mason 4, Homer S. 2, Roscoe 6/12 (b. Nov)
316. STEEL, William 25 (shoemaker), Martha 21 (T Eng T)
317. GODDARD, Robert 31 (physician), Parilee 24, David 2, Ethel 8/12 (b. Sep)
318. WHEELER, Jasper 59, Rebeca 38 (wife), Alexander 11, Elisabeth 9, Bell 7, James 4, Robert 2

BLOUNT COUNTY (79)

Page 37, District 11

319. FLANEGAN, Harry 30 (VA NC VA), Martha 28 (NC SC NC), Lilla 2, Lula 2, William 12
320. GADFREY, Mary 42 (widow), Martha 16, Ellen 15, Phlegm 12 (son), Ann 10, Susan 8, James 5, Dellar 7/12 (g dau)
147. HITCH, Eviline 45 (wife of A. Hitch) (this supposed to be an addition on a previous entry)
284. ROBERTSON, Martha 19 (boarder) (MS MS MS) (this supposed to be an addition on a previous entry)

Page 1, District 13

1. DEAN, Smith 21 (GA GA GA), Caroline 25, Hugh C. 2
2. CONNER, Thomas D. 29 (NC NC NC), Nancy C. 23, Martha J. 6, Mary M. 3, William J. 1, John W. 25 (bro) (NC NC NC)
3. CONNER, William L. 50 (NC NC MS), Emma A. 49 (NC VA NC), James R. 14 (NC), Silas J. 12 (NC), Willey B. 4 (T), George M. 22 (widower) (NC)
4. DAVIS, John S. 31, Margarett E. 30, Arthur W. 6, James G. 5, Hugh J. 4, George W. 2, Charley A. 6/12 (b. Nov)
5. HOOD, John P. 33, Sarah E. 26, John M. 10, Andrew T. 9, Margarett A. 7, Sarah L. 6, William A. 4, Addrea E. 2, Bertha C. 4/12
6. HEADRICK, John H. 28, Isabella J. 30, John D. 6, Elisabeth A. 5, Thomas E. 3, Hetty C. 2
7. KEEBLE, Alford H. 24, Milly J. 20, William T. 2, John R. 8/12 (b. Sep)
8. McKEMY, Samuel 61 (T VA NC), Dorcas 44 (wife) (T VA T), Nancy A. 56 (sis) (T VA NC), Fanny N. 24, Elisabeth A. 21, Catharine 15, Mary P. 13, Charlotte H. 10, Maryetta D. 7, Samuel E. 5

Page 2, District 13

9. RHEA, Jackson B. 25, Hetty J. 24 (AL AL AL), William W. 5 (AL), Mattie S. 3 (dau) (AL), John B. 2 (T)
10. RHEA, Andrew J. 65, Rebecca 60, Joseph W. 21
11. HENRY, Arthur M. 45, Mary S. 39, Sarah S. 18, Susan D. 16, George S. 14, William A. 12, Hugh J. 10, John M. 8, Samuel H. 6, Robert P. 3, Mary L. 10/12 (b. Jul)
12. FORESTER, William T. 40 (T KY T), Mary 41, James 19, Martha 12, Thomas 10, Franklin 8, Elisabeth 6, Margarett 4, Ellen (b. May)
13. THOMAS, William 56 (T VA T), Martha 50, John 82 (father) (VA VA T), Elisabeth 76 (mother), James W. 22 (son), Mary T. 20 (dau), Benjamin F. 18, Andrew J. 16, Pruda J. 10
14. JOHNSON, Anna 54 (widow), Agnes E. 31, William 14 (g son), Georga A. 5 (g son)
15. HAFLEY, Bartley M. 60, Elisabeth 54, Frankford 28, Presley C. 18
16. HOUSER, Lewis 49 (shingle maker) (T NC T), Elisabeth J. 52 (T T VA), Sarah 30, Margarette 10, Charity S. 9

Page 3, District 13

17. FLANNAGAN, Samuel C. 52 (VA VA VA), Lucinda 48 (T T Ire), HUNTER, Harriett 46 (sis in law) (T T Ire), Lucinda B. 14 (niece)
18. FLANNAGAN, Marshal J. 22 (works in chair shop) (T VA T), Ann S. 20, Andrew J. 1
19. BRAKEBILL, Serrepta 42, Samuel W. 16 (son), Walter B. 14 (son), Chester 12 (son), Serrepta A. 9 (dau), Houston 5 (son)
20. CUNNINGHAM, Sarah 51 (widow), THOMAS, Joel H. 27 (son in law), Lovena 23 (dau in law), CUNNINGHAM, William H. 18 (son), THOMAS, Burrel 3 (g son), Minnie 1 (g dau)
21. SLATERY, John A. 25 (mill wright), Sarah S. 22, James F. 1
22. CUNNINGHAM, Benjamin 30, Netty M. 25 (wife), William J. 8, Guy 6, Mary E. 4, Joseph H. 2, Lula R. 8/12 (b. Sep)

BLOUNT COUNTY (80)

Page 3, District 13 (continued)

23. VINYARD, Jordan 20, Sarah S. 20, William 1
24. HINES, Joshua 38, Isabella S. 31, Elisabeth A. 11, Emma C. 9, Robert H. 6,
    VINYARD, George W. 20 (servant)
25. CUNNINGHAM, Benj. sr 39 (T VA VA), Jane A. 30, Nancy E. 15, Edwin S. 11, Nina
    9, Camble 7, Letty 4, Clay 9/12 (b. Aug)
26. PICKENS, John H. 28, Eliza J. 28, POSTON, Joseph A. 24 (servant)

Page 4, District 13

27. BURDEN, Richard (B) 33 (T SC SC), Mary 21 (wife), Sarah E. 4
28. BOYD, James A. 65 (T VA SC), Abigail 59 (T VA T), Sarah J. 25
29. McCLORY, William sr 73 (T PA VA), Matilda 70 (NC NC VA), Elisabeth 35, William
    jr 32, DAVIS, John (B) 20 (servant), HOOPER, Elvira 56 (sis in law)
    (crippled)
30. McMURRY, Joseph C. 39, Harriett J. 35, William T. 12, John S. 11, Mary V. 9,
    Andrew R. 6, Samuel 4, Harriett L. C. 2
31. McMURRY, Ellen 79 (widow), Sarah B. 47 (dau) (crippled)
32. McMURRY, Bartly R. 46, Elisabeth 36 (wife), Joseph 11, Newton 10, Ellen J.
    9, Samuel 8, James 7, Cornelia 5, Ida 4, John 2, Viney 8/12 (b. Sep)
33. PRIOR, William 22, Mary J. 26, Lucy 6, Florence 3
34. PRIOR, William M. 37, Lucy J. 37, Mary J. 10
35. HOLLAND, George W. (B) 61, Carlotte 40 (wife), Elam D. 21
36. AMARINE, Riley (B) 21, Cordelia 22, Mary E. 5, Charley 4, Elisabeth 2
37. SHADDON, Lydia H. 66 (widow) (T T VA), James H. 25

Page 5, District 13

38. HOOPER, Willson F. 28 (T T NC), Mary 27, Emily E. 4, James H. 2, (not named)
    1/12 (b. Apr) (son), Mary 65 (mother) (NC NC NC)
39. HOUK, John W. 42 (T T NC), Sarah M. 30 (wife), Charley E. 10, Anna E. 8,
    William L. 5, Gilford B. 2
40. NICODEEMAS, Jessee 27, Sarah 24 (GA T T), Rebecca 8, Thomas 6, Elisabeth 3,
    John 1
41. McMURRY, Alexander 53, Mira A. 36 (wife) (NC NC NC), Margarett J. 13, William
    O. 10, Sarah A. 8, Martha E. 7
42. McMURRY, Margarett 72 (widow), Margarett jr 42, Rebecca C. 35
43. WHITTLE, Felix L. 55, Margarett 51 (T NC T), John A. 23, Othniel H. 19 (son)
44. HINES, Isaac 63, Cinthia A. 60 (T VA VA), Harriette E. 19, John H. 14
45. MURPHY, Edward H. 44, Urciller E. 42 (T SC T), John W. 15, William R. 14,
    Emily J. 12, James C. 10, Mary T. 8, Harvy L. 6, Magnolia B. 3, (not named)
    (b. May) (dau)
46. HINES, Joseph 33, Mary 33, Sarah J. 12, Florence 9, Harvy E. 7, Cordia A. 5,
    James H. 1

Page 6, District 13

47. JORDAN, Moses 22 (T VA VA), Martha J. 18, George D. 8/12 (b. Sep)
48. HINES, William 35, Ann E. 30, Mary J. 12, Charley 10, Mitty 8 (dau), James M.
    5, William H. 8/12 (b. Sep)
49. THOMAS, William M. 56, Nancy J. 49, George W. 21, Mary E. 19, Magarett L. 18,
    Andrew H. 15, William H. 12, James M. 10, Nancy H. 9, Niney E. 6 (f)
50. CRESWELL, Elisabeth 39, Margarette 32 (sis), Nancy A. 26 (sis), William G. 23,
    (bro), John B. 19 (bro), Marion G. 17 (bro)
51. PICKENS, Robert 70 (T Ire VA), Elisabeth R. 53 (wife), Samuel L. 25, Thomas 16,
    Darthula 14, Oliver C. 10

BLOUNT COUNTY (81)

Page 6, District 13 (continued)

52. EVANS, Amos P. 20, Susan 16 (wife), James T. 1
53. PICKENS, Thomas 67 (insane) (T Ire VA), Elisabeth 40, EVANS, James O. 16 (servant)
54. SHADDON, Amos T. 56 (T VA VA), Ludicy 38 (wife), Margarett 55 (sis) (T VA VA), NICHOLS, James N. 13 (in care of)
55. McNELLY, Lavina 58 (widow), Jane 28, Adaline 25, John 22, James 20, Samuel 17

Page 7, District 13

56. DELOZIER, Charlotte 43 (widow) (AL VA T), Onie M. 11 (dau) (T T AL), John A. 10 (T T AL), PRIOR, Margarett 33 (sis) (T VA T)
57. CONWELL, Patton L. B. 52 (T VA T), Missouri 36 (wife) (VA VA VA), Elisabeth 5, John P. 11/12 (b. Jun), SYKE, Samuel 12 (stepson) (T T VA)
58. SAWYER, Elias 52 (VA VA VA), Martha J. 45 (VA VA VA), Henry H. 17, Robert 16, Thomas 8, Elnorah 10, AIKIN, James G. 73 (father in law) (VA VA VA), Nancy 73 (mother in law) (nervous) (VA VA VA), Joseph G. 42 (bro in law) (shoe maker) (VA VA VA)
59. LOYD, James M. 54 (GA GA GA), Mandy E. 50 (NC GA NC), Mandy E. jr 25 (consumption) (NC), Sarah A. 20 (NC), Theodosia 17 (NC), Alice T. 13 (NC), James A. 9 (T), THOMAS, Martha A. 30 (dau) (widow) (NC), Charity E. E. 10 (g dau) (T T NC), Martha C. 4 (g dau) (T T NC)
60. HAFLEY, Betsey 70 (T PA PA), Charles 37 (son) (T PA PA), CUNNINGHAM, Cornelia 20 (niece)
61. KIRKPATRICK, Rufus (B) 51, Charlotte 41 (wife) (T VA VA), John R. 15, Charles O. 13, Esther M. 12, Joseph 9 (sore throat), Andrew 8, Benjamin 5, Elisabeth 1
62. PALMER, James E. 54, Caroline 41 (wife), Marion L. 16 (son) (over heat), Wiley H. 14, Margarett A. 13, Henry S. 11, Luretta 7, James F. 4, Mary J. 1
63. DUPES, Nancy 47 (widow) (T PA VA), Martha A. 12 (T OH T), Ann E. 6 (crippled) (T OH T), PRIOR, Mary C. 17 (dau) (T OH T), William H. 23 (son in law)

Page 8, District 13

64. VINYARD, William 52 (T VA VA), Anna 54, William 15
65. VINYQRD, John 90 (widower) (VA VA VA), Sarah 23 (T VA VA) (dau)
66. DONALDSON, James R. 27, Sophronia 20, Margarett 2, Elisabeth 1, VINYARD, Victoria 15 (niece)
67. DUPES, James 54 (T PA T), Martha 45, Benjamin 26, Nancy J. 23, Susan 19, Jacob 17, Sarah 15, Samuel 8, Mary 6
68. WOLF, Joseph 51 (T VA T), Elisabeth 37 (wife) (T PA T), Alexander 18, Columbus 15, Frances N. 13, Margarett 11, Sarah A. 8, Cordelia 6, Alice 4
69. DUPES, George 27 (house carpenter), Mary C. 23, John E. 6, William S. 4, Arthur P. 1, Pearley J. 5/12 (b. Jan)
70. DUPES, Benjamin O. 57 (T PA VA), Susanna 52 (NC NC NC), Serrepta 17, Ellen 12, Florence 10
71. WALKER, Joseph 21, Harriett E. 19 (T T NC), Leumma 1/12 (b. Apr)
72. AMBRISTER, James J. 30, Julia 28 (NC NC NC), Urea 7, Montie 4 (son), Sanka 2 (son), Armina 2/12 (b. Mar)

Page 9, District 13

73. TROTTER, Daniel W. 31, Nancy A. 29, Mary U. 8, Sarah M. E. 6, Milly A. 4, Myrtle A. 3, Isaac A. 1
74. HOUSTON, Robert L. 36, Margarett E. 30, Frances 11, Samuel O. 9, Carl T. 7, William S. 5, Robert L. jr 1, Dorothy 73 (mother)

BLOUNT COUNTY (82)

Page 9, District 13 (continued)

75. DUDLEY, Bartly T. 54, Susanna 54, Solomon 13, James W. 11
76. MILLER, Joseph 35, Diannah 34, Minnie A. 4, Emma I. 2, TEMPLE, Andrew J. 19 (servant)
77. HUNTER, Joseph 21, Rebecca B. 24, William O. 2, Lonie C. 6/12 (b. Nov) (dau)
78. McCULLOCK, Samuel J. 27 (blacksmith), Hetty C. 31, John A. 4, Chorea E. 2 (dau)
79. HENRY, Samuel G. 27, Mary A. 20, Robert L. 2, Lula E. 3/12 (b. Feb), MORGAN, Benjamin F. 15 (servant)
80. CUMMING, Elisabeth 52 (widow), Samuel D. 20, Rachel F. 16
81. KOUNTS, Samuel 43 (T T VA), Mary D. 36
82. BOLING, William H. 52 (T T VA), Sarah A. 46 (VA VA VA), Mary N. 20 (VA), Eldridge L. 14 (VA), John H. 12 (VA), Matilda E. 6 (T)

Page 10, District 13

83. CUMMING, William P. 25 (furniture maker), Anna 17
84. SPRINKLE, John C. 41 (VA VA VA), Nancy C. 24 (wife), Willie H. 5, Minnie A. 3, Laurie S. 3, Mary S. 1
85. MURPHY, Michael P. 41 (furniture & carpenter work), Martha E. 30, John T. 16, Charlotte F. 12, Isaac N. 4, William A. 3, Elisabeth 2/12 (b. Feb)
86. COLLINS, Ruthy A. 35 (widow), Henrietta I. 12, Maud M. 11, Chales D. 9, William E. 6, Birdie I. 11/12 (b. Jun) (dau), GAMBLE, Elisabeth 70 (mother) (T NC NC), BOLING, John 17 (servant)
87. DONALDSON, Lorenzo D. 34 (T T NC), Susan W. 29, John W. 5, Pearley E. 2, Mary E. 1/12 (b. Apr)
88. DONALDSON, Sarah 73 (widow) (NC NC NC), Mary 52 (dau) (T T NC)
89. DAVIS, Sarah M. 43 (widow), Charity 21, Mary 19, Sarah C. 18, Harriett M. 14, Martha E. 12, Samuel C. 10, Laura 8, George D. 4
90. JOHNSTON, Ezekiel 77 (widower) (cold), Martha E. 49, Hester D. 37
91. AMBRISTER, John A. 37 (T VA T), Nancy J. 35, Ella 3, Joseph 1
92. HENRY, Frank A. sr 31, Nancy C. 32, Mary C. 11, Rachel A. 9, Samuel A. 7, Susan A. 5, Hugh J. 4, Joseph P. 2, (not named) 3/12 (b. Feb) (dau)

Page 11, District 13

93. DAVIS, James 35 (crippled), Nancy J. 28, Henry H. 1, BORNE, Absolem D. 10 (bro in law), John M. 14
94. INMAN, Harvy (B) 50, Mary 50, Eliza 30, Clementine 23, Porter 15, Charley 12, John 7, Samuel 2 (g son)
95. JOHNSON, William 61, Martha J. 56, David 26, William 18, Robert J. B. 14
96. McNELLY, William H. 29, Elisabeth 24, Esther S. 1, Samuel 21 (bro)
97. MURPHY, Isaac A. 32, Elisabeth 39 (wife), PICKENS, Houston 30 (boarder) (crippled)
98. CRESWELL, Alexander B. 28, Mary E. M. 25, BOGLE, James B. 23 (bro in law)
99. HALL, Stephen H. 39 (saddle & harness maker) (T KY T), Cornelia C. 26 (wife) (T NC VA), George A. 13, Luther T. 11, Frank L. 9
100. BOGLE, Andrew 78, Elisabeth 76 (T VA VA), COLWELL, Ann E. 40, William 18 (g son), Theodore 10 (g son)
101. HENRY, Hugh J. 51, Mary M. 55, Hugh S. 18, Minerva A. 15, Nancy C. 12
102. MURPHY, Andrew 21, Nancy 18, Oliver C. L. 7/12, DAVIS, Andrew J. 24 (boarder), John P. 20 (boarder)

Page 12, District 13

103. McMURRY, James H. 49, Tennessee C. 38 (wife), Samuel H. 3 (crippled), LATHAM, William 19 (servant), KELLER, Eliza 20 (servant)
104. DAVIS, George C. 41, Litha C. 28 (wife), William M. 18, Mary C. 16, Minerva C. 14, Betsey A. 8, Martha E. 6, Wiley A. 4, Andrew G. 1

BLOUNT COUNTY (83)

Page 12, District 13 (continued)

105. FARMER, Milly J. 31, Martha C. 11, Betsey A. 9, John A. 7, Mary J. 5, James H. 2
106. KNIGHT, William 52 (T NC NC), Matilda 40 (wife) (T NC NC), David 12, Elisabeth 10, Mandy 8, Fanny J. 6, Martha 3
107. ROGERS, Jessee 33, Martha M. 30, John A. 12, Celia J. 9, Ruthy A. 5, William A. 3, Willoughby 9/12 (b. Sep)
108. ROGERS, Jackson 19, Mary E. 18, Texanna 7/12 (b. Oct)
109. DICKSON, Eliza J. 37 (widow), Elisabeth 14, Thomas 12, Viney C. 9, Rebecca J. 7, Joseph W. 6, Samuel 3, James 2
110. ROGERS, John 44, Rebecca 35, William 18, Viney 16, Shadrack 15, Tedford 11, George H. 9, Luanner 7, Samuel 5, John R. 3, Ailey H. 1 (son)

Page 13, District 13

111. ROGERS, John H. 55 (sore eyes) (T NC T), Hetty 57 (T NC NC), Isabel 34, Sarah 30, Nelson 17, William H. 14, Eliza J. 9, DAVIS, Nancy 26 (married), James B. 4 (g son), John 1 (g son)
112. DUNLAP, Jefferson 32, Nancy J. 28, Samuel 8, Mary C. 6, William J. 4, Ira H. 1.
113. HARMAN, Jacob 35, Mary 35, William E. 4
114. DAVIS, Julius F. 32, Martha E. 31, Marcus O. 8, Mary J. 7, James H. 5, Samuel C. 3, John F. 1, (not named) 1/12 (b. Apr) (son)
115. FERGUSON, Richard W. 27 (T NC T), Nancy 26, Mary A. 3, Martha E. 10/12 (b. Aug)
116. KEEBLE, Pleasant 34, Nallie 8 (dau), William H. 7, Margarett E. 28 (wife), James R. 5, John E. 2, Samuel A. 9/12 (b. Aug), Manly 72 (father)
117. SIMS, Mary 40, Ellen C. 30

Page 14, District 13

118. HARMAN, William R. 56 (T VA T), Hannah 54, William R. jr 23, Rebecca A. 18
119. HARMAN, Allen R. 30, Margarett C. 22, Mary A. 1
120. McCULLOCK, Martha C. 53 (widow) (T NC NC), Robert P. 23, Martha E. 17, POSTON, Edward G. 18 (boarder)
121. STEPHENSON, Peter R. 37, Martha A. 35, John H. 10, Mary L. 7, James M. 3, Charles J. 1
122. DAVIS, Wiley C. 53, Nancy C. 53 (T NC T), John C. 26, Gilford N. 24, Jane A. 22, James A. 20, Andrew R. 18, Martha C. 14, Mary E. 12
123. DAVIS, Calvin B. 35 (miller), Margarett A. 42 (wife), Serenia F. 14, James A. 9
124. HATCHER, Anderson 23 (miller) (crippled), Emma 17 (NC NC NC)
125. PEERY, Minerva E. 42 (widow), Martha A. 19, Andrew F. 16, Elisabeth J. 14, Frances C. 12
126. HOLT, James W. 45 (NC NC NC), Lizzie 44 (T VA VA), Lafayette C. 16, James W. W. 7, Mira 6, FOWLER, Tennessee (B) 14 (servant)
127. BOLING, John S. 46 (T VA NC), Mary 47 (T VA T), Nancy C. 18, Thomas L. 15, John H. 13, James W. 11, Eliza J. 8, Samuel B. L. 4 (idiotic)

Page 15, District 13

128. STONE, Charles P. 28 (T VA VA), Ann S. 20, William G. 2, Elisabeth J. 7/12 (b. Oct), Nancy 73 (mother) (T T T)
129. McTEER, James A. 57 (T PA VA), Lovicy C. 60, John A. 22, Harriett E. 17, Andrew J. L. 20, Ruthy J. 18, Ira 1 (g son)
130. McTEER, Andrew B. 59 (T PA VA), Nancy 57 (T T VA), Mary M. 29, Josias G. 19, STEEL, James A. 21 (servant)
131. NORTON, Joseph G. 28 (variety merchant), Jane 22, Nancy H. 1/12

BLOUNT COUNTY (84)

Page 15, District 13 (cont'd)

132. MURREN, Robert 82 (VA VA VA), Mary A. 52 (dau) (T VA VA), Lydia E. 47 (dau) (T VA VA), Nancy C. 44 (dau) (T VA VA), Margarette T. 42 (dau) (T VA VA); AMARINE, Robert E. 17 (g son)
133. JEFFRIES, Hugh C. 39 (T VA VA), Harriett N. 31 (T VA T), Rachel C. 9, Samuel A. 7, Melissa P. 5, Lula P. 4, James Linzo 1, not named (f) (b. May), Elisabeth 82 (mother) (T T T)
134. NORTON, George C. 27, Mary J. 19, John N. 1; DUNLAP, Adam H. 55 (boarder)
135. BROYLES, Caleb 25 (T AL T), Drucilla 27 (sis) (T AL T), Rhoda 21 (sis) (T AL T), Nicholas 19 (bro) (T AL T)
136. EMERT, Frederick 26, Martha J. 26 (T NC T), Nancy R. 7, Caleb C. 5, William F. 3, Mary J. V. H. 7/12 (b. Oct)

Page 16, District 13

137. LONG, Thomas 72 (NC NC NC), Caroline 42 (wife), Sarah M. 18, William T. 10, John H. 9, Syrus H. 6, Joseph A. 4, Martha L. 3
138. McCAMBLE, Calvin B. 35, Nancy A. 38, Laura B. 9, Larritta E. 5
139. DUNLAP, Elijah T. 28, Hester 30, Matilda E. 6, Margarett E. 2
140. DUGGAN, Joseph W. 31, Mary J. 20 (wife) (T NC T), Ida V. 2, Elisabeth 6/12 (b. Nov)
141. DRAKE, William H. 45 (NC NC NC), Elisabeth 47, Samuel C. 17, William A. 15, Andrew B. 12, Milly A. 9, James W. 7, Margarett 2; DAVIS, Martha A. 12 (niece)
142. MALCOM, Samuel N. 50, Ruthy C. 46, James B. 23, Isabel A. 21, John T. 19, David W. 16, Snola? M. 13 (dau), Alexander H. 11, Lodasha 8 (dau), George A. M. 6
143. TAYLOR, Andrew J. 48 (physician) (T VA VA), Martha J. 42, Nancy A. 14, John S. 11, Ira A. 8, Andrew J. jr. 5, Mary J. 3, Clifford 9/12
144. BRAKEBILL, Jordan 24, Caroline 24
145. DELOZIER, Isaac A. 53, Mary D. 48 (SC SC SC), Malinda C. 38, Sarah E. 18 (niece)

Page 17, District 13

McAFEE, William M. 24, Sarah M. 22, Mary M. A. 2
147. GAMBLE, William H. 31, Elisabeth A. 34, Sarah J. 9, Rachel L. 7, Mary E. 5, Malvina G. 2
148. TOWNSEND, Thomas 22 (T SC T), Mary J. 25, Joseph J. 1
149. TOWNSEND, John H. 67 (T SC T), Nancy E. 42, Rachel C. 27, James D. 18, William C. 15, Mary A. 14, Milly M. 12, John 5, Samuel 2, Huldah J. 7 (g dau), Alice 3 (g dau)
150. BOLING, Harrison 31, Isabella 21 (wife) (NC NC NC), Sarah J. 2, James 1
151. DAVIS, William sr. 69, Nancy J. 49, Antney 20 (son)
152. BOWERS, Anderson S. 26, Nancy J. 25, Peggy J. 4, Mary L. 2, James H. (b. May); STONER, Joseph 17 (servant)
153. McNELLY, Samuel 59 (T VA VA), Mary 56 (T NC NC), Sarah 23, Samuel B. 21, Russel 18, John 15, Andrew 10, Joseph 25 (blacksmith)
154. DELOZIER, Hutson 33 (wagon maker), Mary 29, Martha 8, James 6, Peter H. 4, John R. 2, Albert S. J. 8/12 (b. Sep)

Page 18, District 13

155. BOGLE, Hugh M. 47, Mary T. 47, Andrew H. 21, Nancy J. 17, Catharine L. 15, Ellen V. 12, John T. 10, Hugh R. 7
156. COX, Hugh 43, Ellen B. 42, John B. 11, Samuel 9, Sarah J. 7, James A. 6, William 3

BLOUNT COUNTY (85)

Page 18, District 13 (cont'd)

157. DAVIS, Alford (B) 36, Dorcas 35, Sarah A. 6, Jessie 4, Hugh 9/12 (b. Aug), Martha 14 (step dau)
158. DAVIS, William M. 35, Nancy 25 (wife), Elisabeth J. 9, James R. 7, Rachel 5, Andrew 2
159. DAVIS, William L. 31, Alsey 28, Luticia 7, George A. 6, Samuel 5, Elisabeth J. 3, Pearley C. 1
160. CUSICK, Asa 32, Martha p. 25, Rachel 13 (dau), Samuel R. 7
161. McGILL, Wade H. 56 (widower) (cistern maker) (SC SC SC), John 32 (widower) (T SC T), Patrick H. 30 (shoe maker) (T SC T), William E. 27 (T SC T), David A. 25 (T SC T), Sidney A. 22 (dau) (T SC T), William L. 8 (g son)
162. CUMMING, Bartly T. 26, Esther 22 (GA T NC), Mary C. 5, John W. 1

Page 19, District 13

163. DAVIS, John R. 38 (widower), Andrew 16, Samuel C. 15, William 12, James P. 10 (crippled), Mary J. 8, Nancy A. 6, John H. 3
164. FINLEY, Mary 59 (widow) (T NC T), Ellen 20 (idiotic); McMURRY, Martha 50 (sis) (T NC T); DAVIS, Sarah 38 (sis) (T NC T)
165. JEFFRIES, Isaac N. 33 (T VA T), Elisabeth 18 (wife), James A. 2
166. FINLEY, Samuel R. 23, Nancy 22
167. ROGERS, George 46 (T NC NC), Fereby 45, Martha R. 21, Shadrack 20, Mary L. 18, Andrew 14, John 11, Margarett 6, Nancy A. 5, Harriette 1
168. REAGAN, Richard M. 33, Sarah 33, Cordelia 14, Rachel A. 12, Mary J. 3
169. CRUIZE, John 26, Jane 20, Andrew 1
170. ROGERS, Landon W. 27, Minerva E. 24, William B. 3, Hugh H. 10/12 (b. Jul)
171. DAVIS, Anderson M. 29 (T NC T), Mary 23, William M. 7, George W. 1
172. ROGERS, Andrew C. 30, Matilda J. 27, Martha J. 8, Sarah C. 6, Margarett L. 4, William 1

Page 20, District 13

173. GRAHAM, George 42, Eliza 41 (T NC NC), John 20, David 17, Rebecca J. 14, Elisabeth A. 11, James 8, Sarah 6, Martha A. 3, William H. 3
174. STAUNTON, Samuel M. 30, Sarah J. 27, Nelson R. 9, John B. 6, James 4, Mary J. 1, George F. 2/12 (b. Mar)
175. PICKENS, Sarah 43 (widow), John M. 18, James W. 15, Sarah J. 12, Shadrack W. 8
176. DELOZIER, Catharine 60 (widow) (T T SC), Dinah 31, Peter P. 25, Jessee S. 22, Milissa A. 20 (dau in law) (NC NC NC)
177. WRAY, James O. 53 (millwright) (NC NC NC), Aly A. 42 (wife) (NC NC NC), Henry J. 20 (NC), Mary E. 15 (NC), Martha F. 13 (NC), Meniza R. 12 (dau) (T), James E. 9, Eliza R. 8, Andrew B. 5, Lilly B. 3
178. DUNLAP, Hannah S. 75 (widow) (T VA VA), Caroline H. 35, Hiram P. 12 (g son), Joseph W. 6 (g son)
179. MURREN, William 76 (fever) (T PA VA), Mary A. 44 (wife)
180. JEFFRIES, James H. 29, Charity 22, Corea A. 5/12 (b. Dec)
181. JEFFRIES, John 69, Margarett E. 56 (wife), Caroline 33, Harry J. 18

Page 21, District 13

182. DAVIS, Andrew C. 32, Sarah C. 27, Jane 8, Hugh 4, Mary 5/12 (b. Dec); ROGERS, Eliza E. 17 (servant)
183. DAVIS, William M. 30, Martha C. 27, Sarah A. 3, Andrew J. 2
184. DAVIS, James W. 58 (T T NC), Mary 55, Nancy 16
185. DAVIS, William M. 51, Sarah 55, James 27, Viney 25, Andrew J. R. 22

BLOUNT COUNTY (86)

Page 21, District 13 (continued)

186. DAVIS, Catharine 56 (widow) (NC NC NC), Stephen M. 19 (T NC NC), Letha 17 (T NC NC), Betsey 10 (T NC NC)
187. McLANNAHAN, William S. 25, Rachel C. 30, James D. 6, Rebecca 5, Milly E. 2, DAVIS, Elisabeth 40 (sis in law)
188. McLANNAHAN, David 56, Milly 60 (T NC T), HUBBARD, Elisabeth 78 (mother in law) (T VA T)
189. DAVIS, Archie 25, Hetty A. 23, Samuel H. 3, John S. 1
190. DAVIS, Calvin 58 (T T VA), Sarilla 56, Sarah 27, Camble 21, Boyd 18, Tennessee 16, James 14, John 12, Martha 12, (not named) (m) 1/12 (b. Apr) (g son)
191. TIPTON, William B. 44 (consumption), Sarah C. 39, Thomas H. 19, Nancy J. 18, Martha L. 17, Tennessee 15, Benjamin A. 14 (rheumatism), William M. 13, Sarah E. 12, Margarett E. 10, James B. 8, Mary M. 6, Andrew S. 4/12

Page 22, District 13

192. ROGERS, Marion H. 54 (T NC T), Margarett V. 61 (wife), Andrew J. 25, Joseph M. 21, Marion B. 18, DAVIS, Martha 22 (widow), Margarette L. 2 (g dau)
193. ROGERS, John V. 29, Mary 30, William L. 4, James H. 1
194. TIPTON, Jacob 64, Dorcas M. 65, Sarah C. 41, Jacob B. 30, Dorcas 23, GRAVES, William A. 11 (g son), Dorcas A. 9 (g dau)
195. GAMBLE, Hugh H. 51, Evaline G. 55, Luticia E. 22, William H. 18, Rhoda E. 11, Josias sr 79 (father) (T PA PA)
196. GAMBLE, Josias jr 25, Rebecca A. 23, James L. 11 (son), Martha E. 2
197. DICKSON, Thomas 35, Martha 41, Jacob 14, Phebe A. 12, James C. 11, Dorcas 10 (f), David 8, Bradford 6, Luticia I. 5, William T. 1
198. TIPTON, James H. 28, Mary J. 29, Joseph B. 7, John P. 5, Minnie M. 3, Ida I. 4/12 (b. Jan), BOLING, John 22 (servant)

Page 23, District 13

199. ROGERS, Shadrack 76 (NC NC NC), Sarah 80 (NC NC NC), Rebecca 52, Viney 39, William 22, Sarah 22 (g dau)
200. ROGERS, Harvy 39 (T NC NC), Beeda 36, Pleasant W. 17, Shadrack 14, Viney C. 13, Sarah N. 8, Eliza E. 5, BOLING, Mary J. 24 (servant) (VA VA VA)
201. ROGERS, Nelson R. 51 (T NC NC), Viney E. 52 (T T NC), Irvin 22, James W. 26 (blacksmith), George F. 21, Nancy 19, Elizabeth 16, Asa T. 14, Martha 12, Susan 10
202. GARNER, Amos 39, Virena J. 37 (rheumatism), Elie 17 (son), William 12, Hugh 10, Evaline 7, Nancy 5
203. STAFFORD, Alexander 66 (NC NC NC), Mary E. 43 (wife) (GA SC SC), John W. 18 (GA NC SC)
204. GARNER, Elie 29 (T NC T), Mary C. 21 (wife), Adam 6
205. GARNER, Elie sr 66 (NC NC NC), Elisabeth sr 59 (T NC NC), Elisabeth jr 35, Alexander 23, Levi 22, Hugh 18, Nelson 16, Emily 14, Elie 19 (g son), John 14 (g son), William 8 (g son)

Page 24, District 13

206. DAVIS, William 30, Celia 29, Mary E. 4, George W. 2, Emily 3/12 (b. Feb)
207. KEEBLE, Samuel 37, Jane 34, Nancy A. 13, Mary E. 12, Pleasant 10, Rebecca J. 9, Sarah C. 6, Elie 5 (son), Eveline 3, Manly 1
208. GRAVES, Stephen T. 32, Minerva E. 22, Zilpha J. 6, Mary A. 4, John H. 1
209. WILLSON, Margarett 29 (NC NC NC), William T. 11 (son) (T T NC), James P. 9 (son), Mary C. 7 (dau), Martha O. 2 (dau)
210. HYDE, William 63 (T VA NC), Lucinda 40 (wife) (NC NC NC), Mary A. 30 (dau), Emeline 18 (GA), William 16 (GA), Elisabeth 15 (T), Rebecca 11
211. GARNER, Ransom 27 (T NC T), Malvina 22, John H. 1

BLOUNT COUNTY (87)

Page 24, District 13 (continued)

212. NICHOLS, Norman 40 (crippled) (T NC T), Ann 32, Eliza A. 2, Francis M. (b. May), NELSON, Joseph M. 4 (stepson)
213. GLASS, James T. 32, Mary A. 44 (wife) (T NC T), Nancy J. 10, Vaughn 7, Lorenzo D. 1, Mary E. 5
214. JONES, Allen T. 53 (NC NC NC), Narcissa J. 28 (T NC T), Martha C. 19, Nancy L. 14, Mary E. 12, William R. 1 (the above are listed as offspring of Allen Jones), JAMES, Riley S. 18 (stepson) (NC NC NC), Margarett 16 (stepdau) (NC NC NC), WILLIAMS, Rebecca 5 (g dau), Rachel L. 1 (g dau)

Page 25, District 13

GIPSON, John 52 (T NC NC), Brittanna 45 (T SC SC), Mary E. 14, Andrew M. 12, Margarett T. 7, James R. 2
216. BARBARA, William 41 (VA NC VA), Sarah J. L. 41 (T NC NC), Lewis A. 13, Andrew J. 11, Margarette 8, Albert W. 5, John H. 2
217. LATHAM, Harvy 31, Laura 25 (NC NC NC), George W. 11, Mary 8, Alice 6, William 5, Cornelia 1
218. GARNER, Francis 29 (T NC T), Sarah C. 18 (wife), Mary J. 1/12 (b. Apr)
219. HOLIFIELD, George W. 30 (NC NC NC), Orlena P. 30 (NC NC NC), Albert G. 12 NC), Samuel C. 10 (NC), Laurena J. 3 (NC), Robert H. 7 (NC), Charlotte F. 1 (NC)
220. HOLIFIELD, Elisabeth 46 (widow) (NC NC NC), Martha B. 15 (NC NC NC), Cansada 12 (NC), LATHAM, John 20 (son in law), Mila L. 19 (dau) (NC), Minerva E. (b. May) (g dau) (T T NC)
221. GRAVES, John A. 22, Malvina 19 (NC NC NC), Jane A. 8/12 (b. Sep)
222. KIRKPATRICK, Humphrey 64 (NC SC SC), Sarah R. 58 (NC NC NC), JONES, James L. 16 (g son)

Page 26, District 13

223. GRAVES, James A. 26, Sarah J. 20 (T NC NC), Elisabeth 2
224. GRAVES, Elisabeth sr 52 (widow), William J. 20, Adam 22, Rebecca 28, Silas 14, Riley 12, Samuel 6
225. GRAVES, Barbara 30, Jane 7 (dau), Silas 5 (son), Ellen 1 (dau), Jane 28 (sis), Julia 6 (dau), Mary J. 8 (niece), Andrew 4 (nephew), John 1 (nephew)
226. GRAVES, William A. 25, Elisabeth 21, John A. 3, James N. 1
227. ROGERS, William B. 30, Rebecca C. 23, John R. 6, Margarett J. 5, James L. 2
228. TIPTON, Benjamin 37, Sarah E. 30, Jacob 12, John C. 9, Minerva A. 7, Wiley H. 5, Sarah M. 2
229. GARNER, Mathew B. 40 (T NC T), Mary 46 (wife), Rebecca E. 14, Samuel 12, Margarette J. 10, John F. 8
230. JEFFRIES, John E. 26, Clementine 25, Edgar L. 1, Preston 2/12 (b. Mar)
231. DAVIS, Peter P. 85 (widower) (T NC VA), TEAGUE, Rebecca 27 (niece), Manerva 5 (g niece), Andrew H. 3 (g nephew)

Page 27, District 13

232. DELOZIER, James 37, Hannah 34, Mary J. 12, Samuel W. 11, James W. 10, Oliver C. 8, Rebecca 6, Andrew 4, Nancy E. 2
233. ROGERS, Samuel E. 35, Sarah 35, Sarah J. 16, Martha E. 14, Rachel 12, Rebecca 9, Leanner 4 (dau), John T. 2
234. DELOZIER, Eliza J. 20, Mary C. 1 (dau)
235. WALKER, Nancy 47 (widow) (NC NC NC), Columbus 17 (NC NC NC)
236. ROGERS, Jessee 33, Dorothy 36 (wife) (T NC T), John 15, Viney E. 12, Martha 11, James 7, Margarette R. 5, not named 2 (son)
237. ROGERS, John B. 26, Viney J. 23, Andrew 3, Isaac A. 1

BLOUNT COUNTY (88)

Page 27, District 13 (continued)

238. DAVIS, John V. 21, Lucinda 21, James R. 3/12 (b. Feb)
239. DAVIS, Minerva 48 (widow) (T NC T), Sarah M. 18 (crippled), William B. 15, Joseph M. 11, Andrew R. 8
240. LATHAM, John R. 24, Sarah E. 25, Zilpha C. 4, James W. 3, Viney J. 1
241. ROGERS, Abigail 84 (widow) (crippled) (T NC NC), Elisabeth J. 56 (T NC T), Mary 43 (T NC T)
242. LATHAM, John 73 (NC NC NC), Rebecca 50 (wife) (T NC NC), Mary A. 20, James W. 18, George A. T. 16, Nancy J. 14, Caroline 11, Celia 10, Pleasant P. 3

Page 28, District 13

243. REAGAN, George 20, Rebecca 21, Eveline 2, Martha J. 4/12 (b. Jan)
244. REAGAN, Reuben 55 (T VA VA), Elisabeth 50, Sarah A. 16, James R. 17, Benjamin 14, Catharine 21, Caroline 9
245. REAGAN, Harison 32, Jane A. 26, George 4, Daniel 1
246. GARDNER, Adam 55 (NC NC NC), Celia 47 (T NC NC), Mary 16 (stepdau), George W. 14 (STEPSON), Shadrack 10 (stepson), Margarett E. 8 (stepdau)
247. REAGAN, James H. 42 (T VA VA), Margarett L. 32, Margarette J. 16, Tedford J. P. 14, Sarah A. P. 12, Richard 9, Daniel 6, Pheby A. 3, William M. 1
248. REAGAN, John 23, Catharine 21, Mary E. 2, Ellen J. 7/12 (b.Oct)
249. REAGAN, Josias 26, Evaline 21 (T NC T)
250. TIPTON, John L. 42 (widower), Dorcas 17, John N. 15, Jacob M. 12
251. McTEER, William 26, Rachel 22, Lorena J. 4, John H. 3, James E. 1, Lonzo B. 6/12 (b. Nov)

Page 29, District 13

253. McCULLOCK, George R. 24 (carpenter), Rebecca A. J. 25, Lenna 4 (dau), not named 4/12 (b. Feb) (dau), McNELLY, Joseph 25 (boarder) (blacksmith), SAWYERS, Robert 17 (servant)

Page 1, District 14

1. EVERETT, James R. 28, Mary C. 26, Ida A. 5, Colla A. 2 (son), John S. 5/12 (b. Jan)
2. TEMPLE, Sarah 33 (widow), Matilda 17, Rebecca 15, James W. 13, Dorcas A. 11
3. DENISON, Ruth 34 (widow), Rosanna 15, Alaxander 13, Charles 6
4. PATE, George A. (B) 42, Nancy 37, Henry A. 12,
5. MARTIN, Joseph 40, Jane 40, Nancy A. 19, William 17, James 15, Jacob 13, John C. 10, Sarah J. 8, Joseph M. 6, Samuel 5, Mary D. 2, Robert 10
6. WALKER, James 88, Sarah 62, Alice M. 18 (niece), THOMSON, David 25 (servant)
7. BROADY, Joseph 25, William 18 (bro), Tennessee 14 (sis)
8. RICE, John 44, Catherine 40, Prier 19, GILLIN, John 10 (nephew)
9. CALDWELL, William 50, Mary A. 40, Mary E. 16,(TX), William H. 14 (TX), James S. 12 (TX), Nancy M. 8 (T), Oilena F. 5, R. Milton 2

Page 2, District 14

10. SNIDER, John M. 23, Margaret 19, Nancy E. 1/12
11. BOULTER, John 25, Margaret 24, William H. 11/12
12. EVERETT, Robt. 21, Mary A. 20, James V. 1
13. EVERETT, James S. M. 55, Jane 44 (wife), Vincant L. 18, William 14, David 9
14. WILLS, Mary 39, William 17 (son), Sarah M. 13 (dau), John G. 10 (son)
15. KENT, Nancy 43 (widow), E. Bell 20, Sarah 17, MOON, Celie 42 (sis)
16. ANERINE, Brown 27, Sarah J. 25, William H. 4, Richard 8/12, John L. 17 (bro)
17. NICHOLS, Richard 59, Mary A. 40 (wife), Mary E. 14, John D. 13, Samuel 9 (T T NC), Charles 6 (T T NC), DAVIS, Rachel 84 (mother in law) (NC NC SC)

BLOUNT COUNTY (89)

Page 2, District 14 (continued)

18. WALKER, John M. 35 (huckster), Rhoda J. 31, Martha J. 8, Mary C. 4, John D. 1
19. PARKINS, Johns 26, Neoma 19, Elizabeth 9/12
20. TEFFTALLOW, James 28, Nancy J. 22, William H. 6, Florence 2, James M. 1/12; LONG, Alexander 17 (servant)

Page 3, District 14

21. RIDDLE, P. Thomas 32, Rebecca 27, Mary 8, John A. 6, James T. 3, George M. 1
22. WATERS, John 23
23. RIDDLE, John 35, Nancy A. 30, Mary J. 14, Leah 11, John A. 8, Margaret T. 5, Dolly E. 3, Louesy F. 1/12 (b. May)
24. WHITE, James 29, Margaret 23, John 8, Sarah 6, William 4, Edger F. 2, Alsop 7/12 (b. Nov)
25. WILLIAM, P. 27 (miller), Pheba A. 28, Leah 6, Charles 4, John 1, Jefferson 17 (bro)
26. HENRY, Andrew (Mu) 35, Sarah A. (W) 40, Calvin 12 (Mu), Samuel 9, Harriet 5, Sophrona 1, Moses H. 5/12 (b. Dec)
27. HEDRICK, Susanna 75 (widow) (NC NC NC), Rebecca 35 (T NC NC), George 33 (T NC NC) (makes baskets) (crippled), Susan J. 6 (g dau), Martha S. 7 (g dau)
28. NUCHOLS, James 26, Mary J. 27, Thomas L. 4
29. NUCHOLS, Mary 53 (widow) (KY NC NC); JOHNSON, Thomas 27 (nephew) (T T NC)
30. NUCHOLS, Andrew 23 (T T VA), Mary E. 2, William A. 7/12 (b. Nov)

Page 4, District 14

31. STEEL, Benjamin 56 (NC NC NC), Malinda 55 (T NC NC), Enoch 23, James 21, William 15, Elizabeth 13, Benjamin H. 11
32. MORISON, Enoch 33, Eliza A. 35 (T VA T), Matilda 14, William J. 9, Jane 4, Enoch W. 6/12 (b. Nov)
33. WHITE, John 25, Jane 22, Burly M. 2/12 (b. May)
34. GAMBLE, Moses 51, Ann G. 50, Nancy 19, Rachel 16, Leah 9, Sarah M. 12; CALDWELL, Joseph 17 (servant)
35. MALLONNEE, Thomas 35, Nancy E. 31, Charles A. 11, John A. 10, Enoch A. 8, Joel 5, Geartrude 2 (last 3 children born in KS)
36. HENRY, Abraham (B) 53 (T NC NC), Clara 45, Lucy 25, Henry S. 21, Columbus 13, James B. 11, Eliza Jo 10
37. CONTER, Robert 45, Sarah J. 45, Isabella J. 17, William 15, Mary C. 10, Andrew U. 5, Jane A. 1 (g dau)
38. COULTER, Calvin 44, Mary 30 (wife), Hetty J. 16, Texanna 8, Sarah C. 2, John A. 4/12 (b. Jan), Mary A. 8/12 (b. Oct) (g dau); HEDRICK, Daniel 23 (servant)

Page 5, District 14

39. SEATON, Bruce 31, Catherine 25, James A. 4; HUNTER, Alexander 17 (servant), William G. 2 (son), Catherine 70 (g mother)
40. STONE, Cliferd 42 (works in grist mill), Caroline 41, Clifford 15, Commodore 12, July 14, John C. 10, Genely 8 (dau), William F. 6, Tunis A. 1
41. LOWRY, John M. 57, Mary 62, Alexander 20 (son)
42. HATCHER, Elija 32, Martha 34, William 11, Jessee C. 9, Richard 6, Luesy E. 2, James A. 1/12 (b. Apr)
43. NUCHOLS, Wesly 36, Elizabeth 35, Rebecca 14, Rachel E. 12, James R. 11, Bessie 9, David E. 7, Sarah V. 5, Willie 1 (dau)

BLOUNT COUNTY (90)

Page 5, District 14 (cont'd)

44. NUCHOLS, Cather 57 (f), Thomas 26 (son), Richard A. 24 (son), William 19 (son), Elija 33 (son), Nancy F. 21 (step dau), Martha Z. 4 (dau), William C. 2 (dau), Sallie 18 (dau in law)
45. WOLF, Elizabeth 62 (widow), Mary J. 34, Albert 18, Mary 16, Tenness 8 (g dau)

Page 6, District 14

46. MILLSAPS, Jessee 44, Mahala 51 (wife), Thomas 15, Moses G. C. 19 (g son)
47. KINNAMON, Jas. 80, Utally 77 (wife), William 39, Sarah C. 39 (dau in law), James W. 9, Hester A. 5, Margaret L. 2, Millsaps 22 (servant)
48. DAVIS, James 25, Elizabeth 29, William T. 5, Marion 2 (son), Isac 7/12 (b. Oct)
49. COULTER, William 38, Sarah J. 24 (wife), Charles 11/12 (b. Jun); BROOKS, Adaline 15 (servant); EVERETT, Lafayett 18 (servant); ROGERS, John 70 (relationship omitted) (coopering); EVERET, Benjamin 19 (servant)
50. LANE, Elizabeth 51 (widow), Rachel 30, Nancy 16
51. LANE, Abraham 35, Martha J. 25 (wife); CUNNINGHAM, Alferd 18 (bro in law)
52. SMITH, Buchanan 23, Subrena 21, Alsa 1/12 (b. May) (dau)
53. LANE, William C. 40, Margaret 35, Mary M. 11, Alfred 6, Abraham 4
54. BLY, William 54, Martha 48, Sarah E. 27, Alfred 25, Mary J. 20, Babara 19, Jasper N. 17, Texanna 15, William 12, Martha L. 10, Robert H. 7, Mary E. 2

Page 7, District 14

55. WHITE, William 55, Nancy 47, Sarah 22, Martha 17, Richard 14, James 13, William 11, Leah 9, George 7, Nancy C. 7/12 (b. Nov) (g dau)
56. LANE, Richard 28, Elizabeth 7 (dau), Margaret 29 (wife), William 6, Nancy A. 4, Samuel 1, Texanna 5/12 (b. Jan)
57. ABRAHAM (only name shown; don't know if given or surname) 33, Rebecca 22 (wife), Silvester 12, John 10, James 8, William 7, Sarah J. 4, Hary 2, Nancy 2/12 (b. Mar)
58. CHAMBERS, Andrew 23, Dolly A. 16, James W. 5, Louiza 45 (mother), Nancy 22 (sis), William W. 5 (nephew), James A. 2 (nephew); DAVID, Catherine 76 (g mother)
60. TEFFTALLOW, Jo 54, Nancy 39 (wife), Mary T. 15, Joseph H. 12, Lafayett 9, William 6, Margaret A. 3, Pheba 5/12

Page 8, District 14

61. CLEMONS, John (B) 39 (GA VA SC), Matilda 26 (wife), Bethany 4 (dau), John 8/12 (b. Sep); EPPS, Mary 9 (niece)
62. AMERINE, Gilley 26, Nancy J. 22 (wife), John B. 1; TEFFTALLOW, Stephen 25 (servant); HARVISON, Henry 21 (servant)
63. SWAGERTY, Sirus 26, Rebecca 16 (wife)
64. KELLER, Sarah 45 (widow), Rebecca 16, Hannah 8, Eliza 4
65. ROWLET, Hisen 35, Jane 36 (wife), Hester 14, Charles 13, Martha 12, John 10, Sidney 7 (son), Richard 4, Margaret 2
66. LAW, James 30, Martha 32, Abraham 7, Nancy A. 5, William H. 3, James C. 1
67. MORTON, Selers 54, Sarah 47, Mary 27, Jacob 18, William 15, James 11
68. DAVIS, John 22, Katherine 16, Malvina 1, Caroline 63 (mother)
69. MOOR, William 34, L. Jane 37, Sarah E. 12, Joseph M. 9, Thomas H. 8, Evaline E. 4, Mina 2, William 1/12

Page 9, District 14

70. DAVIS, William 27, Charity 25, James 7, Martha 5, Thomas J. 3, Levi H. 6/12 (b. Nov)
71. EVERETT, James 32 (T T NC), Martha 33, Sabrena 14, John 13, Susanna 9, Henry T. 5, Sampson 4, Palina 9/12 (b. Sep)

Page 9, District 14 (cont'd)

72. FARR, Humes I. 29, Sarah C. 30
73. BORRON, Isac 50 (T T NC), Mary E. 22 (dau) (divorced), Isac 20 (son), Tempa A. 18 (dau), John 15 (son), Absolem 10 (son), Preston 7 (son), Henry 5 (son), Anderson 2 (son), William 3/12 (b. Mar) (g son)
74. HALL, Crafferd 38 (widower) (NC NC NC), Amanda 35 (T NC NC), Mary 14 (g dau)
75. FAG, John 68, Jane 68, Margaret 40, Mary 20 (g dau), Jane 15 (g dau), Charles 9 (g son), Franklin 2 (g son)
76. SNIDER, Barby 35 (widow), James 12
77. FAG, James 22, Elizabeth 22
78. LANE, James 35, Rachel 36, Samuel 8, Dilla 4, Charles 5/12 (b. Dec)

Page 10, District 14

79. BIRD, James M. 36, Martha 37, John W. 13, Sarah D. 12, Newton L. 10, Mary S. 7, Josephine L. 5, Nancy M. 3, James 11/12 (b. Jun)
80. HATCHER, John 24, Isabella 18, Mary E. 11/12 (b. Jul)
81. EVERETT, John 68 (T VA VA), Susanna 72 (NC NC NC), Rebecca 36; LONG, Rily 37 (son in law), Mill S. 1 (g son)
82. FAG, Alsop 39, Margaret 29 (wife), Nancy J. 11, Anderson 7, Alice 3
83. MILLSAPS, James 50, Sarah 39 (wife), William L. 11, Martha R. 8, Sarah L. 3
84. McGINLY, William C. 24, Margaret 25, Mary J. 5, Jesse M. 3, S. Catherine 2/12 (b. Mar)
85. EVERETT, Mary M. 50 (widow) (T NC __), Hetty M. 26, Margaret J. 22, James D. 21, William L. 18
86. MILLSAPS, Walace 35, Mary C. 28, William 9, Jane 6, Mary 3, John 9/12 (b. Aug)
87. GAMBLE, John 67 (T KY VA), Elizabeth 56 (wife), James 23, John 21, Andrew 18; RAINS, P. John 20 (servant)

Page 11, District 14

88. GAMBLE, Alaxander 25, Mary B. 24, John A. 2, George C. 1
89. GAMBLE, John E. 52, Malvina 52 (T VA VA), Joh(n) E. 14, Samuel J. 12
90. HADENS, Alexander (B) 39, Fanny 39, Marcus 18, John 8, Hetty 16
91. COLTER, John 51, Ann 50 (T T VA), Andrew A. 25, Nancy E. 17, Sarila J. 14, Sarah F. 10, Mary L. 6
92. MILLER, John 65 (paster) (T VA VA), Susen E. 52 (wife) (KY KY KY), Joseph L. 30 (MO T VA), John A. 27 (MO T VA), Edwin T. 24 (MO T VA), Ella D. 17 (MO T VA); RORAX, Mary (Mu) 24 (servant); COFFIN, King (B) 20 (servant) (T VA T)
93. HENRY, William 47, Catherine 47, Samuel 22, Sarah 18, Josias 14, Hugh 12, Mary 9, William 4
94. HENRY, James 25, Susanna 19, Benjamin 8/12 (b. Sep)
95. EVERETT, William T. 23 (T IN __), Elizabeth A. 20, Susannah 6, James L. 4, Hetty J. 3, Amandy 2/12 (b. Mar)
96. HATCHER, Jessee 34 (T __ __), Salena 33 (T NC T), Nancy 9, Lila J. 6, John 2, Branson 1/12 (b. May)

Page 12, District 14

97. HARVESTEN, Barton 28, Ellen 24 (T IN T)
98. HARVESON, William 57 (T __ __), Elizabeth 64 (wife) (NC NC NC)
99. FALK?, Sarah 45 (married) (IN OH OH), Mary 14 (IN IN IN), Lila 12 (IN), Cora B. 8 (IN), Edwin 6 (IN), Myrtle 3 (IN)
100. GAMBLE, Hugh H. 24, Math J. 25 (wife) (SC SC SC); REED, Mack 33 (bro in law) (SC SC SC)

BLOUNT COUNTY (92)

Page 12, District 14 (cont'd)

101. JACKSON, Washington 55 (T __ __), Ludicy 50 (T __ __), Claracy 14, Hetty L. 13
102. LOW, Jerry 26, Sarah 38 (sis), Hester 10 (niece)
103. LOW, John 50 (widower) (T T __), Pleasant 14, Emaline 12, Nancy 9, Rachel T. 7, John 5
104. HIX, Houston 14 (T __ __), Elizabeth 18 (wife)
105. COULTER, Andrew 35, He-ter A. 35, John M. 15, James A. 13, Andrew M. 10, Abraham H. 7, William E. 5, Houston M. 3, Hugh C. 1; REAGAN, Margaret 56 (mother in law); PEDIGO, John 24 (servant)
106. HIX, John 37, Lucy A. 30 (T __ T), William T. 12, James H. 9, Margaret J. 7, Rebecca A. 5, Alice U. 2

Page 13, District 14

107. GAMBLE, Josias 54, Rebecca 49, Hetty 15, Andrew 12, Moses 9, Sophronia 7, Mary A. 4; MORTON, John H. 15 (nephew)
108. GAMBLE, Alexan 24, Margaret 22, Josias E. 11/12; MONGOMERY, Will (B) 15 (servant)
109. LOW, James A. 33, Hetty 35, Nancy A. 13, John A. 10, Elija 6, James L. 3
110. WATERS, Moses 22, Elizabeth 20; HADEN, Marcus (B) 18 (servant)
111. WILLIAMS, William 30, Sarah 28, Rachel 8, Catherine 5
112. WILLIAMS, James 59, Rachel 55, Moses E. 25, Rachel T. 19, Eliz. J. 14, James M. 12, John A. 12
113. SEATON, Alfred 55 (T T __), Mary J. 44 (wife), Pinkny 17, John C. 14, Wesly P. M. 9, Houston 6
114. SEATON, Melvin 32, Mariah 22 (wife), Mary E. 3, Margaret J. 3
115. SMART, Millard 26 (NC NC NC), Manerva 20

Page 14, District 14

116. GAMBLE, Angeline 43 (widow), Alexander 19, Elizabeth L. 16, Hetty 65 (sis in law); CRESWELL, Nancy 25 (cousin); REEDER, George (B) 24 (servant), Andrew 21 (servant)
117. DAVIS, James 62, Tennessee 47 (wife), Rachel J. 10, Ellen 8; CURTIS, Henry F. 55 (boarder) (teacher); KELLER, John 20 (servant); NICHOLS, Calvin 18 (servant)
118. DAVIS, Jasper (B) 64 (married), Samuel 24, Elizabeth 21, Jane 18
119. DAVIS, Andrew 25, Mary 21, Sarah J. 2, John 1
120. CAVEN, James 77 (T SC SC), Elizabeth 78 (NC NC NC); EVERETT, Newton 40 (son in law), David 8 (servant), William 16 (son), Nancy 16 (servant)
121. SNIDER, George 74, Susanna 65; McCAMPBELL, Jam (m) 23 (servant); EMETT, Hetty 28 (servant); RUSSEL, Rily 11 (nephew)
122. SEATON, Granvill 33, Martha 29, Ida J. 6, Mary J. 4, Amos A. 1; MARTIN, Mildred 20 (servant); HUNTER, William 17 (servant)
123. SING, William 24, Ellen 20, Alfred 1; SEATON, Mary 75 (aunt)
124. TOM, Jim 47 (Indian) (makes baskets) (NC NC NC), Jimmy 33 (wife?) (NC NC NC), Bob 4, Anna 5/12 (b. Dec), Rebecca 7/12 (b. Oct), Eliz 30 (relationship omitted) (T NC NC)

Page 15, District 14

125. HILL, William 35, Matilda 33 (GA T T), Charles 13, Lurena 11, Julia 6, Green 4, Anderson 3
126. McNAB, William 51 (miller), Susan R. 48, Charles T. 22, William H. 20, Alice E. 18, Robert E. 16, Jennie M. 10, Margaret 8, Harry A. 5

Page 15, District 14 (continued)

127. DUNLAP, Adam 33, Mary J. 27, William 12, Hannah 9, Eliza A. 6, James R. 3
128. SUMMY, William 32, Laura M. 29, Mar(g)aret L. 10, William J. 4
129. WALKER, William 25, Nancy 21, Catherine 2, Mary 4/12 (b. Feb)
130. WATERS, James 51 (T NC T), Mary 53, Mary E. 17, Rachel M. 16, Sarah A. 14, James M. 11, GAMBLE, Jane 79 (mother in law)
131. SHERRELL, James 46 (physician), Caroline 34, James H. 17, Martha J. 15, Samuel W. 10, Mary T. 11/12 (b. Jul)
132. HENRY, Alexander (Mu) 50, Milla A. 45, Robert H. 18, Alexandre 17, James 16, Elizabeth 16, Rachel 13, Milla 9, George W. 8, Margaret 5, GOLDEN, William (B) 23 (son in law) (teacher) (crippled), Eliza A. (Mu) 22 (dau), Nelly 6 (g dau), Ulyssus 3 (g son), Grace 1 (g dau)

Page 16, District 14

133. HENRY, Rosanna (Mu) 20 (widow), Mary 5/12 (b. Jan)
134. MONROE, Margaret (Mu) 30 (widow), Alice 4, Robert 10, Charles 6, CUNNINGHAM, Eliz (B) 40 (aunt), William 11 (nephew), WEB, John (W) 17 (servant)
135. HEDRICK, John 59, Nancy 39 (wife), Horace 12 (crippled), Perry E. 10, Sarah C. 8, Martha J. 5, Orzalia 3
136. HATCHER, Richard 45, Ludisa 44
137. CLARK, Benjamin 83 (widower) (NC VA VA)
138. CLARK, Thomas 40, Margaret 31, John T. 11, William 9, Mary C. 7, James H. 6, Benjamin 4, Mary L. 44 (sis), Benjamin 14 (bro)
139. WRIGHT, William 42, Sarah 28 (wife)
140. CROUSON, Michael (Mu) 54, Narcissus 54, Martha 15, Sarah 12

Page 17, District 14

141. GARNER, Zilpha (Mu) 68 (widow) (T T VA), HOLLENS, John 28 (son in law) (NC T T), Mary 21 (dau), Zilpha 7 (g son), Allen 5 (g son), Andrew 2 (g son), George 10 (g son)
142. HOLLENS, Merida (Mu) 30, Elizabeth 30 (wife), Martha 14, Allen 12, William 5, Nelly 4, Lilly 2, Baby 1/12 (b. May), Priscilla 7 (niece)
143. GODDARD, William 67, Margaret 61 (T VA VA), William 35, Sarah M. 32, Oliver K. 12 (g son), Albert O. 11 (g son), Ida 9 (g dau), Jessie 6 (g dau), Sophia 4 (g dau), Mary 3 (g dau)
144. HAFLEY, Andrew 41 (___ ___ ___), Eufasia 38, George 7, Horace 3, Estal 1 (dau)
145. WHITEN, Albert (B) 55 (T VA VA), Darthula 48 (VA VA VA)
146. WHITEN, David (Mu) 26 (VA VA VA), Mollie 24 (T VA SC), Hatta 8, Lucy 6, Albert 3, Henry 2
147. McCAMY, James 35, Martha 40 (sis), UNDERWOOD, James 10 (servant)
148. McCAMY, Joseph (B) 48 (T VA VA), Martha 50 (VA VA VA), RING, Roda 25 (washing) (relationship omitted), Jane 6, Lizza 1

Page 18, District 14

149. DAVIE, John (B) 50 (T ___ ___), Dolly (Mu) 45, James 13, George 9, Zilpha 6, Lucindy 5, Ann 2, HINES, Alexander (B) 21 (son in law), Margaret 18 (dau)
150. McCAMY, Elizabeth 32
151. MONGOMERY, Violet (B) 50 (widow), Daniel 22 (crippled), William 14, Amelia 12, Richard 10
152. NEWMON, Jacob 62 (T T VA), Elisabeth 67 (VA VA VA), FRENCH, James 21 (son in law), Ellen 23 (dau), William 7/12 (b. Nov) (son)
153. SEATON, James B. 48 (minister), Sarah M. 51 (T VA T), MOOR, Anna 8 (servant)
154. GREGORY, Samuel (Mu) 45 (GA ___ ___), Susan (B) 44 (VA VA VA), Margaret (Mu) 14 (T VA VA), Judy (B) 10 (T VA VA)
155. CARL, Jacob 54 (NC NC NC), Margaret 36 (wife), Brownlow 17, Samuel 13, Rebecca 9, Nancy 5, Eliza 3, Margaret 1/12 (b. May), Vina 42 (sis)

BLOUNT COUNTY (94)

Page 18, District 14 (continued)

156. DUNLAP, James C. 53, Rusea 51 (wife), James 19, Hainy F. 17 (son), Hirum 14, Martha 12, William 10, John 6
157. KEEBLE, Jane 58 (T VA VA)
158. HENRY, Willy (B) 70 (T T __), Daniel 25 (son), Ann 17 (g dau)

Page 19, District 14

159. DAVIS, Jane 60 (widow) (T T __), Rody 30, Arnold 23, Jasper 20, Ida L. 9/12 (b. Sep) (g dau)
160. MURPHY, John 28, Margy 35 (wife), Hester A. 7, Michael 5, Andrew J. 3, Joseph P. 1, James T. 2/12 (b. Apr)
161. CHANDLER, William H. (B) 26 (T T MD), Sufrasia 20, Eliza J. 1
162. MURPHY, John 60, Clerisa 61 (fever) (T Ire SC), James 20
163. WHITEHEAD, Jacob 53 (Switz Switz Switz), Mary Jane 44, Samuel 13 (T T T), John 4 (T T T)
164. TARWATER, Elizabeth 49 (widow) (T VA T), July L. 24
165. BROWDER, Oliver 68
166. ALLEN, Emely 34 (NC NC NC), Mary A. 31 (sis) (NC NC NC), Nancy 16 (sis) (NC NC NC), William 1 (son) (T NC NC)
167. DAVIS, Jasper (B) 54 (widower) (T __ __), Samuel 29, Jane 23, Malissia 20, Malinda 2 (g dau)
168. CHANDLER, Caleb (B) 70, Eliza 59 (wife) (MD MD MD), Caroline 20, Elizabeth 19, Joseph 16, James 10, Hiburny 8 (dau), Liddy 76 (sis)
169. PORTER, Abraham (B) 34, Rachel 38, John 9, Lidda 6, Margaret 3

Page 20, District 14

170. FRASIER, George (B) 44 (GA GA GA), Nancy J. (Mu) 46, Pleasant 9, Elonzo L. 7, Anna J. 5, George L. 2
171. DEAN, Jane 45 (widow) (GA __ __), Richard 15 (GA SC GA)
172. MATTOX, William (B) 36 (T __ __), Jane 35 (T __ __), Elizabeth 14, Sarah 12, Rebecca 9, Laura 7
173. (Name of household head obliterated and surname missing). Caroline 35, Louis 15, Eliza J. 12, Cinthia 10, Sarah 9, Joseph 6, James 3
174. TAYLOR, John J. 45 (widower), Mary C. 17, James H. 14, Playbo 7 (son)
175. LATHUM, Isabella 27, Jane 9 (dau), Elizabeth 5 (dau), Nancy 3 (dau), Eliza V. 5/12 (b. Jan)
176. MAZE, Wilson 62, Mary 66, Houstin 23, Fanny J. 17 (dau in law), Rachel A. 10/12 (b. Jul) (g dau)
177. DUNLAP, John 36, Sarah J. 27 (T VA T), Samuel 10, Rachel J. 8, Mary A. 6, Rebecca 4, Rebecca 38 (sis)
178. STEPHENS, Samuel 30, Anna 28, David 28 (bro)

Page 21, District 14

179. MAZE, John 48, Emaline 48, David W. 18, Harriet M. 14, Robert 12, Eliza 9, Margaret 7, Adaline 5, Florence 3, Eliot 1
180. HENRY, Pleasant 42 (minister), Margaret E. 37, George W. 15, Nancy A. 13, Hugh J. 9, Mary B. 5, Margaret A. 8/12 (b. Oct)
181. HENRY, Samuel 41, Julia 38, James 20, Hugh 18, Mary 12, Nancy 6
182. COULTER, James 48 (minister), Margaret 46, Elizabeth 22, Jane 17, James 11, infant 22/30 (g son)
183. COULTER, William 25, Mary 25, Ethel 4, Della 4/12 (b. Feb)
184. HEDRICK, James H. 32, Elizabeth R. 32, Mary 14, John 12, Margaret 10, Jane 9, William 7, Edward 5, Dolly 4, Omega 1 (dau)

BLOUNT COUNTY (95)

Page 21, District 14 (continued)

185. KID, Leander 32 (T T NC), Elizabeth 32, Charles 11, McMella 8 (son), Adda L. Margaret D. 1

Page 22, District 14

186. WILL, Davis G. 57 (T SC SC), Emely C. 58
187. COWAN, Margaret 53 (widow)
188. COWAN, Houston 35, Nancy E. 31, Robert F. 9, William T. 8, Georgie (f) 5, Florida 2
189. HILL, Robert 27, Adaline 30 (T T NC), James F. 13, Martha 9, Margaret C. 6, William 5, Jacob 3, Marion 1/12 (b. Apr) (m)
190. COULTER, William 26, Mary A. 33 (wife)
191. FARMER, James 39, Ruina 35 (wife) (T T NC), John 13, James P. 12, William E. 9, Martha C. 7, Joseph H. 4, George N. 3, Rebecca C. 1, Andrew J. 3/12 (b. Feb)
192. FARMER, Solomon 74, Rebecca 70 (T VA VA)
193. DUNLAP, Jefferson 30 (T T SC), Nancy 26, RAINS, George 13 (servant) (T GA T)
194. DUNLAP, Matilda 50 (SC SC SC), Nancy A. 22 (dau) (T SC SC), Rily A. 20 (son) (T SC SC)
195. DUNLAP, William 25 (T T SC), Margaret 24, Mary H. 3, Thomas 1
196. PEERY, Thomas 35 (T VA VA), Martha J. 25 (T NC NC), Mary J. 11, William W. 3, George F. 2, Andrew 1 (b. May), MEDLEN, Thomas F. 20 (bro in law) (T NC NC)

Page 23, District 14

197. KEEBLE, Richard 29, Ellen 22, William 2
198. MAIZE, William 25, Hester 23 (T VA T), Samuel 1, Nellie 1/12 (b. May)
199. NORTON, John 62, Nancy W. 56, Nathaniel 22, John 21
200. GARNER, Mansel 22, Eliza J. 22, Martha J. 6, Joseph 5, Nancy 2, Blazeler 1 (dau)
201. HODGE, Rachel 44 (widow), Luceny 11, Anna 6, Margaret 1, REDOFERD, Sarah 23 (dau)
202. DAVIS, William M. 42, Hanna 42 (T VA VA), James E. 14, Rachel 13, Jane 11, Nina 8, George F. 2
203. CLANNAHAN, John 27, Jane 30, William A. 7, Mary 5, James 2, John A. 2
204. CLAMPET, Henry 80 (widower) (NC DE NC), Sarah 44 (T DE NC), Margaret 33 (T DE NC), Acenith 21 (g dau), Elizabeth 18 (g dau), Mary 14 (g dau), Margaret 8 (g dau)
205. STALLION, Stansfield 47, Msrtha 26 (wife), Marion E. 13, Sherman 11, Joseph 8, Lona F. 5, Silvester 4 (dau), Cora 4/12 (b. Feb)

Page 24, District 14

206. GOODEN, James 33, Sarah 34 (GA NC NC), John 2
207. LATHUM, Joseph 53 (T NC NC), Minerva 54, Eliza 22, Andrew 16, Sarah 13, DANIELS, Andrew 4 (servant), LATHUM, John 1 (g son)
208. RAINS, William M. 41 (widower), William 18, Mary C. 16, Martha A. 13, George W. 11, James F. 10, Thomas A. 7, Margaret J. 5
209. DAVIS, Mary C. 41 (widow), Susanna 18, William H. 13, Mary E. 11, Margaret H. 9, Eliza C. 1
210. UMPHERS, Joseph 27 (GA NC NC), Mary A. 31 (T NC T), George 8 (T T T), Sarah J. 6 (T T T), John 4 (T T T), Jacob 2 (T T T), John 67 (father) (NC NC NC)
211. CARL, William P. 21, Adaline 21 (VA T VA), Mary E. 12/30 (b. May), Elizabeth 23 (sis), Martha 7 (niece), William 4 (nephew), Newton 10/12 (b. Jul) (nephew)
212. DONALSON, James 55, Susan 37 (wife), Driden D. 15, Rachel 12, Nancy E. 7, James H. 5

BLOUNT COUNTY (96)

Page 24, District 14 (continued)

213. WILLIAMS, Houston 56, Margaret 58
214. CORNET, Mary 62 (widow) (NC NC NC), Mary 25 (NC NC NC)

Page 25, District 14

215. KEEBLE, Richard 31, Elizabeth 33, Mary 5, Rebecca 3, Bruce 1
216. DAVIS, James A. 42, Mary 38, Rebecca 21, Sarah 19, Mary J. 17, John 13, Houston 11, George 9, Elizabeth 7, Hariet 4, Otha 2 (son), Adria 4/12 (b. Jan)
217. FARMER, William 47, Mary E. 25 (wife), Houston 7, John 5, Ida 3, Joseph 10/12 (b. Aug), KEEBLE, John A. 26 (relationship omitted), Nancy 45 (mother)
208. FARMER, Eli 38, Eliza J. 35, Robert M. 11, Joseph 9, Nancy J. 6, Margaret 4, Mary C. 6/12 (b. Dec)
209. CARL, William 30, Sarah 30
210. HENRY, Samuel 53, Mary C. 57, Joseph G. 24, James R. 17
211. SWAGERTY, William 28, Sarah 27 (T T NC), John 6, William 4, Wiet 2 (son), Alice 4/12, Mary 52 (mother) (T NC T)

Page 26, District 14

212. CALDWELL, Moses 40, Ann 38, Carson 13, Perdilla 11, Mary A. 7, Martha 5, Samuel 2, JOHNSON, George 40 (bro in law) (miller), Susan 38 (sis), James 13 (nephew), John L. 12 (nephew), Sarah 9 (niece), George H. 1 (nephew)
213. WALKER, Vance 78 (widower) (T __ __), CARL, Sarah 25 (servant) (widow), Rebecca 7 (servant), Ann 5, Joseph 9/12 (b. Sep)
214. WALKER, Pleasant 40, Mary 47 (wife), Vance 13, Catherine 7, Sarah A. 3
215. GAMBLE, Joseph 47, Sarah 51, Jane 21, Sarah 18, Moses 16, Rachel 12, James 9, Mary 7
216. NELSON, Daniel 27, Ellen 22
217. BLACK, Henry (B) 25, Elizabeth (Mu), 22, Mary 10, William 6, Jane 3, Martha 1
218. MORTON, John 57 (minister) (T IN SC), Mary 40 (wife), Andrew 12, Sophia 9, Parks 7, Nora 2, PERKINS, Robert 14 (servant)
219. GODDARD, Saml. 26 (IL T T), Isabella 21, Magnolia 1

Page 1, District 15

1. KELLEY, James 62 (NC VA VA), Emaline 54 (SC VA VA), George 18 (GA)
2. LAMBERT, Sarah A. 53 (widow) (T __ SC), FERGUSON, William 32 (son in law) (T SC T), Joseph R. 12 (son), Mary A. 9, Tempy J. 7, Nancy L. 5, William A. 1
3. TIPTON, J. W. H. 51, Ann C. 50 (wife), Mary C. 24, Sousan E. 21, William B. 16, Joseph (crossed out on schedule) 13 (dau), Geo. H. 11, J. W. H. 9 (son), Thermusis 5 (dau)
4. CAUGHRON, Web 35, Nancy C. 31, Ruthy 9, Robert 7, Mary A. 2, Marthy L. 2
5. HICKS, H. T. 24 (T T __), Marthy J. 22 (T __ AL)
6. LANE, Daniel 28 (married within yr) (T __ __), Lily A. 21
7. LANE, William H. 25, Leany 24, Mary 55 (mother) (AL __ __), Hannah 30 (sis) (T AL __), Mandy 23 (sis) (T AL __), Lisia J. 16 (niece), Marthy 9 (niece), John W. 3 (son)
8. COOPER, W. C. 48 (T VA NC), Margret C. 48 (T __ NC), William T. 20, Sarah L. 18, Mary C. 15, Lily J. 13
9. ALLEN, Reuben B. 85 (teacher retired) (VA VA VA), Mary 64 (wife) (NC KY VA)
10. FERGUESON, Mary 58 (widow), (T T NC), Tempy C. 20 (T NC T), Derotha C. 13 (T NC T)
11. COOPER, James A. 23, Mary J. 22 (married within yr) (T NC T)

Page 2, District 15

12. CAUGHRON, John 31, A. A. 29 (wife), J. W. H. 17 (m) (servant), S. W. H. 8 (son), M. E. 6 (dau), C. R. 2 (son)
13. McBRIANT, John 31 (miller), Mandy E. 18 (wife) (GA GA GA), William R. 1
14. SNIDER, Robert W. 31 (wool carder), Patsy J. 31, Will M. 10, G. W. H. 9 (son), Mary A. 7, John H. 3, Lily Marvian 1
15. McHUNT, Jackson 51 (waggon maker) (NC NC NC), Rosanah 32 (wife) (GA NC NC)
16. EMMET, Daniel H. 66 (T T VA), May 64, F. S. 30 (son) (dry goods merch), LOW, William 18 (servant)
17. DUNN, L. T. 51 (miller) (T __ VA), Sarah J. 51 (wife), M. A. 22 (dau)
18. WESTER, R. L. 34, A. E. 25 (wife), Lova I. 5, Hattie C. 2
19. DUNN, Levi W. 28, Lenuna V. 19 (wife), Ellen R. 5, Andrew D. 4, William P. 2, Robert O. 9/12 (b. Jul)
20. DAVIS, Lewis 62 (T __ T), Rebecky 62 (T __ SC), Lewisy 38 (dau), Marthy A. 33, Mehaly 28, Malinda 25, William H. 24, Lucinda J. 15 (dau in law), John 20 (son), Albert H. 5 (g son)
21. McCAMPBELL, R. A. 24, Matilda 24, Sarah J. 3, William 14 (servant)

Page 3, District 15

22. SHULER, James 46 (NC NC KY), Modena 33 (wife) (T T NC), Marthy L. 14 (NC NC NC), M. Luanda 14 (NC T NC), Henry 12 (NC NC T), George E. 1 (T T NC)
23. SPENCE, Robert 40 (T VA SC), Marthy C. 21 (wife), William M. 6, Hester J. 4, Robert N. 11/12
24. DORSEY, Andrew J. 61 (NC __ SC), Elisabeth 42 (wife) (T SC SC), Mary E. 11 (T __ SC), Jacob A. 9 (T __ SC), Henry 6 (T __ SC)
25. BRIANT, Robert 80 (NC NC NC), Elisabeth 80 (NC NC NC), Jane 30, Jahue A. 25, Thomas 21, William R. 6 (g son) (KY T NC), George M. 5 (g son) (T T NC)
26. WALKER, Jo L. 39 (T T KY), Ann 38 (T T NC), John 19, William T. 17, Sarah E. 13, Joseph P. 12, James B. 8, Mary L. 6, Ida Ann 3, Jerry T. 11/12 (b. Jul)
27. DUNN, W. H. 31, Deortha C. 28, Mary C. 9, Rachel S. 8, James M. 6, Hester A. 5, Samuel H. 4, William R. 1, George H. 3/12 (b. Feb)
28. STEPHENSON, J. J. 71 (T T SC), Ann B. (wife) 73 (T T VA), W. D. 34 (son)
29. LANE, Geo. W. 34 (T __ AL), Rebecky 33, Daniel 11, Sarah A. 8, Sam H. 6, Leander 16 (nephew), Sarah 60 (mother in law) (T __ T), William 4 (orphant) (T __ T)

Page 4, District 15

30. McCLENAHAN, D. H. 24, Lear 20 (wife) (T NC T), Derotha C. 6 (dau), Sary J. 3, Hester L. 1
31. WOODSBY, L. K. 23 (T __ T), Mary A. 28 (wife) (T T __), David W. 2, Fijonia A. 8/12 (b. Sep)
32. McCAMPBELL, T. M. 22, Catheren 20 (T Ire T), Mary 6/12 (b. Dec)
33. McCAMPBELL, W. S. 56 (T VA T), Nancy K. 51, Jane 20, Samuel H. 18, Andrew 15, Alfa 17 (niece) (NC T T)
34. LAWSON, J. W. 46, Hester T. 32 (wife), Andrew J. 7, James H. 7, William J. 5
35. LAWSON, Mary 74 (widow), T. J. 35 (m), Leah E. 33 (wife), Hester A. 13, Martha J. 11, Daniel A. 8, Mary J. 4, Nancy E. 1
37. McCAMPBELL, J. J. 29, Sousanah 25 (wife), Candie 4, Mary J. 2, Nancy L. 1/12 (b. Apr)
38. FANCHER, C. S. 49, Emilia 51, J. A. 27 (son), Nancy E. 28, William M. 25, Frances J. 18, Mary S. 14, Marthy L. 12
39. LAWSON, M. H. 48, Elisabeth __ 43 (wife), William H. 20, Mary E. 17, James H. 18

BLOUNT COUNTY (98)

Page 5, District 15

41. YOUNG, George 29 (T NC IL), Jane 35 (wife), William H. 10, George 12, Ledora C. 6, Robert C. 3, Charles H. 6/12 (b. Nov)
42. McCAMPBELL, John 47 (T VA T), Lisah J. 41, Elijiah M. 9, John E. 8, Elisabeth D. 6, Marthy F. 4, James D. 2, Mary J. 9/12 (b. Aug)
43. McCAMPBELL, Isaac 55, Mary J. 45 (wife), James H. 22, Sousan E. 21, George W. 20, John M. 19, Mary J. 15, William M. 11, Marthy E. 10, Nancy J. 6, Melvena T. 4, Samuel A. 3
44. EFLER, Charles 37, Judy E. 36, Laty J. 16 (dau), William W. 14, Amos 12, Thomas 10, Samuel 8, David 5, Charles 2
45. MYERS, Elisabeth 64 (widow) (T Ire T), Mary 24, Stephen J. 22, Milly C. 20, Andrew 14 (orphant), Martha L. 3 (g dau)
46. CAMERON, James 68 (T PA T), Malinda 60 (T Ire T), Martha A. 23, James Newton 21
47. EMMERT, John N. 61 (T MD MD), Nancy 55 (T __ KY), Mary A. 30, S. D. 26 (dau), G. M. 21 (son), Geo. W. 12, Philip M. 6 (orphant)

Page 6, District 15

48. EMMERT, Daniel D. 31, Adaline 23, James A. 4, John N. 2, George W. 1
49. RUDD, Jackson 68 (NC __ NC), Margret L. 47 (wife) (T SC SC), Marthy A. 14 (T __ __), Alferd L. 14 (T T T), Dolly E. 12 (T T T), Margret 7 (T T T)
50. JACKSON, Joel 50, Pheba C. 39 (wife), Milly 14, George W. 10, Sarah C. 8, Jackson B. 3
51. FRY, Levi T. 24, Rebecky D. 30 (wife) (NC NC NC), Francis W. 9, Rhody C. 6, Mary E. 4, John A. 2, Sarah S. 9/12 (b. Dec)
52. WALKER, I. K. 32 (m), Rachel 26, Henry H. 8, Mary C. 5, John M. 3, William A. 7/12 (b. Oct)
53. EMMERT, D. W. 28, Sousan C. 24 (clerk in store), Marthy J. 5, William Y. 4
54. MYERS, William 63 (T __ T), Nancy 60 (T NC T), Joseph R. 18, Andrew S. 16
55. OGLE, I. N. 22, Mary A. 21, William W. 8/12 (b. Sep)
56. FRESHOUR, Jacob 45, Elisabeth 42
57. GREEN, Reuben 16 (T NC T), Sousan 19 (wife)

Page 7, District 15

58. FARMER, S. A. 24, Sidney M. 25 (wife), Willerd O. 5, Mary E. 3, Jacob 11/12
58. MITCHELL, Henry T. 76 (VA VA VA) [this individual lumped with #58 above, but no relationship given]
59. McINTERFF, A. C. 24, Rhoda J. 25, Isrel W. 4, Nancy A. 1/12 (b. Aug)
60. SULLIVARIAN, Pat 50 (Ire Ire Ire), Lucinda 48 (T Ire T), Jerry 25, John 22, Mary J. 18, Elisabeth M. 15, Sarah Ellen 12, Margret J. 9, William A. 7, George 6, Marthy L. 1
61. JONSON, Boid 23, Elisabeth 35 (wife), Margret A. 8, Sarah T. 3, James B. 2, Mary E. 2/13 (b. Mar)
62. TIPTON, A. B. 48, Sousan 47, Daniel H. 21, John M. 19, Lisah J. 17, Aberham G. 12, Milly E. 7, Johnathan C. 5
63. WALKER, William M. 42, Nancy L. 40, John F. 19, Elisabeth A. 15, William M. 8
64. COMPTON, Charles L. 21, Mary L. 29 (wife), Rhoda J. 1, Margret C. 26 (sis), Jerry M. 15 (bro)
65. WALKER, Tirze 27, Margret J. 21 (wife), Joseph 16 (bro), Nancy A. 1 (dau)

Page 8, District 15

66. STINNETT, John 23, Mary J. 17, Nancy T. 11/12 (b. Jun)
67. STINNETT, Bengimon 51 (T MD MD), Belle 47 (T T VA), Tipton 21, Manon 21 (son), William 17, Ratio 12 (son), Mary C. 9, Joseph 7

Page 8, District 15 (cont'd)

68. MYERS, John 37, Elisabeth M. 32 (NC NC T), Mary A. 17, Elisabeth J. 15, Noah M. 12, Bady 3/12 (b. Mar)
69. MYERS, Thomas K. 27, Malinda 23 (T NC T), James A. 4, Nancy A. 2, Matilda N. 7/12 (b. Oct)
70. MYERS, D. H. 32, Elisabeth A. 27 (wife), William A. 10, Mary F. 9 (son), George W. 7, John H. 5, Martha C. 3
71. STILLWELL, J. C. 50 (miller) (NC NC NC), Sarah J. 39 (wife) (NC NC NC), Hanah L. 25 (NC NC NC), Lorah E. 12 (NC), John H. 10 (NC), Jessee E. 7/12 (b. Oct) (T), Marthy 3 (g dau) (T T NC)
72. CAIRL, A. J. 19 (T GA T), Lisor J. 21 (wife) (NC GA T), Tempy E. 3, John T. 1
73. LAW, John 31 (T NC T), Charlott 30, Rhoda E. 10, Samuel R. 7, Marthy J. 5, Mary C. 2, Rhoda A. 47 (mother)
74. RATHBONE, W. C. 50 (NC NC NC), Adaline 38 (wife) (NC NC NC), Mandy E. 16 (NC), John H. 14 (NC), Rebecky E. 10 (T), William D. 8

Page 9, District 15

75. BRICKEY, J. B. J. 35, Marthy 29 (wife), Nancy T. 11, William A. 10, Ann E. 8, George W. 5, John B. J. 4, Daniel L. 1
76. EMMERT, Philip K. 64 (house carpenter), Lisia J. 54 (wife), Mary J. 25, Gidien M. 24, Philip A. 19, Gilbert R. 16
77. HEDRICK, James M. 32, Lidy M. 33, John 6, Daniel 5, Philip A. 4/12 (b. Jan)
78. WALKER, T. W. 50 (T T VA), Elizabeth 38 (wife), Marthy E. 23, Mary 20, Huston 16, Daniel 12, Lyddy 10, Sidney 6 (dau)
79. BURNS, Richard W. 53, Carline 38 (wife), James 21, Marthy A. 19, Nancy A. 14, Luisia 12, Elisabeth 8, Ellen 4; SMITH, Alexander 20 (servant?)
80. FRY, A. B. 21, Jane 20, George H. 6/12 (b. Dec)
81. WEBB, M. A. 30 (T __ __), Mary J. 26, Liddy 9, West 7, William 1
82. BURNS, J. A. 26, Sousan 24, Alexander 5, Waid H. 11/12

Page 10, District 15

83. BURNS, A. B. 22, Marthy J. 26 (wife), Mary L. 4, Liddy A. 1 (dau)
84. MYERS, John 38 (dry goods merchant), Margrett 38, Mary C. 17, William B. 15, James W. 13, Sousan J. 12, Rhody A. 10, Sidney Ann 8, Rachel U. 6, Matty W. 1, John A. 1, Margret A. 1, Isaac D. 22 (boarder) (cabonett maker) (NC NC NC)
85. JENKINS, Jones 53 (NC NC SC), Sousan 47, Mary __ 20, Marthy J. 19 (NC), Levi J. 16 (T), Sousan M. 9, Howard James 20 (boarder) (T T NC)
86. DUNN, G. P. 32 (miller), Marthy R. 33, Mary E. 11
87. HANNER, Levi T. 19 (NC NC NC), Sarh L. 21, Mary E. 3, Texanah 1
88. BRICKY, William 44, Sousan 39, Francis M. 18, John H. 13, George W. 11, Marthy S. 10, William P. 9, Wiley J. 5, Nancy M. J. 1, Winney (B) 110 (servant) (VA VA VA)
89. ADAMS, Levi 32 (T T NC), Sidney 23, Jiles P. 10, William L. 8, Nancy A. 6, Jonas D. C. 3, Raby 1/12 (b. May) (son), Daniel E. 19 (bro) (NC T T)

Page 11, District 15

90. MITCHEL, Nancy E. 50 (NC __ NC)
91. HENRY, Thomas 54, Mary J. 57, William H. 32 (deformd), Levi G. B. 30, Edward W. 27, Tempy J. 24, Liddy L. 17, Samuel A. 14, William 1 (g son), William P. 4/12 (g son)
93. McFALL, Arther 27, Matildy D. 24, James B. 3, Norah M. 1
94. ABBOTT, John 20, Mary J. 15

BLOUNT COUNTY (100)

Page 11, District 15 (cont'd)

95. LEMING, G. W. 63 (NC NC NC), Elisabeth 33 (wife), Elisabeth A. 10, James J. 8, William I. 5, Mariah C. 2/12 (b. Mar)
96. WALKER, J. C. 61 (T T VA), Mary A. 58, Elisabeth 49, Anny H. 36, Marthy M. 14, James S. 8 (g son), Sousan C. 12 (g dau)
97. WALKER, Peter 27, Teranah 20 (wife)
98. SMITH, James 51, Nancy J. 49, Christena 21, Leonah 17, Elisabeth 15, Nancy Ann 14, Nelly 12, Marthy 9, Mary 6, John 4, George 2, Isabel 2/12 (b. Mar) (g dau)
99. WALKER, William 28, Marthy A. 30, Pleasant A. W. (crossed out on schedule) 6, Omah S. 4 (dau), Mary E. 2, Lucinda 4/12 (b. Jan), Sousan 44 (mother) (red rider--liver disease), Henry Huston 20 (bro) (GA), Catherine 13 (Sis) (T)

Page 12, District 15

100. FRY, Thomas 29 (T __ T), Mary 27 (NC NC NC), William 10, Elly 8, Texanah 5, Adaline 1
101. CAYLOR, John 33, Nancy 34 (T T SC), Mary J. 10, Eli H. 8, Ellen R. A. 3, KERLEY, W. M. (m) 19 (servant?) (NC NC NC)
102. MYERS, Nathan 36, Josephine 26 (wife) (T T NC), William H. 1, James M. 17 (servant?)
103. SATTS?, A. J. 19, M. C. 19 (wife) (NC NC NC), Purnity 60 (mother)
104. HODGE, Robert 44 (NC NC NC), Farbin 44 (wife) (NC NC NC), John A. 20 (NC), James K. 16 (NC), David A. 8 (T), Franklin 12 (bro) (T NC T)
105. CAYLOR, George 45, Elisabeth 47, William B. 15, Sousan C. 13, Daniel J. 8, George T. 4
106. CAYLOR, Daniel 30, Nancy L. 24, George W. 7, Liddy C. 5 (dau), Andrew J. 3, Eli A. 1
107. BIRD, Lousidney A. 42 (married) (AL T NC), Jacob W. 17 (TX T AL), Electa A. 12 (dau) (TX T AL), James W. T. 2 (T T AL)
108. CAYLOR, Eli 71 (T __ ___), Sousan 68 (T __ T)
109. CAYLOR, Eli R. 25, Emilie E. 23, Charles R. 5, Daniel Lee 4, Sousan L. 1/12 (b. May)

Page 13, District 15

110. BIRD, Daniel L. 31, Marthy A. 28, Lorah Ann 11, William B. 7, Millia J. 5, Udory W. 3, Reuben B. 1; HAUN, Henry 17 (boarder)
111. BIRD, W. B. 69, Sousan 66 (wife), Sary J. 44, Mary 40, Rachel 30
112. BIRD, Warren T. 24, Sarah 18, Mary A. 3/12 (b. Feb)
113. CAMERON, Marion 52, Jane 44 (wife), William A. 22, John B. 20, Betsy A. 16, Ruthy C. 15, Mary L. 10, Sarah S. 8, Francis M. 6, Nancy A. 4
114. DUNN, Levi 66, Betty 66; BIRD, James 22 (boarder), Levi P. 19 (g son) (rumatic pains), Nancy J. 17 (g dau)
115. ABBOTT, P. A. W. 26, Nancy A. 22 (wife), Levi T. 5, Betty L. 3, Sousan M. 2, William E. 1; TRIMPBELL, Margrett 40 (boarder)
116. DOWELL, Margrett 34 (T T NC), Daniel M. 11 (son), Washington 9 (son), Liddy C. 6 (dau), Sidney C. 3 (dau), Levi Spencer 2/12 (b. Mar) (son)
117. DUNN, Daniel 39, Elisabeth J. 47 (wife) (T T NC), Susan M. 14, Betty A. 12, William P. 8, Thomas R. 6, Mary C. 3, Daniel Orlando 2/12 (b. Mar)

Page 14, District 15

118. WALKER, Sarah 49 (widow), Joseph H. 17
119. EMMERT, F. L. 27, Sousan 20 (wife)

Page 14, District 15 (cont'd)

120. HEDRICK, Daniel 64, Margret A. 43 (wife), Patsy J. 26, Labitha 19, Hetter 11 (dau), Daniel 11, Dithuly 8 (dau), Manurvy B. 4, Nancy M. 11/12 (b. Jun)
121. FRESHOUR, T. J. 43, Catherine 37, Sousan A. 14; SHOULER, A. J. 17 (m) (boarder) (NC NC NC)
122. FRESHOUR, George 74 (T PA MD), Ailcy 73
123. DAVIS, Samuel 27, Margret A. 25, Rachel S. 6, George 5, Sarah E. 2, James 9/12 (b. Aug), Mary C. 26
124. LANE, James 39, Aann 30 (wife), Elisabeth 49 (boarder), Nancy K. 14 (dau), Sarah E. 13 (dau), William 12 (son), Johnathan 10 (son), James 5 (son), Bartlett 3 (son)
125. FRY, A. T. 25, Ann 24, I. L. 30 (sis), Robert 4 (son), William C. 2 (son)
126. EMMERT, L. J. 39 (widow); DUNN, P. C. 38 (sis); EMMERT, William T. 18 (son), Mary J. 16 (dau?), John M. 16 (nephew)
127. DAVIS, Philip 45, Elisabeth 35 (wife), Sarah C. 7, Clasance O. 6 (dau), Daniel 3, Louisa Jane 1

Page 15, District 15

128. SCOT, Joseph E. 43, Elisabeth 39, Rhoda L. 19, Sidney A. 17, Sarah __ 14, William H. 10, Sherman 2, Dory A. 3 (g dau), infant 1/12 (b. Apr) (g dau)
129. WEBB, Merry 58, Elisabeth A. 54, Henry A. 19, Mary C. 17, Nancy M. 16, Linch D. 13, Daniel M. 12, James T. 9
130. WEBB, Bengimon 36, Margret L. 38 (NC NC NC), Nancy E. 12, Sary Jane 10, Linch W. 8
131. WEBB, D. C. 35, Rhoda 34, Mury A. 11 (son), Sousan V. 10, James T. 7, Elisabeth A. 5, Jacob W. T. 3, John H. K. 7/12 (b. Oct)
132. CAYLOR, William 44, Rhody J. 37, Betty C. 16, Eli S. 13, Levi J. 12, Sousy J. 10, Sidney T. 8 (dau), Sarah J. 6, Marthy A. 3, Mary O. L. 1
133. KING, G. A. 42 (T __ __), Nancy J. 38, Anny R. 17, Marthy J. 13, George A. 11, Mary A. 8; CAYLER, Anny 64 (mother in law)

Page 16, District 15

134. TIPTON, Adaline 35, William 18 (son)
135. SMITH, W. P. 24, Sousan L. 16 (wife)
136. HICKS, Aberham 66, Rachel 49 (wife) (T T NC), Andrew 17, Tennessee 15, Sousanah 12, Mashack 11
137. MYERS, Jane 37, Robert 16 (son), William 1 (son)
138. GREEN, Olly 28 (NC NC NC), Margret B. F. 10 (dau) (NC T NC)
139. RIDINGS, Thomas 22, Mary 19 (GA NC SC)
140. LANE, Aberham 71 (T NC NC), Delily 51? (wife), Dock M. 22

Page 17, District 18

141. CAUGHRON, S. D. 64 (widower), Comadore 27, Louisy 21, Polinia 17, Hester Ann 13, Nancy A. 11
142. WEBB, Henry 43, Mary 40
143. CHAIMBERS, Rhody 73 (IN T VA)
144. FRESHOUR, W. W. 35 (dept. collector), Lidy L. 32 (T NC IN), Mary E. 13, Marthy J. 11, Sarah C. 9, James P. 6, Rhody 4, Lorah A. 1
145. McGILL, P. B. 24, Mary A. 24 (SC SC SC), Caldona A. 5, John F. 3, William B. 1
146. LANE, Samuel 43, Louisa C. 43, Calvin 18, Dolly A. 12, Bartlett 9, Aberham 6, Samuel H. 1

BLOUNT COUNTY (102)

Page 17, District 18 (cont'd)

147. FARR, R. M. 51 (widow), Margret M. 16, Loueny A. 6/12 (g dau)
148. FLINN, Joseph W. __ 18, Mary Jane 18 (married within yr)
149. EVERETT, Mary A. 44 (widow), James S. 14, Sousanah M. 13, Mehaly S. 10, Henry W. 8, William H. 5
150. WEBB, D. C. 34 (T __ __), Mary M. 35 (T NC T), Henry B. 13, John M. 11, Robert L. 8, Rhody E. 5, Mary E. J. 2/12 (b. Mar)
151. SIEMORE, Thomas 54 (SC SC SC), Milly 44 (SC SC SC), Joseph W. 14 (NC), Mary A. 12 (NC), Milly A. 8 (NC), Marthy E. 7 (NC)

Page 18, District 18

152. DAVIS, Zeb 50 (NC NC NC), Marthy N. 49 (T VA T), Marthy I. 11 (T T T)
153. DAVIS, William 18 (T NC T), Margrett I. 14 (wife)
154. WARD, F. M. 50 (T __ __), Elisabeth 49, Sarah 23, John C. 21, Alexander 20, William 16, David 12, Mary M. 6, James R. 3
155. FARR, D. G. 32, Rebeky A. 25, George A. 10, Mary M. 8, Marthy E. 3
156. OGLE, W. H. 37, Rebecky A. 38 (wife), Pheby C. 18, Samuel H. 14, Aberham 10, Sousanah 8, William J. 4, Rebecky M. 2
156. FLINN, E. B. 21
157. EVERETT, Noah 56 (IN VA T), Rebecky 47, Anderson 15, John 7, Mary J. 6
158. LANE, James P. 19, Louisa J. 28 (wife), Edward L. 3, Louisa 10/12 (b. Jul)
159. HATCHER, Noah 34, Rebecky 34, Elisabeth J. 10, Mary L. 9, James H. 6, John T. 4, Allice F. 2, Robert Alex? 9/12 (b. Oct), Rebecky 78 (mother)
160. WALKER, William 51, Nancy C. 46 (change of life), Catherine C. 27, James T. 25, Nicholas W. 18, Rachel 13, Rebecky M. 11, Mary C. 8, Vance A. 4, Levi C. 2

Page 19, District 18

161. HICKS, Bartlett 29, Cathrine C. 22, Hetty __ 1
162. ABBOTT, John 54 (NC NC NC), Winnefred 50, Nancy J. 14, Annis C. 18 (dau), Catherine 11, Daniel J. 9, James 6
163. OGLE, William 19, Ann 20 (T NC T) (married within yr)
164. BLAIR, A. N. 22, Sibba E. 24 (wife) (T IN T), Allice C. 7/12 (b. Oct)
165. SUMMY?, Peter 67 (NC VA MD), Emaline 54 (NC NC NC)
166. WALKER, Vance 35, Darcus A. 37 (NC NC T), Mary 10, Catherine 8, William T. 6, Hanner J. 3, Lorah 2 (this name crossed out on schedule)
167. WALKER, Thomas 32, Easter E. S. 31, Tildy C. 9, William J. 6, James A. 3, Betty Aann 1
168. WALKER, Samuel 58, Mary 53
169. HATCHER, J. W. 37, Rebecky J. 30 (wife), Samuel 12, Eligiah 10, Reuben 8, Jackson 7, Mary 6, Joseph 4, Rebecky A. 1/12 (b. Apr)

Page 20, District 18

170. BIRD, P. P. 50 (f) (NC __ NC), Biddy A. 20 (dau) (idiotic) (T T NC), Nancy S. 19 (dau) (T T T)
171. GILLESPY, J. H. 81 (physician) (widower) (T __ __), Sam 46 (physician) (T T SC) (son), Nancy A. 37 (wife), Matildy E. 12 (dau), James H. 10 (son), John C. 8 (AL) (son), Marthy E. 7 (dau) (T), Theodore 5 (son), Ann 4 (dau), Lucy A. 2 (dau), Mary G. 4/12 (b. Jan) (dau)
172. FANCHER, James C. 36, Pheby A. 33, Mary J. 13, James H. 12, Aaron J. 11, Nancy S. 10, Frances L. 6, Calip J. 5 (son), Tempy E. 2, Milly 1/12 (b. Apr)
173. PATTY, William 46 (T SC SC), Jane 48 (T NC NC), Nancy 13, William R. 19, Liley 11

Page 20, District 18

174. PATTY, John 24, Mary 22, William J. 2, Isaac N. 5/12 (b. Dec), John W. 6
175. HUSKY, Isaac 56, Delily 54 (NC NC NC), Lewis 22, Stephen 20, Huldy 17
176. BURNS, John W. 28, Mary E. 29 (T T NC)
177. WATERS, J. M. 30 (teacher) (T T __), Sidney L. 29 (wife), William L. 3, infant 1/12 (b. Apr) (m)
178. WATERS, A. J. 35, Sousanah J. 34 (wife), Clarisa E. 16, James C. 10, Mary M. 8, Sousanah C. 4, George H. 2

Page 21, District 18

179. WATERS, W. L. 27, Sarah 25, Loisia C. 5, Tempy A. 3, Nancy A. 2, Joseph L. 4/12 (b. Jan)
180. WATERS, A. F. 61, Tempy E. 54, Thomas J. P. 23, Mary C. 20
181. _____, Elizia 36 (married), Adam B. 13, Palina 11, James A. 9, Aaron C. 7, Sarah E. C. 5, William M. 3
182. WATERS, J. R. 26, Elisabeth 25, Marthy 6, John A. 5, James H. 5, Adam 4, Aaron 3, Jeff 1
183. BURNS, Thomas 22, Mary 28 (wife) (NC NC T), James W. 5, Abbie C. 2, Sary J. 5/12 (b. Dec)
184. JACKSON, T. J. 30, Mary A. 24 (wife), William A. 10 (son), George W. 5, Alferd H. 3, Louisa 1, Rebecky J. 16 (sis in law), Marthy A. 1 (niece)
185. JACKSON, John 48 (GA GA T), Hanna Z. 35, Ann E. C. 16, Isabel C. 13, James M. 10, Mandy L. F. 7, Leany E. 3, Isaac H. 8/12 (b. Sep) (father of first three children boen in T)
186. BURNS, T. A. 56 (T MD T), Sousan 51 (wife), Marthy S. 20, Nancy C. 13, Liddy 9, Henry J. 6

Page 22, District 18

187. McCALLY, William 43, Isabel J. 40, Jane 17, Samuel 13, William 9, Marthy 7, James E. 3, infant 1 (son)
188. DAVIS, James R. 40, Nancy E. 21 (wife), James R. 3; CHANLER, Joseph 15 (servant)
189. MURPHY, Icy F. 51 (f), McCagy R. 17 (son)
190. McGILL, Elisabeth 69 (blind), Thomas 45 (son), Elisabeth A. 25 (g dau)
192. BREWER, Thomas 22, S. E. Jane 33 (wife), Mary E. 6, Margret C. 5, Levi D. 3, Flora E. 1
193. BREWER, W. H. 29, Rebecky W. 25 (wife), Pleasant 8, Mary A. 3, Della E. 1/12 (b. May)
194. BREWER, L. D. 50, Elisabeth 51 (wife), Nicholas J. 25
195. TAYLOR, James 47?, Marthy J. 40, Mary E. J. 24, William A. 21, Mary A. 21
196. WALKER, A. H. 31, Mary M. 28 (wife), Sary R. E. 8, Mary C. 7, Sousanah F. 6, Margret A. 3, John N. 1
197. HEDRICK, W. W. 35, Sarah Ann 27, Catherine J. 6, James R. 4, John D. 2

Page 23, District 18

198. CAUGHRON, Rob. W. 23, Elisabeth J. 24, Malindy M. 6/12 (b. Nov)
199. CAUGHRON, D. G. 27, Lorah 17 (wife), John 4 (son), Samuel 1 (son)
200. BLAIR, John 69 (T MD __), Isabell 68
201. BURNS?, Lawson 18, Marthy 20 (married within yr)
202. EVERETT, George 22, Clemintine 19, Jennettie 9/12 (b. Aug)
203. DAVIS, P. H. 39, Sarah R. 40, Sousanah 10, Bengamon J. 4, Joseph L. 1
204. GLADDEN, James 76 (SC __ __), Mehaly 64 (SC __ __)
205. BURNETT, James 21, Elisabeth 19 (T __ T), James M. 9/12 (b. Aug) (plur)
206. BURNETT, Malind C. 44 (widow) (T SC SC), Marthy J. 15 (NC SC SC)

BLOUNT COUNTY (104)

Page 23, District 18

207. WALKER, A. J. 20, Rachel T. 20 (wife), Frances M. 2 (dau)
208. MARTIN, John L. 32 (mill wright) (NC NC NC), Manda 33 (NC NC NC), Mirey L. 14 (NC), Marthy A. E. 11 (T), Mary A. 7, Aeviasine 5 (dau), John H. 3, James V. 1
209. BURNS, J. W. 30, Nancy P. 33, Aaron F. 9, JOhn G. 6, William F. 4, Richard G. 1
210. KEEBLE, Richard 68 (widower) (T VA VA), Marion 39, Marthy J. 36 (wife), Elisabeth J. 13 (dau), Richard P. 11 (son), John E. 10 (son), Margret C. 9 (dau), Edward G. 8 (son), Matilda C. 6 (dau), Mary L. 4 (dau), Marion P. 1 (dau)
211. FRY, A. M. 47 (T SC SC), Rebecky L. 35 (wife), Hugh W. 16, Elisabeth 84 (mother)
212. SUTTLEMYRE, DAvis 56 (NC NC NC), Catherine 39 (wife) (NC NC NC), Allice 6 (NC), Sarah J. 4 (NC)
212. MORGAN, W. J. P. 35, July Ann 32 (T NC NC), William E. 8, Dewit 6, Talistine 4 (dau), Samuel G. 3
213. BURNETT, Samuel 29, Rachel G. 34, Isaac 10, Carson 8, William 7, Mary 1

Page 24, District 18

213. FANN, Nancy 50 (widow) (T __ __), Rachel 25, Marthy P. 23; HIX, Adam 19 (servant?), Nancy M. 20 (wife)
214. FRAISURE, Sarah 53
214. CAUGHRON, L. P. 33, Lisia 27, Marthy C. 6, Betty N. 4, James 2, William D. 9/12 (b. Aug)
215. WALKER, Vance B. 27, Isabel A. 23, Mary J. 3, James C. 1
216. WALKER, Spencer 46, Mary A. 34, Alvin S. 13, Albert A. 13, S. P. 20 (nephew)
217. TUCK, Jackson 28, Sarah 30, Rachel 6, Henry 1; WEBB, William 3 (relationship omitted)

Page 1, District 17

1. PITTS, William A. 53 (wheelwright) (T NC VA), Sarah E. 30 (NC NC SC), Eliza J. 15 (T T VA); WALLACE, Samuel 18 (nephew) (KY T T)
2. ANDERSON, James 76 (SC SC SC), Leuvica 63 (wife) (NC NC NC), Margaret 18, Robert A. 13
3. JONES, Jane 72 (widow) (KY VA VA), Andrew 24 (T VA KY), Riley 23 (T VA KY); MILLSAPS, Mary A. 22 (dau) (married) (consumption) (T VA KY), Eddie C. 3 (g dau), William J. 11/12 (b. Jul) (g son); GOUENS, Nancy J. 14 (g dau)
4. BEST, Samuel T. 52, Elizabeth A. 52, Sarah G. 13, Eveline 9
5. MILLSAPS, Matida 51 (widow), Martha A. 26, Susan M. 24, Triren 15, William F. 1 (g son)
6. CARVER, John M. 26 (T NC T), Sallie C. 23, John W. 1/12 (b. May), Cinthia 60 (mother) (T NC NC)
7. MILLSAPS, William C. 53 (T NC NC), Sarah C. 53 (NC NC NC)
8. JONES, Ervin N. 26 (T T KY), Hannah L. 22 (T SC T), James R. 2/12 (b. Mar), John H. 5 (nephew)
9. CARVER, Thomas 75 (KY NC NC), Margaret 73 (T VA VA); BRYANT, Martha C. 22 (boarder); JONES, George 7 (boarder); KING, John W. 18 (boarder) (T NC T); MOROSEN, Tillman 16 (boarder); BRYANT, Matilda 16 (boarder) (T NC T)
10. SPRADLING, David 39, Nancy C. 40 (T NC NC), Leonidas D. 18, Martha C. 15, Thomas J. 13, Kate 3
11. JINKENS, John 60 (NC NC NC), Selina G. 51 (fever typhoid) (NC NC NC), Dica 20, John S. 18, William B. 16, Eliza M. 14, Simmeon A. 12, Eva G. 10

Page 2, District 17

12. GOODWIN, Simmeon G. 51 (SC SC SC), Elizabeth C. 47 (SC SC SC), David J. 18 (GA), Susanah 14 (T), James R. 11, Percilia A. 7; GOSIODZ, George A. 30 (son in law), Frances E. 30 (dau) (SC), William H. 12 (g son) (T T SC), Linn S. 7 (g son) (T T SC), Charls M. 2 (g son) (T T SC)
13. HARRISON, Jame 74 (T VA VA), Amy 60 (wife) (GA GA GA), Henry L. 20; CRISP, Burton 23 (boarder) (NC NC NC)
14. BRYANT, Isaac J. 30 (T NC T), Ellen 29 (T T GA), Mary H. 12, William M. 7, Dora 4, Sherman 3, Magdalen 7/12 (b. Oct) (dau)
15. TAYLOR, Thomas J. 61 (crippled) (T VA T), Cinthia 41 (wife) (GA NC SC), Margaret A. 16 (NC T NC), Thomas D. 6 (GA T GA), John O. 4 (GA T GA), Minna L. 1 (T T GA)
16. JOHNSON, Richard C. 28 (NC NC NC), Rebecca A. 21 (NC NC T), Araminta 11/12 (b. Jun); MORGAN, Julies 15 (m) (cousin) (NC NC NC)
17. SNIDER, Samuel V. 39 (crippled) (T T NC), Marsellow F. 31 (wife), Lieuvenia 12, Edgar 9, Francis A. 8, Miranda J. 5, Osker 3, Charls M. 7/12 (b. Oct); LOWERY, Calip (m) 60 (boarder) (idiotic)
18. BRIGHT, Harvy S. 65 (NC VA NC), Elizabeth J. 51 (wife) (T PA NC), John H. 21, Miranda 14, Norah L. 11

Page 3, District 17

19. ROW, James 40 (VA VA VA), Elizabeth 28 (wife) (NC SC SC), William M. 12, Margaret 10, Telitha 8, John C. 6, Frank 5, Samuel 2
20. RAZOR, John 66 (blacksmith), Helen 64 (T NC T)
21. WRITE, Rhea 47 (T T VA), Mary J. 41 (AL KY NC), William H. 18, Mary A. 12, James R. 10, Sallie J. 8, Charlie 6, Samuel 4, Thomas 3, John 1/12 (b. Apr)
22. HENRY, Elizabeth 55 (widow) (T VA VA), Willie Lee 18 (stepson) (working in corn mill) (NC T T)
23. HENRY, Pleasant 23 (NC T T), Mary E. 19, Harriet H. 8/12 (b. Sep)
24. RUSSELL, Morgan 26, Elizabeth D. 28
25. HAMMILTON, William 35, Elizabeth 34, John 10, Catharine L. 7, Mary A. 5, Joseph C. 3, David 1; MILLS, George W. 13 (nephew) (NC T T)
26. BRANER, Brazel 26, Sarah 35, Nina 10, Mesinia A. 6, William 3, Sallie 1
27. CURTHBERTSON, Jason 68 (crippled) (NC NC NC), Mary 56 (wife) (NC NC NC); DAILE, Manda 11 (niece) (T NC NC); LAKEY, Witsher 17 (nephew) (NC NC NC); ROSE, Arbey 14 (nephew) (NC NC NC), Eliza 35 (niece) (NC NC NC); LAKEY, Rachel A. 60 (sis) (NC NC NC)
28. NICOLS, Albert N. 25 (T T NC), Sarah J. 29 (T NC NC), John B. 5, Margaret L. 8/12 (b. Sep)

Page 4, District 17

29. NELSON, James L. 44 (NC NC NC), Sarah E. 43 (NC SC SC), Martha A. 18, Laura L. 16, Josephine 10; CURTHBERTSON, Martha 87 (mother in law) (SC Eng VA); AMBURN, Henry 18 (boarder); RAZOR, Sherman 16 (boarder)
30. HOWARD, John W. 30 (T NC NC), Dica E. 26, Matta N. 5, Cornelia J. 4, Walter L. 2, Mollie 1; WATTS, William 25 (boarder) (NC NC NC); HUGHS, John W. 15 (boarder); GOODING, Thomas 23 (boarder)
31. COOPER, Swinten 26 (T SC NC); ELLIET, Dorcas 24 (sis) (T SC NC), George B. 5 (nephew), Mary L. J. 2 (niece)
32. GUNTER, Pyrean T. 20 (NC NC NC), Madenia T. 25 (wife) (NC NC T), Sarah J. 5 (NC), Cidnia 5/12 (b. Dec) (dau) (NC NC NC); STRUTTON, Mary J. 15 (boarder) (NC T T)
33. DAVIS, William 45, Susan 47, Nancy J. 22, Adeline 20, Sarah A. 16, Burton 14, Martha 12, Talina 10, Thomas 7, Boyd M. 2

BLOUNT COUNTY (106)

Page 4, District 17 (continued)

34. HARRISON, Alfred H. 34 (NC T NC), Martha A. 28, Emaline 12, John C. 11, William H. 8, Isadora W. 6, Minnie 3, Alonzo 1, STRUTTON, Elizabeth 40 (boarder) (NC NC NC)
35. MARTIN, Columbus 36 (blacksmith) (GA GA GA), Tillian J. 18 (wife) (GA GA GA)

Page 5, District 17

36. JACKSON, William R. 25 (SC SC SC), Manda 30 (NC NC T), George W. 8, James R. A. 6, Thomas B. 4, Minnie J. 9/12 (b. Aug)
37. MANNIE, Margaret 32 (T NC NC), Mary L. J. 4 (dau) (T NC NC)
38. MOSELEY, Nancy 37 (T NC NC), Mary E. 19 (dau), Nathaniel 17 (son), Samuel 14 (son), Wilson 13 (son), Lillia A. 5 (dau), Ruben 4 (son), Ellen 1 (dau), Manda 3/12 (b. Feb)
39. DAVIS, Burton 33 (T NC NC), Althea T. 32 (NC SC GA), David W. 10
40. HARRIS, Joseph 40 (NC NC NC), Ruth 50 (wife) (NC NC NC), William 12 (boarder)
41. NICHOLS, Hannah 55 (NC NC NC), Mary A. 21 (dau) (T NC NC), Elizabeth A. 96 (mother) (NC NC NC), John W. 3 (g son)
42. STOCTON, Jesse G. 26 (T T NC), Hannah M. 23 (NC NC T), Francis M. 3, Harvey 2, Mary 2/12 (b. Mar)
43. SELLARS, Evelyn 54 (widow) (NC NC SC), William W. 17 (T NC NC), Hiram W. 14 (T NC NC)
44. SELLARS, Henry D. 25 (T NC NC), Sarah A. 24 (NC NC NC), Mary 6, Martha L. 2, John 7/12
45. GARLAND, David 52 (NC NC NC), Jane 52, Isaac H. 18 (NC), Mary 12 (NC), Thomas 10 (NC), WHITEHEAD, Nancy 8 (niece) (T T NC), BUCHANAN, Ashvill 23 (boarder) (carpenter) (NC NC NC)
46. SANDERS, Christopher C. 35 (T T NC), Nancy A. 25 (wife) (T NC T), Mary E. 9, William L. 7, Dora E. 5, Bertha J. 4/12 (b. Jan)

Page 6, District 17

47. McMURRY, Samul N. 26, Martha G. 19 (T NC T), Boyd H. 1
48. BRIGHT, William M. 29 (T NC T), Isabel 32, Harvy S. 1
49. MILLSAPS, James 42, Nancy 36, Mary J. 15, Litha 13, Letitia 10, Jesse 5, Florence 2
50. GOFORTH, James 33, Louise 30, William 12, Larena 10, Melissa 8, George W. 6, John H. 4
51. HEATON, William 56, Martha S. 37 (wife), John G. 13, William G. 11, Joseph L. 9, George T. 8, Alexandrew 7, Samuel M. 4, Sarah C. 2, Lucy J. 1/12 (b. Apr)
52. RIDGE, John 50 (blacksmith) (T SC T), Catharine 43 (T T SC), David S. 15, William A. 13, Samuel M. 11, Alexander G. 7, Elizabeth A. 5, Sidney G. 1
53. RIDGE, Phebe 74 (widow) (T SC SC)
54. McCELDRE, Mary A. 46 (widow), William D. 18
55. McCULLACH, Thomas J. 45, Elizabeth A. 40, William 16, James A. 13, David 11, Martha __ 9, Sarah A. 6, Thomas H. 3, Bette G. 3, John B. 1, WILLIAMSON, Mary J. 16 (step dau)

Page 7, District 17

56. McCULLOCH, Mary 47, John D. 19 (son)
57. NELSON, William O. 29, Catharine 32, John W. 5, Elizabeth C. 4, Laura J. 2
58. BRYANT, Levi H. 60 (NC NC NC), Barbara 35 (wife), Bette C. 10/12 (b. Jul), BAKER, James 18 (son in law) (GA T T), Sarah J. 21 (dau), Attlas L. 2 (g son), BRYANT, George W. 14 (son)
59. BAKER, Joseph 67 (T T PA), Edith 62 (T PA PA), John 24 (WARD, Jame J. 13 (g son), Martha A. 11 (g dau)

BLOUNT COUNTY (107)

Page 7, District 17 (continued)

60. EVERETT, John 69 (NC NC NC), Elizabeth 42 (wife) (NC NC NC), Lucy 14, Eppy 12 (son), Catharine 10, Edward 7
61. HICKS, Stephen H. 30 (NC NC NC), Elizabeth 25 (T T GA), James 3, Juelie A. 2, Mary E. 2/12 (b. Apr)
62. EMERT, Tilford A. 24 (retail Merchant), RAMBO, Andrew G. 23 (boarder) (clerk in store) (crippled)
63. JONES, Marion 35, Nancy A. 33, William W. 11, Isaac N. 8, Anderson 6, James H. 5, Mary G. 3, Hettie A. 1
64. CRISP, Isaac C. 22 (NC NC NC), Arminda C. 29 (wife) (T T GA), Ida A. 1
65. CLARK, Elizabeth A. (Mu) 35 (T NC NC), John W. 17 (son) (T NC T), William W. 13 (son) (T NC T)

Page 8, District 17

66. BEST, James M. 51 (T NC T), Susanah 47 (T SC T), John C. 22, Landen C. H. 17, Samuel D. 14, Sarah C. 15, William A. 11, Lewis 10, Walker 8, Manda E. 11/12 (b. Jul)
67. SPRADDLING, Thomas M. 48, Caroline 48 (T NC NC), Mary A. 21, George W. 9
68. KITE, Margaret 37 (widow), Mary A. 15, David B. 13,
69. POSEY, Daniel M. 55, Catharine 47 (T NC T), Eva D. 13, William V. 10, John F. 8, Calle C. 5 (dau), Daniel M. 3, Mary J. 1
70. HALL, Andrew 38 (carpenter), Rebecca 25 (wife), Charls 5/12 (b. Jan)
71. KITE, Elizabeth 82 (widow), Caroline 32 (dau), GRAHAM, Mary 52 (dau)
72. JONES, Thomas J. 26, Rebecca A. 21, Francis M. 4, Evelyne P. 2, Elizabeth A. 2/12 (b. Mar)
73. AMBUREN, Joseph 29, Elizabeth J. 36, Henry H. 18, William R. 13, Mary J. 7, James 4, Julia G. 1
74. DOVER, David A. 53 (carpenter) (NC NC NC), Mary 42 (wife) (NC NC NC), Mary J. 16 (NC), Mikeal A. L. 13 (T), David C. 10, Linch T. 7, Margaret 5, John J. 2, James T. 20 (son) (GA), Lucinda J. 20 (dau in law) (NC NC NC)

Page 9, District 17

75. JACKSON, James M. 64 (NC NC NC), Susan J. 47 (wife) (NC NC NC), Rebecca G. 17 (VA), Evanas S. 12 (son) (VA), Flora A. 9 (T), William G. 4/12 (b. Jan) (g son) (T T VA)
76. HOOPER, Jemima 50 (widow) (GA GA GA), BROOSTER, Doc 21 (boarder) (GA GA GA)
77. WILLIAMSON, Margaret 35 (widow), Sarah A. 9, John M. 7
78. McNEECE, Andrew J. 30 (cooper), Mary J. 40 (wife) (crippled) (T NC NC)
79. WOODARD, John 45 (T IN NC), Nancy J. 35 (wife) (T NC T), George C. 11, Sarah J. 8, Margaret 6 (crippled), James J. J. 1
80. GOFORTH, John A. 54 (NC NC NC), Jane R. 42 (wife) (T NC NC), Hannah M. 29 (dau), Martha A. 17 (crippled), John F. 13, Tilda C. 15, Mary L. 11, Rachel M. 9, George W. 7, Eliza J. 5, Isaac D. J. 2
81. FORD, Nathaniel 36, Eliza A. 36, William T. 14, Samuel G. 12, Henry L. 10, James T. 9, John F. 7, Martha G. 5, Joseph M. 4, Cora B. 2
82. HALL, William 84 (wheel write) (collick) (SC SC SC), Easter 65 (wife) (SC VA VA), Nancy 38 (NC), Hannah J. 34 (blind) (NC), Easter G. 13 (g dau) (NC NC NC), William 7 (g son) (T T NC), Tennessee C. 4 (g dau) (T T NC), Samuel J. 2/12 (b. Apr) (g son) (T T NC)

Page 10, District 17

83. BORDEN, William 35 (T T SC), Melvina 36, Nancy E. 18, Mary C. 14, William H. 12, Samuel D. 7, Jacob H. 5, Manda J. 3, Martha L. 1/12 (b. Apr), Luvica 70 (mother) (cancer) (SC SC SC)

BLOUNT COUNTY (108)

Page 10, District 17 (cont'd)

84. CHAMBERS, Charls 56 (cancer), Sarah P. 48, Ruth G. 24, John W. 19, Charls B. 16, Isaac E. 14, Thomas R. 10, Moses G. 7, Sarah L. 4
85. BRYANT, Henry A. 37 (T SC T), Mary J. 26 (wife), Mary G. 11, Selena J. 9, Hette A. 7, Cora G. 11/12 (b. Jun)
86. BAKER, Greenberg 24 (GA T T), Nancy G. 21
87. WILLIAMSON, Isaac A. 22, Sarah N. 18, Eva B. 3/12 (b. Feb)
88. CHAPMAN, Samuel 47, Isabel 48, Samuel T. 19, Sarah J. 17, John J. 13, George D. 10, Jacob 8
89. McCROY, William M. 46, Mary A. 39, Clementine 11, John H. 8, Susan E. T. L. E. J. 6, James T. 4 (brchittus), Samuel T. 1
90. JACKSON, Jsoeph 35, Charity 29 (GA NC NC), Margaret G. A. 12 (NC), Alice R. 10 (T), Adre M. G. 7 (dau), Mary __ 5, Ida M. 2

Page 11, District 17

91. TUCKER, William 57 (T T VA), Misgemima 51, Eliza J. 24, Frankey 19 (dau), John G. 17, martha L. 13, Kimmey L. 11, Mary 7
92. BRYANT, Henry F. 38, Catharine 34, James 12, Catharine 10, Mary J. 8, George H. 6, Lucy A. 2, Hannah I. 10/12 (b. Aug)
93. DOCKERY, William P. 36 (Mu) (T NC T), Mary J. 32 (T AL T), William M. 12, Martha M. 4, Naomi C. G. C. 3
94. FORTNER, George W. 26 (T NC NC), Margaret A. 22 (T NC NC), James W. 9, Amon 1; DAVIS, William 12 (nephew) (T NC NC)
95. MURPHEY, William L. 23 (T NC GA), Teresa J. 29 (wife) (NC NC SC), Henry 10 (stepson) (T NC NC), Arch 19 (bro) (T NC GA), Emeline 24 (sis in law)
96. BOWERS, George W. 36 (NC NC GA), Cordelia A. 26 (wife), Mary B. 10, Levi 7, Daniel J. 5, Jacob 3, Ethel G. 1; MULLINES, Mary 39 (mother in law)
97. BOWERY, Levi 65 (NC VA VA), Sarah 47 (wife); UNDERWOOD, John 19 (stepson), Martha G. 18 (step dau), William 13 (stepson); HAISTINGS, Westley 70 (relationship omitted) (NC NC NC)
98. CRISP, Joel 71, Harriet M. (Mu) 29 (wife) (NC NC NC), Sarah J. (W) 16 (dau), Joanna (Mu) 7 (dau), Alice F. 5 (dau), Ida L. 1 (dau)

Page 12, District 17

99. DOCKERY, Soloman (Mu) 58 (wheel write) (T NC NC), Melvina 55 (NC NC NC), Creace G. 18 (dau), John S. 17, Mary L. 12, Ida L. 5, Joseph 23, Miller E. 21, Sarah A. 18 (dau in law) (W) (Ire Ire Ire), Melvira r/12 (b. Feb) (g dau) (T T Ire)
100. JINKENS, Laban 27, Adeline D. 26, Robert M. L. 4, Dossia M. 2, John R. 4/12

Page 12, District 16

101 ABBOT, Noah 44 (T T NC), Nancy 34, John 16, Mary C. 14, Absolam 11, William 8, Joseph F. 6
102. WILSON, Alexandrew 51 (NC VA NC), Lucrecia __ 31 (wife), William T. 7, Frank T. 5, Charles C. 3; POTTER, George M. 10 (stepson)
103. WHITEHEAD, Isaac T. 25, Mary J. 20 (T T NC), William A. 4, Laura A. 2, John I. 2/12 (b. Apr)
104. SMITH, Samuel G. 35, Manda M. 34 (T NC T), Margaret 11, Luvenia A. 8, Ladoske 5, James R. 3, Osker 3/12 (b. Mar)

Page 13, District 16

105. OLIVER, Eliga 51, Mary 50, Elizabeth 17, Luraney 83 (mother) (T Eng Eng), George 11 (nephew)

Page 13, District 16 (cont'd)

106. GRIGGERY, Charls 57 (NC T T), Celia J. 49, Joanah A. 20 (NC), William F. M. 16 (NC), Charls G. 12 (NC), James C. 5 (NC)
107. BURCHFIELD, Noah 31 (T NC NC), Sarah J. 33 (T NC NC), Martha A. 10, Russell D. 8, Charls A. 6, Elizabeth S. 2, John H. 5/12 (b. Dec)
109. GREGORY, Calvin 23 (T NC NC), Emiline 22, Martha J. 8/12 (b. Oct), Angline 10 (sis) (T T NC)
110. GRIGORY, Susanah 86 (widow) (NC NC NC), Elizabeth 30 (dau) (NC NC NC)
111. GRIGORY, Martha A. 47 (widow) (NC NC NC), Susan C. 15 (T T NC), Russell 13 (T T NC), Jesse A. 5 (T T NC)
112. GRIGORY, James H. 36 (T NC NC), Margaret L. 34 (NC T T), James H. 13, Ebenezer A. 12, Margaret L. 7, Robert G. 4, Allice 2
113. BROWN, William 22 (T NC T), Mary A. 26 (NC T T), Frankey J. 1 (dau)
114. MYERS, John 53, Mary A. 49, Henry W. H. 19, Mary A. 18, Levi J. 16, William L. 14, George H. 13, Milly L. 10; HEDRICK, Anney J. 23 (niece)

Page 14, District 16

115. GREGORY, John H. 24 (T NC NC), Elizabeth C. 21, William M. 3, John C. 1
116. MYERS, John C. 26, Mary A. 22 (T NC T), John R. 2, William W. H. 8/12 (b. Sep)
117. MYERS, James P. 24, Mary L. 21, Mary G. 11/12 (b. Jul)
118. CARVER, Noah 29 (NC NC NC), Anney L. 33, Laura M. 5, William D. 3, Daniel F. 1
119. BROWN, Levi B. 37, Martha J. 25 (wife), Mary E. 10, John G. 4, James A. 1
120. OLIVER, William H. 23, Elizabeth J. 24 (NC T T), George 3, John W. 1
121. SPARKS, Nathan H. 52 (NC NC NC), Eliza J. 48 (T T NC), James A. 26 (herding cattle), William R. 19, Susan P. 17 (dau in law) (married within yr), David W. 15, Martha J. 14, George H. 12, Samuel L. 10, Nancy G. 8; RUSSELL, Jame 16 (NC T SC) (relationship omitted)
122. LEGURE, Joseph 51 (NC NC SC), Martha 45 (NC NC NC), John M. 21 (NC), Jonas S. 19 (NC), Andrew 16 (T), William G. 13, James 10, Allice L. 5, Mandy P. 3
123. FEEZELL, John H. 29, Harriet G. 28, Susan E. 8, Meldona J. 6, George A. 3

Page 15, District 16

124. FEEZELL, William A. 43, Modena P. 39 (NC T T), James A. 14, Laura A. 12, William H. 9, Mary M. 8, George G. 6, Samuel G. 3, Canes W. 1 (son); SPRADLING, Nathan G. 18 (stepson)
125. BROWN, Jesse S. 36 (T NC NC), Martha A. H. 32, William A. 9, Margaret A. 8, George H. 6, Jesse H. 2
126. BROWN, James A. 20 (T NC T), Frankey L. 17 (wife) (married within yr) (NC NC T)
127. BROWN, Richard H. 45 (NC NC NC), Elizabeth 46, Polley 18, Manervy A. 13, Sarah G. 10, Jesse S. 7, John H. 5, Noah 11/12 (b. Jul)
128. OLIVER, Lazraus 53, Martha 43 (wife), Nancy L. 5, Mary E. 4, Rutha G. 3 (crippled), Martha J. 2, John B. 2/12 (b. May)
129. OLIVER, William 45, Martha G. 37 (NC NC NC), Eliga 14, John 13, Jasper 10, William 8, Lureney 7, Ruthey 5 (deaf & dumb--idiotic), Addaline 3, Leander 2 (son), William W. 7/12 (b. Nov)
130. ANTHNEY, John 50 (SC SC SC), Elizabeth 58 (T SC T), John T. 25, Lazarus 17
131. MILLSAPS, Jesse B. 31 (shoe maker), Martha A. 26, William T. 9, James O. 8, John A. 3

BLOUNT COUNTY (110)

Page 16, District 16

132. SHIELDS, William H. H. 66, Emla 55 (wife) (SC SC SC), Mary 22, Richard M. 16
133. BURCHFIELD, Nathan 48 (crippled) (NC NC NC), Rutha 48 (T SC T); GRIGORY, William A. J. 19 (stepson) (T NC T)
134. FISHER, Sarah A. 59 (widow) (NC VA VA), Jane G. 35 (NC NC NC), Laura G. 7 (g dau) (T NC NC)
135. GRIGORY, James G. 24 (T NC T), Ellen 17 (wife), Walter 2, Thomas L. 5/12 (b. Dec)
136. MYERS, Daniel H. 23, Lorena A. 20 (T NC T), Mary E. 2, Rutha A. 11/12 (b. Jun)
137. BLAIR, William 37, Martha L. 32, Mary J. 11, Adria A. 9, William M. 6, Malinda C. 2, Comidore L. 4/12 (b. Feb)
138. NELLIMS, Armintha 45 (widow) (GA SC SC), Sarah 22 (GA GA GA), Houston 17 (GA GA GA), David 3 (g son) (GA GA GA), Easter 1 (g dau) (GA GA GA)
139. LEADBETER, Mathew M. 21 (NC NC NC), Mary A. 18, Martha A. 8/12 (b. Oct) (T NC T); SANDS, Lurida 36 (mother in law)
140. SANDS, Mary A. 59 (widow) (T SC T), Henry A. 23? (T VA T), Preston B. 19 (T VA T), John F. M. 17 (T VA T)
141. BURCHFIELD, Samuel P. C. 47 (blacksmith) (NC NC NC), Mary A. G. 42 (NC NC NC), Mary A. 18 (NC), Joseph L. 13 (T), Samuel C. 11, John N. 7, Sarah G. 4, Anna G. 4/12 (b. Feb)
142. BRIANT, Marion 27 (T NC NC), Martha 24, William 4, Thomas 2

Page 17, District 16

144. SWEETE, James W. 51 (KY KY VA), Martha E. 36 (NC SC NC), John L. 20, Nancy 12 (KY), William 10 (T), Mary A. 7 (NC), Charley 5 (T), Thomas 1
145. HODGE, Thomas 51 (NC NC NC), Elizabeth 36 (wife), Jacob W. 8 (half bro) (T NC T)
146. POWELL, Henry C. 25 (T NC NC), Hette J. 18 (wife) (T NC T)
147. BURCHFIELD, William A. 53 (NC NC NC), Elizabeth 48, William 15 (NC), Laura T. 13 (NC), Anna R. 10 (T), James H. 8
148. TIPTON, Isaac 23, Luiza C. 22 (deaf & dumb) (NC NC NC), Nancy A. 3, William J. 1
149. WHITE, DAvid 45 (SC SC SC), Mary A. 34 (wife), Mary E. J. 14, Ebenezer A. 12, Martha A. 9, Rachel L. 6, George P. 4
150. SPARKS, James W. 42 (T NC NC), Catharine J. 42, Mary L. 15, George S. 10, Susan E. 7, James R. 4, John A. 2
151. BURCHFIELD, Robert L. 21 (T NC T), Margaret G. 17 (married within yr)
152. COOPER, John R. 77 (SC NC SC), Hanah J. 48 (wife) (T VA T), Margaret P. 20 (T NC T), John I. 13 (T NC T), James F. 11 (T NC T); ROWAN, Charley 63 (bro in law) (deaf & dumb--insane) (NC NC NC)
153. TIPTON, Nathaniel H. 29, Nancy K. 35 (wife) (T NC T), Leah C. 10, John H. 9, William D. 8, Rubean A. 5

Page 18, District 16

154. McCALLEY, James 47 (T VA NC), Unity G. 35 (wife), Mary J. 18, James 16, William C. 13, Rachel I. 12, Joseph 9, Moses 7, John T. 1/12 (b. Apr)
155. STIVERNS, John Y. 32, Margaret G. 25 (T NC T), James M. 3, Eliza J. 1
156. SPARKS, John T. 21 (T NC T), Hanah J. 22 (married within yr)
157. LEGUIRE, Isaac 41 (NC NC SC), Harriet J. 39 (NC SC NC), William I. 19 (NC), Sarah A. G. J. 17 (NC), Samantha A. 15 (T), Martha M. 13, Nancy S. 9, Amos J. 7, Thomas F. 4, John H. 1
158. LEGUIRE, Willes W. 26 (NC NC NC), Deborah A. 20 (T T SC), Granvill D. 1
159. SHIELDS, Andrew W. 30, Catharien A. 29, Martha E. 1
160. POST, Mary C. 32 (widow), John C. 6 (KS T T), Letitia M. 3 (KY T T)
161. DUNN, Levi P. 29, Luizea C. 27, Sarah G. 5, Mary J. 23 (sis) (GA)

Page 18, District 16 (cont'd)

162. TIPTON, Martin W. 50, Margaret L. 45 (T VA T), Jonithan 20, William A. 12, George S. 22, Margaret 17 (dau in law) (married within yr) (T NC NC)
163. McCLURE, James A. 22, Mary J. 22, Anna O. 2, Julie L. 8/12 (b. Oct)

Page 19, District 16

164. LAWSON, Daniel B. 53 (chronic), Mary 53 (T T PA), Mary P. 28, Leah 27, Daniel J. 20, Roda E. 15, Martha J. 12
165. MYERS, Leuvena 54 (widow) (T T PA), Henry A. 17 (stepson)
166. SHIELDS, Fredrick 65 (work in mill) (T PA T), Mary 63 (T NC T), Martha L. 39, Mary L. 29, Margaret S. 21, Zachariah 35, Lazarath G. __ 29, William H. 20 (scrofula), Andrew J. 17; GRIGORY, Matilda 38 (dau) (married), Josiah 9 (g son)
167. GRIGORY, John 28 (NC T T), Rutha 27, Laura T. 4, Purla J. 3, Charls F. 8/12 (b. Nov)
168. SHIELDS, Fredrick D. D. 25, Feba J. 25, Mary C. G. 11/12 (b. Jul)
169. SHIELDS, Eliga R. 31, Roda D. 32, Fredrick 4, Mary G. 2
170. GRAGG, John M. 19 (clerking store) (T NC T)
171. CABEL, James B. 21, Susanah 28 (T NC NC), John R. 8, Mary G. 6, Lurane A. 5 (dau), Cathran 3, Casper 1; WILLCOX, Eliza 17 (boarder)
172. CABEL, John P. 61 (T NC T), Elizabeth 59 (T NC T), Rebeca 45 (dau), Martha J. 29, Hannah L. 26, Casper 23 (crippled), Elizabeth 21, Begaman 17, Daniel L. 14

Page 20, District 16

173. WILLCOX, Calep 45 (T NC NC), Elizabeth 40, Calip 15 (IL), Jordan 10 (IL), Aberham 8 (IL), Isaac 6 (T), Jacob 4, Arminta 8/12 (b. Nov); STAWT, John A. 28 (boarder) (carpenter); FOLTNER, Josiah 38 (boarder) (carpenter) (crippled) (NC NC NC)
174. GRAGG, Jules D. 33 (T NC T), Elizabeth 35, James P. 10, Sarah M. 8, Martha L. 6, Rebecca 5, Rosetta 1
175. ABBOT, Absolem A. 74 (NC VA SC), Elizabeth 70 (T T VA)
176. BURCHFIELD, Mary A. 49 (NC T NC), John H. 24 (son) (NC NC NC), Samuel M. 22 (son) (NC NC NC), Eliza J. 20 (dau) (T T NC), Nancy G. 16 (dau) (T T NC), Julia A. 13 (dau) (T T NC), Harriet G. 5 (dau) (T NC NC), Margaret M. 3 (T NC NC); POWELL, George W. 42 (boarder) (herding) (NC NC NC); WOODS, George W. S. 18 (m) (boarder) (T NC NC)
177. BURCHFIELD, Willson 56 (T NC NC), Elizabeth 55 (NC NC NC)
178. HUGHS, Dolley 32 (married) (T NC), James 13, Hale 11, Ezekiel 9, Nathaniel 7, Judia G. 4, John H. 3, William T. 1
179. BURCHFIELD, Wiley 34?, Mary 24 (wife), Charley 3
180. BURCHFIELD, Samuel 38 (T T NC), Nancy G. 42 (T NC NC), Nathaniel 16, Mary A. 14, Manda L. 12, William B. 10, Susan J. 8, George W. P. 7, Ezekiel B. 6, Millburn 2, Cathren 1

Page 21, District 16

181 ABBOT, Benjiman F. 46 (T NC NC), Mary J. 39 (T T NC), Nathaniel F. 17, Noah J. 14, Martha A. 13, Annas R. 11 (dau), Nancy Anna G. 9, John Wiley 7, George W. 6, Mary A. 4, Hetty C. 1
182. TIPTON, John 64 (piles), Naoma 49 (wife) (T NC NC), Noah 15, Lucinda C. 14, Julia A. 11, Grason A. 6, William R. 19, Emila C. 16 (dau in law) (married within yr)

INDEX

The index applies to this booklet only. It includes the names of all heads of household plus individuals whose surnames differed from that of the head of household. The name is followed by the person's age, the booklet page number and then the household number as it appears on the original schedules.

ABBOT, Absolem A. 74, 111-175
    Benjiman F. 46, 111-181
    Noah 44, 108-101
ABBOTT, John 20, Mary J. 15
    John 54, 102-162
    P. A. W. 26, 100-115
ACREAGE, Levi 64, 74-209
ACUFF, Theodore 24, 22-41
ADAMS, Gelespie 42, 15-36
    James 34, 67-4
    Levi 32, 99-89
AIKIN, James G. 73, 81-58
    Joseph G. 42, 81-58
    Nancy 73, 81-58
AKENS, Robert M. 46, 2-30
ALAXANDER, James 34, 21-153
    John D. 40, 21-164
ALDEN, Anna L. 67, 49-223
ALEXANDER, Mary 34, 20-137
    Prince 49, 35-65
ALFORD, Robbert 54, 27-168
ALLEN, Emely 34, 94-166
    Houston 35, 49-232
    James 65, 28-230
    Reuben B. 85, 96-9
    Robert 41, 49-228
ALLISON, G. M. 27, 1-5
    James A. 39, 6-144
    John 78, 6-135
    William 35, 6-157
AMARINE, Riley 21, 80-36
    Robert E. 17, 84-132
AMBRISTER, Charles 30, 44-98
    Henry 30, 51-273
    James J. 30, 81-72
    John A. 37, 82-91
    Joseph 65, 44-97
    Mariah 49, 51-272
    Riley 25, 51-275
AMBUREN, Joseph 29, 107-73
AMBURN, Henry 18, 105-29
AMERINE, Gilley 26, 90-62
    James 9, 61-84
    Millard 22, 58-452
    Willie 14, 60-42
AMMONS, Miller 27, 38-142
    Nathan 34, 76-242
    Saml. 25, 48-201
    William 29, 67-2
AMMOUS, Thomas 28, 45-115
ANDERSON, A. C. 44, 10-62
    Calvin 32, 76-258
    David K. 36, 7-161
    Dora 16, 48-198
    E. J. 52, 31-281

ANDERSON, Erston 30, 40-201
    Isaac 55, 48-202
    James 76, 104-2
    James 26, 50-251
    John 47, 27-191
    Martha 9, 75-235
    Mathew 55, 21-13
    Rames 25, 40-211
    Robert 73, 6-158
    Ross 60, 76-259
    Thos. 68, 28-219
    William 70, 41-124
    William 52, 23-82
    William 21, 23-76
    Willis 7, 75-235
ANDNEY, Cambell 52, 70-96
ANERINE, Brown 27, 88-16
ANKER, John 44, 23-58
ANTHNEY, John 50, 109-130
ANTNEY, Lucinda 46, 65-193
ARBERLY, Joseph 59, 56-411
ARCHER, Joseph 35, 25-123
ARMSTRONG, George 15, 72-145
    James Z. 61, 5-114
    John M. 31, 1-26
    L. M. 57, 1-23
    Robt. 64, 1-24
    W. A. 39, 6-151
ASBERRY, Duffield 15, 53-336
    George 20, 58-448
ASBURY, Lewis 26, 50-240
    Parasata 1, 50-240
    Biolet 17, 50-240
ASQUITH, George 38, 58-445
AUSBERN, George 54, 13-151
AUSBURN, William 22, 29-240
AUSTIN, Henry C. 30, 53-320
BACON, Rufus 23, 70-105
BADGET, Agustus 58, 76-250
    Andrew 46, 73-178
    Elisabeth 78, 73-168
    Harrison 28, 73-177
    James 22, 36-97
    Richard 45, 74-213
BADGETT, Frank 16, 43-70
    Newman 26, 54-338
    Samuel 34, 76-249
BAGET, Mary 88, 23-77
BAGWELL, Jackson 34, 40-114
BAILEY, John 49, 40-209
    Maston 25, 40-208
BAILLEY, James 47, 75-240
BAIRLEY, James 20, 37-134
BAIRLY, Malinda 64, 36-103
    Margret 11, 37-135

BLOUNT COUNTY (116)

BAKER, Alford 37, 6-147
    Anderson 32, 41-14
    Attlas L. 2, 106-58
    Daniel 58, 46-136
    Greenberg 24, 108-86
    Jackson 20, 20-146
    James 18, 106-58
    Joseph 67, 106-59
    Samuel 38, 59-28
    Sarah J. 21, 106-58
    Thomas J. 41, 9-27
BALDWIN, Drew 35, 30-263
    Merchant 83, 27-173
BALINGER, Josiah 50, 39-190
    Mary 60, 39-189
BALLARD, John 54, 74-206
    Mark 37, 73-185
    Richard 24, 67-21
    William 25, 73-182
BALLINGER, Martha 43, 22-34
BAR, William 18, 27-196
BARBARA, William 41, 87-216
BARGER, Lucy 55, 51-267
    Matt 33, 51-266
BARKER, Henry 36, 37-137
BARLEY, Magga 24, 9-39
    Sallie 38, 9-23
BARNES, James 49, 33-28
    William 30, 34-40
BARNHILL, Peter 20, 42-34
BARON, Marth Ann H. 6, 13-129
    Mary Elisabeth 2, 13-129
    Sarah Hesnia 4, 13-129
BARTLETT, Alex 54, 47-185
    P. M. 59, 49-223
BARTSMAN, Nathan 40, 29-247
BASS, Ami Jane 26, 7-159
    Cooney 28, 1-25
BATS, Dick 20, 24-109
BATYLESS, Sarah 12, 19-110
BAUMAN, William 39, 27-193
BAYLESS, Pinkney 29, 43-59
BEAL, James 23, 71-121
    John 57, 71-120
    William 29, 70-100
BEALES, Elizabeth J. 42, 16-49
    James F. 41, 16-55
    Lindsy H. 38, 16-54
    Thomas 43, 15-29
BEALS, Samuel H. 43, 17-69
BEATTY, Luziwa 52, 43-60
BEAULINGER, Ames 27, 74-203
BELL, Anelizia 21, 73-181
    Samuel F. 58, 63-148
BELT, John 18, 31-269

BELT, Lucy Jane 18, 4-86
    Mary E. 21, 4-86
    Robert 19, 4-86
    Sarah W. 43, 9-42
    William G. 22, 4-86
BEST, A. J. 40, 11-79
    C. 27, 11-82
    Caleb 60, 11-86
    Christifer 57, 13-126
    F. D. 49, 7-169
    James M. 51, 107-66
    John F. 38, 3-72
    Loria Canser 18, 10-69
    M. C. 41, 10-56
    Marthey T. 20, 10-69
    Martin Luther 14, 10-69
    Mary E. 18, 11-82
    Samuel T. 52, 104-4
    Vaneburan 43, 4-91
    W. R. 40, 6-156
    Waran D. 7/12, 11-82
    William D. 30, 11-87
BESLEY, John 25, 74-205
BETSEY, Howard 40, 30-269
BINFORD, James 65, 55-390
BINGHAM, Joseph H. 38, 7-160
    W. B. 76, 3-66
    W. P. 41, 8-180
BINGHAN, B. J. 45, 9-46
BIRD, Daniel L. 31, 100-110
    Flora 20, 51-282
    James 22, 100-114
    James L. 22, 2-49
    James M. 36, 91-79
    Laura 20, 50-248
    Levi P. 19, 100-114
    Lousidney A. 42, 100-107
    Mary Ann 65, 8-184
    Nancy J. 17, 100-114
    P. P. 50, 102-170
    W. B. 69, 100-111
    Warren T. 24, 100-112
    William 27, 31-280
BIRDWELL, Rufus 59, 21-167
BISHOP, George 51, 27-172
    Gloss 18, 43-52
BLACK, Henry 25, 96-217
BLACKBURN, A. E. 49, 58-444
BLAIR, A. N. 22, 102-164
    George 74, 65-191
    Hiram 31, 70-82
    John 69, 103-200
    Sarah 50, 35-61
    Tenie 21, 35-61
    Thomas 38, 55-373

BLAIR, William 37, 110-137
BLANKENHICKLER, James 49, 20-140
BLANKENSHIP, Gilbert 40, 19-122
    John 41, 53-318
BLARE, Haston 25, 13-130
BLEVENS, Clark 68, 13-127
    Henry 38, 12-120
    John 33, 12-122
    Matison 24, 13-128
BLEVINS, Nicholas 30, 62-132
BLY, William 54, 90-54
BOATMAN, William 36, 28-233
BOGLE, Andrew 78, 82-100
    Hugh M. 47, 84-155
    James B. 23, 82-98
    John C. 49, 56-414
    Philander 33, 72-148
BOLING, Harrison 31, 84-150
    John 17, 82-86
    John 22, 86-198
    John S. 46, 83-127
    Mary J. 24, 86-200
    William H. 52, 82-82
BOND, James 54, 36-106
    John M. 43, 42-34
    Nelson 31, 43-44
BORDEN, William 35, 107-83
BORING, Abner 65, 61-82
    Absalom 47, 65-187
    Isaac 35, 66-211
    Rachael 70, 65-188
    Thomas 29, 65-189
    William 31, 61-84
    William 43, 66-212
BORNE, Absolem D. 10, 82-93
    John M. 14, 82-93
BORRON, Isac 50, 91-73
BOULTER, John 25, 88-11
BOWEN, Alex 39, 78-308
    Ann 6_, 78-311
BOWERMA, Margret 32, 32-299
    Shelby 53, 23-64
BOWERMAN, Francis 54, 14-1
    John 22, 16-42
    Mary 15, 51-270
    Moses 40, 17-68
    R. P. 63, 57-431
    Wayne 18, 15-37
    William 65, 24-108
    Wright 48, 24-86
BOWERS, Anderson S. 26, 84-152
    George W. 36, 108-96
BOWERY, Levi 65, 108-97
BOWING?, Hartsell 64, 15-28
BOWMAN, A. J. M. 38, 9-39
    John 32, 23-80
    Joseph 45, 73-190
BOWMAN, William 33, 37-128
BOYD, Catherine 43, 59-41
    Charles 42, 51-274
    Isaac 21, 76-250
    James 22, 49-233
    James A. 65, 80-28
    John 37, 48-198
    Martha 65, 76-246
    Mary 17, 30-267
    N. C. 35, 70-86
    Richard 22, 78-306
    Saml. 20, 55-382
    William 79, 60-50
    William C. 40, 60-48
BRACHET, James 25, 18-99
BRADBURN, Catherine 46, 60-42
    Catherine 7, 65-202
    John 71, 64-178
    John 21, 61-78
BRAKEBILL, John 43, 71-126
    Jordan 24, 84-144
    Peter 59, 70-99
    Serrepta 42, 79-19
    William 31, 70-102
BRANER, Brazel 26, 105-26
BRANNUM, Parmer 67, 4-98
BRANOM, Green 40, 30-278
BREEDIN, Elizabeth 12, 48-209
    John 12, 48-209
BREWER, Andrew J. 45, 58-1
    Eligah 28, 1-16
    L. D. 50, 103-194
    Nath 27, 55-377
    Sarah 15, 51-262
    Thomas 22, 103-192
    W. H. 29, 103-193
    Wm. 20, 53-330
BREWSTER, Joseph 46, 6-154
BRIANT, Marion 27, 110-142
    Robert 80, 97-25
BRICKELL, William 62, 22-34
BRICKEY, J. B. J. 35, 99-75
BRICKY, William 44, 99-88
BRIDGES, Ellen 20, 55-388
BRIGHT, Ann 41, 22-22
    Hannah 22, 25-129
    Harvy S. 65, 105-18
    James 34, 24-87
    Jane 62, 26-138
    William M. 29, 106-48
BRIT, Jack 50, 13-131
BRITT, Andrew J. 45, 66-236
BROADY, Charles 18, 44-90
    Isaac 45, 47-184
    Joseph 25, 88-7
BROILS, Daniel 48, 36-98
    Louis 41, 24-98

BLOUNT COUNTY (118)

BROOKS, Franklin 24, 70-107
    William 21, 69-64
BROOSTER, Doc 21, 107-76
BROWDER, Olive 68, 94-165
BROWER, James C. 49, 2-50
    Nickless 74, 2-54
    Stephen M. 26, 2-52
    William 41, 2-48
BROWN, Agnes 23, 56-395
    Arthur E. 44, 43-49
    Brown 19, 42-21
    Elijah 63, 67-5
    Elizabeth 63, 24-84
    George 28, 53-323
    George 30, 68-42
    Gertrude 18, 20-142
    Isaac 30, 18-107
    Isaac 54, 40-196
    J. O. 27, 10-57
    James 54, 41-15
    James 32, 23-83
    James A. 20, 109-126
    Jesse S. 36, 109-125
    John 23, 67-6
    John 39, 42-35
    Julia 72, 50-247
    Levi B. 37, 109-119
    Madison 54, 45-124
    Marion 27, 40-115
    Martin G. 71, 43-48
    Mary 69, 40-210
    Mary 53, 48-187
    Richard H. 45, 109-127
    Samuel 35, 26-139
    Saunders 7, 42-21
    Solamon 55, 19-109
    Thomas 23, 53-333
    William 30, 41-123
    William 22, 109-113
BROWNER, Alexander 25, 65-186
    Jesse 62, 65-185
BROWNING, Richard 57, 44-96
BROYLES, Caleb 25, 84-135
BRTER [sic], Elizabeth 66, 29-237
BRUCE, Bettie 44, 54-349
    William 35, 78-309
BRUFF, James B. 27, 43-61
BRUMET, James 25, 76-258
BRYANT, Henry A. 37, 108-85
    Henry F. 38, 108-92
    Isaac J. 30, 105-14
    James 57, 6-142
    Levi H. 60, 106-58
    Martha C. 22, 104-9
    Matilda 16, 104-9

BRYANT, Polly Ann 24, 2-54
    William 20, 78-297
    William R. 26, 8-12
BUCHANAN, Ashvill 23, 106-45
BUHL, George 39, 57-429
BUMGARDNER, Casper 45, 10-51
    David K. 38, 12-115
    James R. 23, 12-107
BUMGARNER, Josape 22, 14-154
BURCHFIELD, John 27, 62-118
    John G. 24, 61-72
    Mary 47, 60-69
    Mary A. 49, 111-176
    Mary M. 63, 109-107
    Nathan 48, 110-133
    Noah 31, 109-108
    Robert L. 21, 110-151
    Samuel 38, 111-180
    Samuel P. C. 47, 110-141
    Wiley 34?, 111-179
    William A. 53, 110-147
    Willson 56, 111-177
BURDEN, Richard 33, 80-27
BURDWELL, Ladora 43, 29-259
BURGER, Charles 27, 53-330
    Joseph 30, 53-330
BURNAM, Martha C. 19, 18-104
BURNETT, Fannie 65, 71-117
    James 21, 103-205
    Malind C. 44, 103-206
    Samuel 29, 104-213
BURNS, A. B. 22, 99-83
    J. A. 26, 99-82
    J. W. 30, 104-209
    John W. 28, 103-176
    Lawson 18, 103-201
    Richard W. 53, 99-79
    T. A. 56, 103-186
    Thomas 22, 103-183
BURTON, William 30, 45-118
BURUM, Nancy 62, 37-121
BURUN, Jefferson 55, 37-123
BUSSEL, John 44, 34-35
BYRUM, Joseph 40, 30-273
    Mahala 62, 28-222
    William 45, 28-221
CABEL, James B. 21, 111-171
    John P. 61, 111-172
CAGLE, Allen 31, 2-34
    Isaac 26, 35-66
    Polly 80, 33-27
CAIRL, A. J. 19, 99-72
CALDWELL, John 65, 49-214
    Joseph 36, 69-53
    Joseph 17, 89-34

CALDWELL, Marget 65, 4-106
    Martha 16, 68-44
    Mary 56, 69-66
    Moses 40, 96-212
    Sarah J. 54, 2-53
    Thomas 61, 1-13
    William 50, 88-9
CALLAHAN, Amos 32, 75-228
CAMERON, James 68, 98-46
    Marion 52, 100-113
CAMPBELL, Jo 25, 52-295
    John 17, 47-178
    Smith 50, 45-105
CANIDAY, Lias 34, 31-286
CANNON, James H. 39, 2-31
    Sarah A. 46, 2-35
CAPE, Jacob 40, 5-110
CAPP, Riley 29, 57-427
CARD, Nancy 66, 23-72
CARL, Ann 5, 96-213
    Jacob 54, 93-155
    Joseph 9/12, 96-213
    Rebecca 7, 96-213
    Sarah 25, 96-213
    William 30, 96-209
    William P. 21, 95-211
CAROL, Jo 62, 36-90
CARPENTER, Abel 60, 66-235
    Andrew 27, 12-97
    Caleb 35, 65-198
    Elias 31, 11-72
    John 36, 11-75
    Lee 32, 64-163
    T. D. 53, 11-82
    William B. 21, 64-179
CARPNTR, Elisha 62, 11-71
CARR, James 40, 49-234
CARSON, Frank 27, 33-25
    Judson 30, 43-58
CARTER, Frank 37, 29-244
    Rachel 34, 46-149
    William 60, 69-74
    William 30, 20-146
CARUTHERS, Harvy 72, 28-220
CARVER, Albert 34, 6-152
    John M. 26, 104-6
    Noah 29, 109-118
    Thomas 75, 104-9
CASTEEL, William 25, 73-169
CASTNER, Davied J. 41, 9-41
    H. M. 35, 10-69
    H. S. 31, 10-70
    Mary 65, 11-74
CATEN, William 22, 25-127
CATES, Charles T. 40, 58-460
    John W. 47, 56-395
CATLETT, Henry 53, 49-210

CATLETT, John 37, 57-424
    Lafayette 19, 56-399
CATON, Elias 18, 44-80
CAUGHRON, D. G. 27, 103-199
    John 31, 97-12
    L. P. 33, 104-214
    Rob. W. 23, 103-198
    S. D. 64, 101-141
    Web 35, 96-4
CAUSLER, Jackson 35, 46-144
    Lawson 48, 57-420
CAVEN, James 77, 92-120
CAYLER, Anny 64, 101-133
CAYLOR, Daniel 30, 100-106
    Eli 71, 100-108
    Eli R. 25, 100-109
    George 45, 100-105
    James 54, 6-133
    John 33, 100-101
    William 44, 101-132
CELLER, W. W. 18, 9-28
CEMRA, James 18, 25-121
CHAFFSMAN, George 67, 33-17
CHAIMBERS, Rhody 73, 101-143
CHAMBERS, Andrew 23, 90-58
    Charls 56, 108-84
    Elisabeth 38, 70-97
    Lafaette D. 32, 8-4
    Rhoda 6, 62-113
CHANDLER, Caleb 70, 94-168
    George 9, 69-66
    Handy 60, 54-368
    James 31, 72-158
    Jeanie 11, 69-66
    John 67, 72-161
    Mary 5, 69-66
    Nancy 33, 69-66
    Nancy E. 36, 44-92
    Rachael 3, 69-66
    Richard 30, 76-247
    Richard 29, 76-244
    Robert 7, 69-66
    Steven 22, 76-245
    William 34, 72-163
    William 1, 69-66
    William H. 26, 94-161
CHANLER, Joseph 15, 103-188
CHAPMAN, Bone 28, 25-113
    Emily 40, 65-195
    Pleasant 36, 24-104
    Samuel 47, 108-88
    Tohas 22, 24-112
CHAPMOND, James 23, 11-82
CHIDRESS, William 38, 77-283
CHILDRES, George 25, 69-54
CHUMLEA, W. C. 34, 56-417
CLAMPET, Henry 80, 95-204

BLOUNT COUNTY (120)

CLANNAHAN, John 27, 95-203
CLARK, Benjamin 83, 93-137
    Elizabeth A. 35, 107-65
    Ellen 54, 6-143
    George A. 42, 12-99
    James 31, 19-125
    Mary M. 20, 19-125
    Thomas 40, 93-138
CLARKE, Harvey 51, 45-109
    Jackson 55, 44-88
    James 22, 45-108
    Samuel 24, 45-107
    Thomas 52, 45-106
CLEMENS, Addison 43, 46-131
    David 21, 46-133
    Henry 67, 46-132
    Henry 30, 38-162
    Henry T. 34, 66-234
    Mary 41, 54-369
    Melvina 55, 59-27
    Robert 29, 38-159
    Samuel 45, 59-18
    Samuel 26, 59-26
CLEMERS, Joseph 47, 67-10
    Philander 23, 67-11
CLEMONS, Add 35, 9-37
    John 39, 90-61
    Martha 63, 47-171
    Nancy 57, 28-225
CLEVELAND, Ben 47, 41-1
    Emma 24, 41-9
CLEVINGER, James 35, 59-24
CLION, Tennessee 23, 32-309
CLUTE, Jacob N. 72, 49-218
COCHRAN, Henry 28, 78-315
    Matha H. 49, 20-128
    Price 52, 76-261
    Ruhad 68, 21-162
    Syrus 48, 30-270
COE, Mary 8, 31-281
COFFIN, Alex 24, 48-199
    Betsy 16, 52-286
    Cintha 43, 52-307
    Eliza 61, 56-397
    King 20, 91-92
COKER, Nathan 35, 37-124
    Rutha 61, 37-115
    William 39, 22-19
COLBURN, Samuel 48, 22-37
COLLENS, Lilly 20, 14-154
    Mary C. 38, 3-74
COLLINS, Ruthy A. 35, 82-86
COLTER, John 51, 91-91
    Samuel 24, 59-21
COLWELL, Ann E. 40, 82-100
    Doctor 60, 36-92
    Theodore 10, 82-100

COLWELL, William 18, 82-100
COMPTON, Charles L. 21, 98-64
CONLEY, Joseph 42, 41-4
CONN, Abigal 71, 21-151
CONNER, Jane 60, 54-360
    John 60, 54-360
    Patric 21, 20-143
    Thomas D. 29, 79-2
    Virginia H. 18, 20-143
    William L. 50, 79-3
CONNING?, William 46, 50-250
CONNOR, Joshua 13, 39-176
    Tempa 55, 39-176
CONTER, Robert 45, 89-37
CONWELL, Patton L. B. 52, 81-57
COOK, Edith 60, 47-173
    Eli 20, 1-2
    Hugh 53, 20-130
    Joseph A. 40, 2-39
    James A. 17, 4-88
    Pryer L. 28, 20-133
    Samuel 46, 4-87
    T. W. 36, 4-95
    Thomas 21, 15-31
COOPER, James A. 23, 96-11
    John R. 77, 110-152
    Joseph 60, 65-193
    Plesant 54, 37-114
    Swinten 26, 105-31
    W. C. 48, 96-8
    William 17, 62-113
COPLEY, Enoch 47, 32-9
COPPOCK, Benj. 31, 50-251
CORLEY, Isabell 60, 36-96
CORNET, Mary 62, 96-214
CORVER, Camel 32, 29-250
    Manda 39, 31-275
    Thomas 28, 29-251
COSAND, Benjamin 58, 16-46
COSNER, W. T. 32, 42-22
COTHRAM, Joel 32, 48-196
    Joseph 42, 46-137
COULTER, Andrew 35, 92-105
    Calvin 44, 89-38
    James 48, 95-182
    William 25, 95-183
    William 38, 90-49
    William 26, 95-190
COWAN, Ann 30, 56-393
    Charles 11, 56-393
    Frank 63, 45-112
    Henry 27, 55-378
    Houston 35, 95-188
    James 48, 45-111
    Margaret 53, 95-187
    Thomas P. 35, 57-443

COWARD, Sarah 68, 29-256
COWDEN, Samuel 38, 60-60
COWDON, Nancy J. 41, 61-98
COX, Amy 58, 49-219
    Charles 46, 37-120
    Cirus 50, 36-94
    Elihu 50, 14-7
    Elihu 35, 16-47
    Eliza 60, 52-305
    George 20, 36-108
    George 28, 72-142
    Henry 65, 34-38
    Hugh 43, 84-156
    Jack 28, 35-83
    Jackson 39, 72-162
    James 70, 39-184
    Jo 50, 35-84
    Jonas 90, 39-177
    Madison 66, 39-167
    Malinda 18, 43-47
    Melvel 24, 23-69
    Nathaniel 30, 34-36
    Richard 23, 37-118
    Sarah 14, 78-312
    Scott 27, 22-20
    Sopha 53, 33-15
    Tompson 67, 36-95
    William 24, 71-123
CRAIG, Hamilton 45, 17-72
    James B. 22, 21-168
    John W. 43, 47-169
    William 23, 18-95
CRANDER, Joseph 40, 27-202
CRAWFORD, Gideon 30, 48-186
CREASMON, A. N. 46, 42-29
CRESWELL, Alexander B. 28, 82-98
    Elisabeth 39, 80-50
    Nancy 25, 92-116
CRISP, Andrew J. 40, 4-96
    Burton 23, 105-13
    George 35, 28-205
    Isaac C. 22, 107-64
    James T. 44, 18-84
    Joel 71, 108-98
    Rise 56, 17-82
CROSS, Frances 12, 38-159
    Joseph 9, 19-114
    Melissa 16, 49-231
    Millie 29, 24-85
CROSSWHITE, Jessie 54, 32-296
    Rhoda 20, 28-228
CROUSON, Michael 54, 93-140
CROWDER, Clarie 35, 35-62
CRUIZE, John 26, 85-169
CRUMLEY, James 26, 49-224
CRUMLY, Aaron H. 37, 65-194

CRY, Hugh H. 40, 18-97
    John 26, 1-20
    Nancey 45, 1-19
    William 46, 18-98
    William 22, 1-19
CRYE, G. H. 21, 6-151
    John R. 15, 6-151
    Marthy Jane 18, 6-151
CULTEN, Georg P. 32, 30-266
CULTON, James 30, 43-56
    Robert 62, 43-53
    Sarah 24, 28-210
CUMMING, Bartly T. 26, 85-162
    Elisabeth 52, 82-80
    William P. 25, 82-83
CUMMINS, Bishop 29, 37-132
    Jose 32, 5-113
    Joseph 61, 32-10
    Mary 70, 29-246
    Sarah A. 12, 4-85
CUNINGHAM, Alfred 70, 11-94
    Moses 33, 11-95
CUNNIGHAM, Rach 38, 34-57
CUNNINGHAM, Ada 20, 57-432
    Alferd 18, 90-51
    Benjamin 30, 79-22
    Benj. 39, 80-25
    Christ 26, 11-96
    Cornelia 20, 81-60
    E. 33, 11-93
    Eliz 40, 93-134
    H. J. 26, 11-88
    Jane 44, 11-89
    Kery? 27, 71-131
    Sarah 51, 79-20
    William 11, 93-134
CUPP, Andrew 32, 43-66
    David G. 59, 63-155
    Henry C. 29, 58-5
    James E. 56, 58-6
    James F. 46, 58-7
    John 35, 55-374
    William L. 32, 60-58
CURRIER, John 64, 56-393
    John 26, 50-259
    Martha 19, 53-336
CURTHBERTSON, Jason 68, 105-27
    Martha 87, 105-29
CURTIS, Benjamin W. 17, 19-111
    Henry F. 55, 92-117
    James 38, 23-75
    John 38, 27-169
    Joseph 58, 28-224
    Letty O. 12, 19-111
    Martha 65, 61-80
    Reno 34, 28-231

BLOUNT COUNTY (122)

CURTIS, Samel 31, 28-225
    Susan 29, 76-247
    William 35, 28-223
CUSICK, Asa 32, 85-160
CUTON, Mary J. 55, 31-269
DAILE, Manda 11, 105-27
DAILY, Willy 51, 30-271
DALY, Pleasant 44, 41-3
DANBY, Laura 11, 78-304
DANIEL, William 41, 38-153
DANIELS, Andrew 4, 95-207
DAVICE, P. L. 59, 12-102
DAVID, Catherine 76, 90-58
DAVIE, John 50, 93-149
DAVIESE, John 10, 7-165
    Mary M. 30, 7-165
DAVIS, Alford 36, 85-157
    Anderson M. 29, 85-171
    Andrew 25, 92-119
    Andrew C. 32, 85-182
    Andrew J. 24, 82-102
    Archie 25, 86-189
    Burton 33, 106-39
    Calvin 58, 86-190
    Calvin B. 35, 83-123
    Catharine 56, 86-186
    Edwin 21, 57-429
    Elias 66, 59-23
    Elisabeth 40, 86-187
    George C. 41, 83-104
    Jackson 49, 69-57
    Jacob 14, 48-196
    James 35, 82-93
    James 50, 23-65
    James 23, 23-44
    James 25, 90-48
    James 62, 92-117
    James A. 42, 96-216
    James B. 4, 83-111
    James R. 40, 103-188
    James W. 58, 85-184
    Jane 60, 94-159
    Jasper 64, 92-118
    Jasper 54, 94-167
    John 22, 90-68
    John 1, 83-111
    John 20, 80-29
    John 40, 67-12
    John 57, 23-59
    John 45, 47-167
    John P. 20, 82-102
    John R. 38, 85-163
    John S. 31, 79-4
    John V. 21, 88-238
    Jonathan 44, 78-314
    Julius F. 32, 83-114

DAVIS, Lewis 62, 97-20
    Margarette L. 2, 86-192
    Martha 22, 86-192
    Mary 16, 67-22
    Mary C. 41, 95-209
    Minerva 48, 88-239
    Nancy 26, 83-111
    P. H. 39, 103-203
    Peter 36, 46-135
    Peter P. 85, 87-231
    Philip 45, 101-127
    Rachel 84, 88-17
    Rease 29, 71-116
    Samuel 27, 101-123
    Samuel 16, 48-196
    Sarah 38, 85-164
    Sarah M. 43, 82-89
    Thomas 20, 36-105
    Thomas 55, 36-102
    Torance 55, 40-207
    Wiley C. 53, 83-122
    William 25, 22-26
    William 12, 108-94
    William 45, 105-33
    Wm. 12, 48-196
    William 18, 102-153
    William 69, 84-151
    William 30, 86-206
    William 27, 90-70
    William L. 31, 85-159
    William M. 35, 85-158
    William M. 42, 95-202
    William M. 30, 85-183
    William M. 51, 85-185
    Zeb 50, 102-152
DEAN, Jane 45, 94-171
    Smith 21, 79-1
DEARMOND, Scinkley 58, 73-173
DeBOSE, Blanche 6, 52-285
DEE ARMOND, John 50, 58-4
DEE A(R)MOND, Richard 35, 68-35
DELOZIER, Catharine 60, 85-176
    Charlotte 43, 81-56
    Eliza J. 20, 87-234
    Hutson 33, 84-154
    Isaac A. 53, 84-145
    James 37, 87-232
    Jessa 25, 38-148
    Jesse 56, 69-79
DENISON, Ruth 34, 88-3
DEWBERRY, A. S. 45, 1-18
DICKSON, Bruce 48, 29-245
    Eliza J. 37, 83-109
    Thomas 35, 86-197
DIVINE, Jirock? 29, 6-149
DOBSON, Alferd 12, 40-191

DOBSON, Cheriner 45, 40-191
DOCKERY, Lucidda 53, 31-289
    Soloman 58, 108-99
    William C. 18, 9-30
    William P. 36, 108-93
DOCHREY, George 57, 15-17
DOCKRY, Jackson 26, 25-125
DOKE, Samuel 45, 25-126
DONALDSON, James R. 27, 81-66
    Lorenzo D. 34, 82-87
    Samuel 64, 14-4
    Sarah 73, 82-88
DONALSON, James 55, 95-212
DOOPES?, Oliver 25, 67-16
DOOTON, Eliza 11, 57-424
    Mary 10, 57-424
    Mary 34, 57-424
    Mattie 14, 57-424
DORSEY, Andrew J. 61, 97-24
DOUGHTY, Mary 26, 40-197
DOVER, David A. 53, 107-74
DOWELL, Emma 19, 41-10
    Margrett 34, 100-116
    Mary 22, 41-10
DOWNEY, George T. 27, 4-97
    John A. 34, 13-134
    Tildy 69, 14-164
DRAKE, James 19, 23-62
    Nancy A. 50, 26-156
    William 23, 23-74
    William H. 45, 84-141
DRARKE, Chals. 21, 26-153
DREPES, Jacob 73, 70-92
    Jacob 28, 71-128
    Peter 21, 70-91
DRINBY, Margaret 43, 71-114
DRURIE, James 35, 50-249
DRYER, Samuel J. 35, 4-92
DUBERRY, Rachel 81, 4-86
DUDLEY, Bartly T. 54, 82-75
DUGAN, Josephine 22, 48-196
DUGGAN, Joseph W. 31, 84-140
DUNCAN, James 23, 74-207
    John 32, 47-180
    Lone 46, 51-273
    Mary 71, 45-100
    Nancy 76, 20-132
    Richard J. 45, 21-151
DUNLAP, Aaron L. 59, 2-43
    Adam 33, 93-127
    Adam H. 55, 84-134
    Bradford 20, 41-122
    David H. 26, 18-106
    Elijah T. 28, 84-139
    Elizabeth 65, 28-212
    Ephraim 47, 17-67
    Francis 40, 18-102
DUNLAP, Hannah S. 75, 85-178
    James 29, 31-292
    James 61, 23-61
    James C. 53, 94-156
    Jefferson 30, 95-193
    Jefferson 32, 83-112
    John 36, 94-177
    Marget L. 21, 2-42
    Matilda 50, 95-194
    Nancy L. 18, 18-106
    William 25, 95-195
    William L. 1, 18-106
    William R. 38, 20-147
DUNN, Daniel 39, 100-117
    G. P. 32, 99-86
    L. T. 51, 97-17
    Levi 66, 100-114
    Levi P. 29, 110-161
    Levi W. 28, 97-19
    P. C. 38, 101-126
    W. H. 31, 97-27
DUPES, Benjamin O. 57, 81-70
    George 27, 81-69
    James 54, 81-67
    Nancy 47, 81-63
DYCHE, James 58, 71-129
DYER, Abram 81, 38-149
    Bengimon 50, 10-58
    Felix 51, 23-68
    John 48, 41-12
    John 52, 42-26
EAGLETON, Alexander 47, 44-99
    David 44, 44-92
    John 46, 44-94
EAKIN, John W. 42, 45-113
EDINGTON, Thomas 50, 54-357
EDMOND, Robert 29, 38-160
EDMONDS, George 39, 38-158
EDMONDSON, Ben 50, 25-129
    Clark 43, 28-226
    Houston 29, 28-228
    J. P. 34, 28-216
    John 68, 32-303
    William 38, 24-108
EFLER, Charles 37, 98-44
ELETT, Bengemon 30, 35-72
ELIS, John A. 45, 66-215
ELLER, Clarin 50, 77-274
ELLIET, Dorcas 24, 105-31
    George B. 5, 105-31
    Mary L. J. 2, 105-31
ELLIOT, Moses 60, 44-76
ELLIS, Boliver 33, 26-134
    James 50, 26-141
    Napoleon B. 44, 43-68
    Sarah 88, 26-136
ELMORE, Edith 24, 48-186

BLOUNT COUNTY (124)

ELMS, John 25, 52-290
EMERT, Frederick 26, 84-136
    Tilford A. 24, 107-62
EMETT, Hetty 28, 92-121
EMMERT, D. W. 28, 98-53
    Daniel D. 31, 98-48
    F. L. 27, 100-119
    John N. 61, 98-47
    L. J. 39, 101-126
    Philip K. 64, 99-76
EMMET, Daniel H. 66, 97-16
ENDSLEY, Alexander 54, 15-22
    Jaletty A. L. 27, 18-108
    Jane 74, 18-108
    Joseph A. 1, 18-108
    Lorra J. 18, 18-108
    Lucinda C. 9, 18-108
    Nancy E. 11, 18-108
    Rosialie 13, 18-108
    Sarah L. 15, 18-108
    William H. H. 40, 18-108
ENGER, Mary 38, 54-353
EPPS, George 16, 69-65
    John 12, 68-42
    Mary 9, 90-61
ERBY, Saml. 16, 55-383
ERLS, Frank 34, 22-21
EVANS, Amos P. 20, 81-52
    James O. 16, 81-53
    Joseph 32, 42-43
    Martha 56, 78-305
    Mary 12, 51-264
EVERET, Benjamin 19, 90-49
EVERETT, Calvin 35, 46-150
    David 8, 92-120
    George 22, 103-202
    James 32, 90-71
    James 34, 54-355
    James R. 28, 88-1
    James S. M. 55, 88-13
    James T. 22, 58-462
    John 28, 23-51
    John 69, 107-60
    John 68, 91-81
    Lafayett 18, 90-49
    Lewis 48, 72-140
    Mary A. 44, 102-149
    Mary M. 50, 91-85
    Nancy 16, 92-120
    Newton 40, 92-120
    Noah 56, 102-157
    Robt. 21, 88-12
    Tipton 28, 57-426
    William 33, 57-425
    William 16, 92-120
    William T. 23, 91-95
EVERETTE, Aaron 37, 59-33
    Amaron 34, 59-34
    Haffy 72, 59-34
    James 26, 61-87
    Lorenza 60, 59-36
    William 28, 59-35
    William T. 4, 59-34
FAG, Alsop 39, 91-82
    James 22, 91-77
    John 68, 91-75
FAGAN, William 32, 33-26
FAGG, Alexander 40, 53-314
    Lydia J. 16, 62-113
    William 18, 62-113
FAISTES, Malisa J. 22, 13-150
FALK, Sarah 45, 91-99
FALKNER, Elisha 58, 5-125
    Linck 14, 1-9
FANCHER, C. S. 49, 97-38
    James C. 36, 102-172
FANN, Nancy 50, 104-213
FARMER, Eli 38, 96-208
    James 39, 95-191
    James 87, 32-299
    Milly J. 31, 83-105
    S. A. 24, 98-58
    Solomon 74, 95-192
    William 47, 96-217
FARR, Absolom 58, 47-170
    D. G. 32, 102-155
    Humes I. 29, 91-72
    James 29, 45-126
    Joseph 26, 47-175
    R. M. 51, 102-147
    Thomas 22, 53-315
    William L. 27, 14-3
FAULKNER, John 23, 58-452
FAUST, James 58, 22-20
FEEYELL, George S. 22, 62-114
    George W. 68, 62-113
FEEZELL, John H. 29, 109-123
    William A. 43, 109-124
FERGASON, James 22, 34-53
    James 74, 39-164
FERGUESON, Mary 58, 96-10
FERGUSON, Joseph R. 12, 96-2
    Mary 20, 53-331
    Mary A. 9, 96-2
    Nancy L. 5, 96-2
    Richard W. 27, 83-115
    Tempy J. 7, 96-2
    William 32, 96-2
    William A. 1, 96-2
FERR, William H. 28, 10-48
FERRARY, Leo L. 41, 53-331
    Lcuy 32, 58-461

FINGER, Henry 49, 39-174
　　　Jane 56, 25-117
　　　Marian 35, 30-254
FINLEY, Mary 59, 85-164
　　　Samuel R. 23, 85-166
FINLY, Alex 19, 69-75
FINZER, Adam 42, 34-49
FISHER, Sarah A. 59, 110-134
FITSPATRICK, John 31, 33-14
FLANAGAN, Caroline 45, 51-265
　　　James 54, 7-172
　　　John 29, 7-173
　　　William 27, 7-171
FLANEGAN, Harry 30, 79-319
FLANNAGAN, Marshal J. 22, 79-18
　　　Samuel C. 52, 79-17
FLANNIGAN, Mary 8, 50-237
FLINN, E. B. 21, 102-156
　　　Joseph W. __ 18, 102-148
FLOYD, Abraham 35, 39-168
FOGG, John H. 24, 60-57
FOISTER, Lewis 22, 27-167
　　　Lewis 65, 26-155
FOLTNER, Josiah 38, 111-173
FONGER, Henry 43, 30-279
FORD, Hook 31, 55-391
　　　Jayhere 36, 50-242
　　　Nathaniel 36, 107-81
FORESTER, William T. 40, 79-12
FORIO?, N. R. 35, 42-18
FORTNER, Daniel 54, 10-54
　　　George W. 26, 108-94
　　　James H. 26, 10-55
FOWLER, Alvira 35, 30-259
　　　Tennessee 14, 83-126
FOX, Cornelies 72, 12-97
FRAISURE, Sarah 53, 104-214
FRANC, John H. 27, 22-34
FRANKLIN, Ben 30, 49-215
　　　Caleb 32, 56-415
　　　Elizabeth 49, 24-106
　　　Shadric 32, 25-124
FRASIER, George 44, 94-170
　　　Julia 18, 70-99
　　　Marion 23, 70-100
FRAZIER, George W. 34, 30-258
　　　Leander 38, 57-432
FREEMAN, John 50, 69-65
FRENCH, Andrew 61, 24-107
　　　Elisabeth 71, 32-7
　　　Ellen 23, 93-152
　　　James 21, 93-152
　　　James 50, 69-58
　　　John 25, 23-71
　　　Joshua 46, 43-52
　　　Lafayette 23, 25-118
　　　Marsh 41, 78-307

FRENCH, Peter 48, 70-80
　　　Samuel 60, 26-143
　　　William 7/12, 93-152
　　　Wright 31, 22-30
FRESHOUR, George 74, 101-122
　　　Jacob 45, 98-56
　　　T. J. 43, 101-121
　　　W. W. 35, 101-144
FRONCH, John 27, 25-128
FROW, Jane 76, 32-306
FRY, A. B. 21, 99-80
　　　A. M. 47, 104-211
　　　A. T. 25, 101-125
　　　Levi T. 24, 98-51
　　　Thomas 29, 100-100
FRYE, Joseph 41, 49-216
FULKERSON, Betsy 32, 49-213
FULLER, George 26, 62-108
　　　Samuel 29, 62-107
FULTON, Aaron 49, 56-408
　　　Charles 27, 50-260
FUZELL, James 36, 48-200
GADDAS, Martin 41, 76-264
GADFREY, Mary 42, 79-320
GAINES, Mary 38, 62-117
　　　Thomas L. 35, 60-53
GAMBLE, Alaxander 25, 91-88
　　　Alexan 24, 92-108
　　　Angeline 43, 92-116
　　　Elisabeth 70, 82-86
　　　Henry 36, 50-241
　　　Hugh H. 51, 86-195
　　　Hugh H. 24, 91-100
　　　Jane 79, 93-130
　　　John 67, 91-87
　　　John E. 52, 91-89
　　　Joseph 47, 96-215
　　　Josias 25, 86-196
　　　Josias 54, 92-107
　　　Marion 42, 67-15
　　　Moses 51, 89-34
　　　William H. 31, 84-147
GANUR, Allen 44, 53-331
GARDENHIRE, Barney 80, 47-181
　　　Saml. 46, 47-178
GARDINER, John 35, 43-54
GARDNER, Adam 55, 88-246
　　　Bortly 34, 25-115
　　　David 63, 12-116
　　　George 27, 13-124
　　　Jackson 37, 39-180
　　　John B. 29, 12-117
　　　Jones R. 31, 12-105
　　　Robert S. 21, 13-148
　　　Thomas M. 35, 12-106
　　　Wm. 61, 15-27
GARLAND, David 52, 106-45

BLOUNT COUNTY (126)

GARNER, Amos 39, 86-202
    Elie 66, 86-205
    Elie 29, 86-204
    Francis 29, 87-218
    Haris 60, 29-249
    Hazel 11/12, 51-279
    Jeptha 49, 50-244
    John 25, 20-126
    John 19, 78-307
    Lucinda 36, 51-278
    Mansel 22, 95-200
    Mary C. 23, 20-126
    Mathew B. 40, 87-229
    Prier 18, 29-238
    Ransom 27, 86-211
    Temprance 50, 4-86
    Tyler 45, 53-322
    William H. 2, 20-126
    Wm. O. 22, 58-457
    Zilpha 68, 93-141
GARVER, Andrew 28, 29-242
GAULT, S. H. 36, 32-8
GAURLEY, Marcellus 30, 36-88
GENNELL, James 32, 76-260
GENTRY, Allen 30, 73-189
    Charles 18, 74-195
    Walter 6, 51-267
GEORG, Alic 76, 37-136
GEORGE, Albert 33, 51-271
    Claborn 41, 37-135
    Hiram 50, 54-363
    Houston 34, 72-142
    James 50, 72-145
    James 50, 33-16
    Jane 45, 44-86
    Jefferson 29, 52-303
    Joseph 32, 51-276
    Lewis 24, 55-376
    Lottie 50, 72-144
    Mary 60, 72-143
    Perry 21, 75-231
    Rich 44, 37-113
    Rorbert 10, 74-199
    Smith 57, 8-20
    Wright 60, 74-215
GIBBS, Asbery 21, 24-100
    Margaret 29, 53-326
    Robbert 35, 24-97
    Sarah A. 18, 28-215
    Wilson 55, 25-132
GIBS, Alfred 24, 73-172
    John 13, 38-158
    Silus 25, 38-152
GIBSON, Adison 38, 61-79
    Barbrah 60, 63-145
    Catharine 40, 38-162

GIBSON, Huston 11, 38-162
    Manerva 33, 38-157
    Mary 70, 29-240
    Thomas 8, 61-76
GIDDIN, Hugh 30, 22-29
GIDEAN, William 45, 26-151
GIFFIN, Rorbet J. 25, 14-164
GIFFINE, Melvenia 53, 9-29
GILCHRIST, Mary 30, 55-389
GILESPIE, Alic 77, 38-140
    Analza 24, 37-126
    Bety 22, 36-101
    Charlie 3, 36-101
    Clementine 14, 37-126
    Isabell 48, 37-126
GILEST, T. J. R. 39, 10-59
GILLAND, James 27, 70-106
GILLESPIE, Abbie 3, 53-311
    Candor 77, 68-30
    Carson 29, 72-146
    John 3, 53-311
    Mary 26, 53-311
    Mary 23, 53-318
    Nancy 80, 69-75
    Nancy 5, 53-311
    Tony 5, 53-311
GILLESPY, J. H. 81, 102-171
GILLIN, John 10, 88-8
GIPSON, John 18, 7-172
    John 52, 87-215
GIVENS, Martha 22, 73-171
    William 15, 70-95
GLADDEN, James 76, 103-204
GLASS, James T. 32, 87-214
GODDARD, David 62, 78-294
    Elias 40, 52-283
    James 31, 56-416
    James 31, 70-83
    John 31, 16-39
    Nathan 35, 58-8
    Pette 33, 25-127
    Robert 31, 78-317
    Saml. 26, 96-219
    William 30, 76-253
    William 38, 58-3
    William 67, 93-143
GODFREY, Alex 40, 75-227
    Guss 35, 76-251
    John 50, 44-75
    Susan 5, 77-283
GOFF, Hemon 21, 49-225
    Henry 42, 43-46
    Jane 76, 66-230
GOFORTH, James 33, 106-50
    John A. 54, 107-80
    Mahala 30, 44-97

GOFORTH, Susan 7, 44-97
GOLDEN, Eliza A. 22, 93-132
    Grace 1, 93-132
    Nelly 6, 93-132
    Ulyssus 3, 93-132
    William 23, 93-132
GOLDINS, James 47, 14-162
GOMLEY, Thomas 45, 65-206
GOOD, William 37, 32-6
GOODEN, James 33, 95-206
GOODING, Thomas 23, 105-30
GOODMAN, Wm. H. 60, 15-26
GOODWIN, John 47, 57-418
    Simmeon G. 51, 105-12
    Susana 46, 65-190
    William 25, 26-138
GORLY, Andy 50, 40-195
GORMLEY, Nancey Hellen 20, 9-31
    William H. 24, 9-31
GOSIODZ, Charls M. 2, 105-12
    Frances E. 30, 105-12
    George A. 30, 105-12
    Linn S. 7, 105-12
    William H. 12, 105-12
GOUENS, Nancy J. 14, 104-3
GOURLEY, Avery 27, 36-89
GRAGG, John M. 19, 111-170
    Jules D. 33, 111-174
GRAHAM, George 42, 85-173
    Mary 52, 107-71
    Nyd 36, 33-31
GRASTON, Lafayette 27, 27-200
GRATIE, Adaline 40, 73-169
GRAVES, Barbara 30, 87-225
    Dorcas A. 9, 96-194
    Elisabeth 52, 87-224
    James A. 26, 87-223
    John 30, 75-240
    John A. 22, 87-221
    Solomon 76, 75-240
    Stephen T. 32, 86-208
    William A. 25, 87-226
    William A. 11, 86-194
GRAY, Jeremiah 57, 78-301
    Thomas 36, 5-129
    W. B. 30, 1-11
    Willice 65, 5-128
GREEN, James 14, 71-127
    Olly 28, 101-138
    Reuben 16, 98-57
    Ann 15, 69-69
GREENWAY, Penelope 62, 53-325
GREER, James 36, 53-325
    James W. 35, 49-217
    John 70, 21-150
    John J. 42, 18-100

GREER, Joseph 37, 57-430
    Rosana 20, 19-123
    Samuel L. 47, 15-18
    Sarah 71, 18-104
GREGG, Leason F. 26, 15-20
GREGORY, Calvin 23, 109-109
    John H. 24, 109-115
    Samuel 45, 93-154
GRIFFEN, Charles 32, 71-133
GRIFFIN, Daniel 46, 52-304
GRIFFITS, William 49, 24-94
GRIFFITTS, Anderson 47, 15-34
    Henderson 27, 33-18
    James 31, 20-145
    Phebe 56, 15-23
    S. J. 51, 10-50
    Simeon 36, 10-47
GRIGGERY, Charls 57, 109-106
GRIGORY, James G. 24, 110-135
    James H. 36, 109-112
    John 28, 111-167
    Martha A. 47, 109-111
    Matilda 38, 111-166
    Susanah 86, 109-110
    William A. J. 19, 110-133
GRINDESTAFF, William 33, 13-137
GRINDSTAFF, Benjamin 77, 62-105
    Mrs. Ely 65, 25-120
    James 65, 62-125
    John 36, 63-136
    William 45, 62-124
GRINNELL, Fordice 36, 50-246
    Jere, 63, 50-245
GRIZZARD, Henry 18, 52-283
GUNTER, Pyrean T. 20, 105-32
GUY, Margret 88, 32-299
HACKNEY, A. T. 52, 17-64
    David 50, 16-51
    Francis 63, 17-62
    Hiram 55, 17-60
    Hugh 50, 14-1
    James T. 31, 14-8
    John L. 33, 17-61
    Lafayit 38, 19-116
    Lambert 62, 54-337
    Levi 40, 5-150
    Marthey S. 64, 2-42
    Mary J. 9, 5-131
    Michael 32, 14-2
    Peba E. 11, 5-131
    Susan 56, 14-9
    Thomas T. 24, 14-10
    Wm. J. 66, 21-169
HADEN, Marqus 18, 92-110
HADENS, Alexander 39, 91-90
HAFLEY, Andrew 41, 93-144
    Bartley M. 60, 79-15

BLOUNT COUNTY (128)

HAFLEY, Betsey 70, 81-60
HAGER, Jane C. 23, 8-7
HAGGARD, William 47, 67-13
HAIL, Ann 1/12, 24-92
    Henry 30, 24-92
HAIR, Jacob 21, 32-303
    John R. 31, 21-157
    Sarah 49, 21-158
    William 26, 29-260
HAISTINGS, Westley 70, 108-97
HALE, Hiram H. 57, 21-149
    John C. 39, 1-1
    Rosanna 74, 20-144
HALL, Addison 54, 78-295
    Alexander 28, 43-70
    Amanda 50, 60-61
    Andrew 38, 107-70
    Crafferd 38, 91-74
    Elisabeth 57, 62-119
    George 31, 7-174
    James 38, 54-351
    James B. 26, 20-143
    James F. 26, 63-146
    James M. 24, 15-30
    James W. 54, 62-123
    John 51, 43-47
    John G. 6, 60-69
    Lafayette 27, 62-122
    Lucinda 50, 17-70
    Mary Cordelia 3, 62-111
    Sarah M. 22, 62-111
    Stephen H. 39, 82-99
    William 84, 107-82
    William 44, 71-114
    William 22, 63-147
HAMEL, George 62, 31-290
HAMIEL, Hugh A. 35, 9-36
HAMIL, Margret L. 17, 64-158
    May A. 45, 58-9
    Nancy W. 67, 16-40
HAMILTON, David 66, 65-202
HAMMEN, Esther 50, 51-268
    Jack 32, 51-269
HAMMILTON, William 35, 105-25
HAMMIT, Albert 18, 78-303
HAMMONTREE, Harvey 35, 22-32
HAMMUN, James 67, 49-226
HAMPSON, Samuel 52, 77-285
HANNA, Joseph 56, 51-282
HANNAH, Amanda 71, 64-158
    C. C. 28, 9-26
    J. A. 37, 10-63
    John A. 68, 11-80
    John H. 37, 12-119
    William 34, 28-214

HANNER, Levi T. 19, 99-87
HANNET, A. B. 48, 10-61
HANNUM, Amos 50, 54-342
    David 40, 56-410
    William 39, 50-236
HARBINON, Mary 41, 18-83
HARDEN, James 35, 18-101
    William Z. 54, 8-16
HARGES, John L. 30, 8-3
    Robert 16, 10-52
    Sarah A. 44, 7-175
    William J. 31, 7-176
HARMAN, Allen R. 30, 83-119
    Jacob 35, 83-113
    William R. 56, 83-118
HARMON, James 34, 67-22
HAROLD, Elwood 40, 41-126
HARP, William 36, 30-268
HARPER, Andrew 27, 53-320
HARRIS, Adderson 61, 78-298
    Addison 68, 75-223
    Andrew 71, 78-302
    James 39, 72-149
    James 44, 68-49
    John 38, 73-187
    John 30, 78-309
    Joseph 40, 106-40
    Nancy 69, 78-303
HARRISON, Alfred H. 34, 106-34
    Jame 74, 105-13
    Wm. 31, 46-147
HART, Josephine 40, 74-199
    Sarah 53, 45-103
    Thomas 54, 45-104
HARTLEY, Saml. 16, 50-258
    Thomas E. 56, 16-43
HARTSILL, Jo 29, 33-30
HARVESON, William 57, 91-98
HARVESTEN, Barton 28, 91-97
HARVEY, Harriet 37, 55-387
HARVISON, Henry 21, 90-62
HASKEL, Fredric 50, 69-74
HASKENS, Mary 40, 75-224
HASLER, William A. 52, 20-139
HASSLER, John 22, 55-378
HASTING, Mary J. 43, 5-126
HASTINGS, William 46, 50-243
HATCHER, Anderson 23, 83-124
    E. L. 51, 2-46
    Eliga 24, 25-119
    Elija 32, 89-42
    J. W. 37, 102-169
    Jessee 34, 91-96
    John 24, 91-80
    Lulu 3, 44-89
    Noah 34, 102-159

HATCHER, Rheuben 45, 46-160
    Richard 45, 93-136
    William L. 30, 4-84
HATSELL, Nancy 66, 20-126
HAUN, Henry 17, 100-110
HAYES, Cadwallader 32, 53-316
    Eliza 65, 56-417
    Nellie 23, 56-417
    Richard 18, 58-455
HAYNES, Michael 21, 69-59
HAYWORTH, Mary M. 33, 15-33
HEADRICK, John H. 28, 79-6
HEARTSEL, William 57, 77-278
HEARTSILL, Abram 68, 33-32
HEATON, William 56, 106-51
HEDRIC, Isabella 37, 59-39
HEDRICK, Anney J. 23, 109-114
    Daniel 52, 19-112
    Daniel 23, 89-38
    Daniel 64, 101-120
    James 52, 6-140
    James H. 32, 95-184
    James M. 32, 99-77
    John 59, 93-135
    Mary Jane 40, 4-105
    Susanna 75, 89-27
    Thomas P. 67, 7-163
    W. W. 35, 103-197
    William 33, 68-28
    William 27, 1-27
HEFFSTELLER, M. A. 46, 2-49
HELTON, Amand 4, 6-140
HEMBREE, Chas. 26, 48-188
HENDERSON, Ab 35, 38-144
    Aleck 45, 54-358
    Elizabeth 48, 77-279
    George 40, 19-125
    John 30, 75-237
    Joseph 44, 26-148
    Mary 38, 35-79
    Mikel 23, 26-137
    Pinkney 42, 35-78
    Samuel 20, 78-295
    Wm. 42, 18-89
    Wm. 74, 35-80
    Zach 50, 52-285
HENERY, Joseph 31, 8-181
HENLEY, Frank 38, 1-15
    Lindy 35, 2-33
HENRY, Abram 45, 37-112
    Abraham 53, 89-36
    Ake 48, 29-263
    Albert 29, 69-73
    Alexander 50, 93-132
    Ann 74, 8-8
    Andrew 35, 89-26
    Arthur M. 45, 79-11

BLOUNT COUNTY (129)

HENRY, Claborn 50, 34-46
    David 40, 52-288
    Eliza 48, 51-261
    Elisabeth 55, 105-22
    Esther 56, 51-271
    Frank A. 31, 82-92
    George 53, 72-137
    Green 25, 44-92
    Harrison 40, 72-138
    Harry 26, 53-310
    Howard 56, 29-240
    Hugh J. 51, 82-101
    Huston 39, 33-12
    Jackson 67, 27-198
    Jacob 48, 55-379
    James 25, 91-94
    James 45, 34-50
    James F. 7, 63-148
    James K. 12, 12-98
    Jerry 48, 54-367
    John 40, 36-108
    John 72, 36-106
    John 32, 30-265
    John N. 51, 20-144
    Lewis 54, 57-440
    Luisa J. 15, 12-98
    Mary A. 30, 63-148
    Nancy 50, 24-99
    Pleasant 42, 95-180
    Pleasant 23, 105-23
    Rosanna 20, 93-133
    Sam 33, 36-109
    Samuel 41, 95-181
    Samuel 45, 9-44
    Samuel 53, 96-210
    Samuel G. 27, 82-79
    Spencer 74, 9-43
    Spencer H. 35, 63-148
    Thomas 54, 99-91
    Thomas D. 7, 12-98
    Wallace 5, 63-148
    William 40, 4-100
    William 26, 28-207
    William 41, 29-262
    William 47, 91-93
    William 39, 46-134
    Willy 70, 94-158
HENSON, Archey 47, 1-8
    James 37, 29-256
HERAN, Granvel 12, 8-11
    Jery M. 8, 12-110
HEREN, John 12, 2-47
HERGER, Samuel L. 51, 7-179
HERON, James M. 38, 64-175
    Jerimiah 36, 64-176
    Lidda J. 5, 66-215
    Thomas 45, 66-208

BLOUNT COUNTY (130)

HICKMAN, Allen 9, 14-9
 Thomas 20, 14-9
HICKS, Aberham 66, 101-136
 Bartlett 29, 102-161
 H. T. 24, 96-5
 James 46, 43-45
 Rosanna 49, 42-35
 Stephen H. 30, 107-61
 Thomas 48, 62-116
HICKY, Wm. 22, 49-222
HILEMAN, Jacob 40, 46-155
HILL, Cintha 24, 57-442
 Pleasant 42, 64-162
 Robert 27, 95-189
 Robert 46, 64-161
 Susan 62, 33-33
 William 35, 92-125
HINES, Alexander 21, 93-149
 Isaac 63, 80-44
 Joseph 33, 80-46
 Joshua 38, 80-24
 Margaret 18, 93-149
 William 35, 80-48
HINTON, H. C. 57, 9-22
 Henry C. 24, 9-24
 S. C. 26, 9-23
HIPP, Laura 15, 43-52
HIRTICE, William 15, 9-34
HITCH, Archable 28, 71-113
 Archoflo 56, 72-147
 Elias 65, 69-68
 Elias 53, 68-29
 Eviline 45, 79-147
 James 51, 69-70
 Mathew 33, 69-67
 Steven 50, 75-222
HIX, Adam 19, 104-213
 Houston 14, 92-104
 John 37, 92-106
 Lans 52, 41-121
 Nancy M. 20, 104-213
 Samuel 17, 40-202
HOAGUE, Carry 34, 34-51
 Gidian 28, 40-199
HOBBS, James 8, 74-205
 Nancy 9, 74-206
HOCKENS, Jane 65, 5-124
HOCKING, Aaron L. 45, 16-54
HODGE, H. J. 43, 12-123
 Henry 80, 77-276
 Rachel 44, 95-201
 Robert 44, 100-104
 Thomas 51, 110-145
 William 45, 77-269
 William 22, 77-282

HODSON, M. P. 37, 42-33
 Robert 36, 42-32
HOFFS, Samuel 46, 27-199
HOLDER, Thomas 52, 66-217
 William R. 23, 64-170
HOLIDAY, Jane 37, 68-30
 Mary 66, 14-161
HOLIFIELD, Brison 70, 25-130
 Elisabeth 46, 87-220
 George W. 30, 87-219
HOLIS, Ransom 12, 73-182
HOLLAND, George W. 61, 80-35
 James 46, 25-130
HOLLENS, Allen 5, 93-141
 Andrew 2, 93-141
 George 10, 93-141
 John 28, 93-141
 Mary 21, 93-141
 Merida 30, 93-142
 Zilpha 7, 93-141
HOLLIFIELD, Danl. 29, 52-300
HOLT, James W. 45, 83-126
HON, Adam 20, 29-248
HOOD, Francis 62, 57-424
 James 23, 30-265
 James 7, 72-146
 Jennie 56, 69-54
 John 66, 38-150
 John P. 33, 79-5
 Parker 52, 77-268
 Riley 9, 72-146
 Robert N. 35, 57-433
 William 13, 72-146
HOOK, James 44, 25-124
 John 50, 67-18
 Marselus 42, 67-17
HOOKS, Luther 42, 35-77
HOOPER, Elvira 56, 80-29
 Jemima 50, 107-76
 Margaret 55, 77-273
 Moses A. 28, 57-421
 Samuel 23, 77-271
 Willson F. 28, 80-38
HORD, Joseph 33, 52-292
 William 29, 53-330
HOUK, John W. 42, 80-39
HOUSEHOLDER, Isaac 24, 76-252
HOUSER, Hugh B. 26, 58-2
 James 19, 68-36
 Lewis 49, 79-16
 Serena 49, 59-34
HOUSTON, Robert L. 36, 81-74
HOWARD, Alexander 15, 1-9
 Eupema 64, 5-111
 G. W. 42, 5-108

HOWARD, Harison 43, 2-37
    James 54, 5-115
    Jeff 39, 8-15
    John 84, 3-68
    John W. 30, 105-30
    Joseph 58, 3-59
    Lucinda 16, 42-33
    Samuel 51, 3-60
    W. B. 34, 6-138
    Wm. 23, 52-302
HOWERD, H. P. 23, 32-298
HOYLS, S. E. L. 32, 3-61
HUBBARD, Elisabeth 78, 86-188
HUDGEONS, John J. 56, 20-137
HUDSON, Jerry 76, 53-334
    Martha 38, 19-127
HUFFETTLER, D. A. 33, 9-25
HUFFSETLES, Ely 49, 10-67
HUFSTELER, G. W. 35, 8-21
HUFFSTELER, J. P. 23, 10-64
    Mikel 80, 11-77
HUGHES, Dock 41, 54-361
HUGHS, Dolley 32, 111-178
    John W. 15, 105-30
HUKY, Kany 16, 26-159
HUMPHREYS, LEONIDS #%, L(_LL(
    Saml. 65, 17-77
HUMPHRYES, Mitt 42, 18-86
HUNNYCUT, Anna 26, 23-72
    John 6, 23-72
    Walter 2, 23-72
HUNT, Henry 44, 36-104
    Luther 31, 14-12
HUNTER, Alexander 17, 89-39
    Catherine 70, 89-39
    Cora 9, 32-3
    Elya 57, 24-92
    Harriett 46, 79-17
    Joseph 21, 82-77
    Lucinda B. 14, 79-17
    Pleasant 21, 50-252
    Saraah 12, 32-3
    William 25, 31-273
    William 17, 92-122
    William G. 2, 89-39
HUSE, Jackson 47, 3-74
    John 78, 3-74
    Sarah M. 45, 4-94
HUSKY, Isaac 56, 103-175
HUTHE, Elisabeth 69, 2-47
HUTSEL, Wilson 68, 28-204
HUTSELL, George 87, 64-165
    George B. 71, 59-14
    Jefferson 22, 59-13
    Margaret 44, 47-165
    Saml. 30, 47-178
HUTTON, John H. 40, 8-11
    Jones C. 36, 12-100

HUTTON, Thomas 56, 48-203
HYDE, William 63, 86-210
HYDEN, Samuel 55, 53-335
IDNER, Andrew 30, 1-19
INERIE, Marcellus 36, 50-255
INGRAM, William 56, 54-350
INMAN, Harvy 50, 82-94
IRVIN, Alexander 56, 27-164
IRWIN, Hettie 75, 54-339
    James 27, 27-166
    Margaret 36, 21-163
    Rachel 44, 44-89
ISAM, Robison 30, 31-274
ISH, David 72, 41-6
    Jackson 30, 24-96
IVINS, Thornton 47, 64-174
JACKSON, Antine 16, 16-44
    Charles 48, 15-32
    E. S. 33, 4-80
    Elizabeth 74, 29-261
    Henry 21, 41-5
    James M. 64, 107-75
    Joel 50, 98-50
    John 48, 103-185
    Joseph 35, 108-90
    Samuel 68, 3-65
    T. J. 30, 103-184
    Washington 55, 92-101
    William 27, 39-176
    William R. 25, 106-36
JAMES, Benjamin 42, 23-43
    Elijah 41, 47-172
    Henry 17, 61-76
    Ignatius 34, 28-227
    Isaac J. 15, 61-76
    Jane 44, 23-78
    John 46, 10-68
    Margarett 16, 87-214
    Riley S. 18, 87-214
    Salina 46, 21-10
    William 58, 23-79
JASPER, Robert 48, 48-191
JEFFERSON, White 51, 24-95
JEFFRIES, Hugh C. 39, 84-133
    Isaac N. 33, 85-165
    James H. 29, 85-180
    John 69, 85-181
    John E. 26, 87-230
    Marcus 46, 34-54
JEFFRIS, James 42, 39-179
    William 52, 34-55
JENKINS, Hugh 43, 39-186
    Jones 53, 99-85
    Lafayette 29, 31-294
    Samuel 25, 72-160
    Wm. 50, 18-88
JENNINGS, Benjamin F. 77, 31-290
    Granville 22, 48-209

BLOUNT COUNTY (132)

JENTRY, Hester 56, 3-58
JINKENS, John 60, 104-11
    Laban 27, 108-100
JINKINS, Ellen 60, 39-187
JOHN, Sylvester 29, 45-106
JOHNSON, Amanda 45, 54-360
    Ann 35, 48-194
    Anna 54, 79-14
    David 47, 69-78
    Della 10, 28-222
    Dennis 40, 50-240
    Eli 76, 5-130
    Elkna 56, 32-307
    Furd 24, 28-222
    George 27, 25-127
    George 40, 96-212
    George H. 1, 96-212
    H. L. W. 49, 2-53
    James 93, 44-93
    James 13, 96-212
    James 33, 68-40
    James 30, 19-112
    Janie 31, 28-222
    John L. 12, 96-212
    Margett 23, 25-127
    Margret 54, 62-104
    Martha 35, 21-11
    Richard 43, 71-112
    Richard C. 28, 105-16
    Richard H. 35, 8-185
    Robert 35, 67-4
    Robert 64, 68-37
    Sarah 9, 96-212
    Sarah A. 26, 19-112
    Sophronia 22, 42-42
    Susan 38, 96-212
    Thomas 38, 6-132
    Thomas 63, 28-223
    Thomas 27, 89-29
    Westley 34, 27-162
    William 15, 37-132
    William 42, 78-306
    William 61, 82-95
    William H. 19, 19-112
JOHNSTON, Ezekiel 77, 82-90
    Robert 65, 32-11
JOINER, George 33, 74-202
    John 24, 74-198
    Josephine 15, 74-198
JONES, Allen T. 53, 87-214
    Cena 37, 17-58
    David 45, 55-385
    David 14, 36-106
    Elisha 38, 26-135
    Ephriam 33, 42-21
    Ervin N. 26, 104-8

JONES, Francis A. 74, 17-59
    George 7, 104-9
    Henry T. 28, 19-117
    James L. 16, 87-222
    James M. 35, 12-103
    Jane 72, 104-3
    Jesup N. 25, 19-120
    John 18, 73-190
    John 75, 15-37
    John W. 40, 3-73
    Joseph 61, 18-108
    Lewis 46, 74-191
    Lucinda 37, 19-109
    Marion 35, 107-63
    Mary 11, 18-99
    Nancy 12, 73-190
    Nancy 75, 52-289
    Robert 16, 73-190
    Samuel 22, 27-190
    Sarah 14, 73-190
    Sarah 84, 73-190
    Thomas J. 26, 107-72
    Wesley 17, 73-190
    William 10, 73-190
    William 66, 27-189
    Wm. L. 47, 15-25
    William R. 56, 19-124
JONSON, Boid 23, 98-61
JORDAN, Moses 22, 80-47
    Silva 38, 51-267
KAGLEY, A. A. 30, 12-110
    J. D. 26, 12-113
    John 43, 13-140
    Lovenia 60, 12-114
    S. A. 27, 12-109
    W. L. 38, 12-104
KALER, George 35, 4-103
KAYS, James C. 21, 19-124
KEE, Columbus 38, 25-121
    Enoch 40, 22-28
    Peter 70, 22-42
KEEBLE, Alford H. 24, 79-7
    Jane 58, 94-157
    John A. 26, 96-217
    Nancy 45, 96-217
    Pleasant 34, 83-116
    Richard 68, 104-210
    Richard 29, 95-197
    Richard 31, 96-215
    Samuel 37, 86-207
KEER, George 35, 38-143
KEGLEY, Absalom 38, 13-149
    Joseph 66, 13-147
    W. W. 29, 13-146
KELLER, Cordela 7, 70-90
    Elisabeth 50, 64-157

KELLER, Eliza 20, 83-103
    George 21, 60-43
    George W. 30, 66-229
    Isaac T. 25, 66-232
    John 20, 63-135
    John 15, 70-83
    John 20, 92-117
    Joseph W. 34, 66-228
    Margaret 19, 75-231
    Martha J. 13, 66-224
    Mary E. 19, 63-149
    Rachael L. 17, 66-224
    Samuel 60, 62-121
    Sarah 45, 90-64
    Sarah A. 13, 66-224
    Thomas 28, 35-67
    William 5, 63-150
    William 38, 69-77
    William T. 33, 66-226
KELLEY, James 62, 96-1
KELLY, Frances 67, 54-352
    John 42, 52-296
KEMELY, Martha 42, 72-144
KENNE, Martha 23, 43-52
KENNEDY, Alexander 78, 68-43
    James 46, 68-26
    John 27, 76-262
    Louis 48, 54-359
    Rachel 18, 68-32
    Sarah 18, 69-75
    Sol 45, 48-208
KENT, Nancy 43, 88-15
KER, William 38, 70-103
KERBY, Wright 29, 38-143
KERKLAND, W. T. 43, 7-168
KERLEY, W. M. 19, 100-101
KERR, James M. 70, 14-155
    John 21, 8-184
    Marthey A. 28, 13-152
    William R. 27, 14-156
KERROL, Malvina 35, 76-251
KEY, James 49, 41-119
    John 61, 40-210
    Louis 38, 33-24
    Marton 32, 40-112
    Ransom 46, 35-76
    Riley 38, 18-93
    Rosana 88, 63-155
    Silas 17, 53-331
    Sina 15, 68-42
KID, James 27, 40-194
    Leander 32, 95-185
KIDD, Alexander 23, 68-41
    Alexander 41, 45-123
    Edward 52, 42-36

KIDD, Elbert S. 28, 43-69
    Francis 53, 75-225
    Harvy 36, 28-217
    Henry 32, 49-220
    Henry 42, 78-310
    James 63, 45-110
    Jane 33, 53-330
    Jefferson 48, 75-232
    John H. 8, 59-18
    Lewis 65, 49-221
    Lewis M. 44, 43-67
    Louis 29, 74-220
    Mary 76, 73-174
    Perry 40, 73-175
    Robert 80, 70-87
    William 74, 52-284
KIGER, Joseph 27, 27-203
KING, Ephram C. 44, 2-45
    G. A. 42, 101-133
    John W. 18, 104-9
    Samuel L. 23, 8-182
    Susan 45, 56-402
KINGSEE, Nancy 18, 69-76
KINNAMAN, Arthur 34, 71-132
    John 69, 68-32
    Samuel 32, 68-33
    Sarah 67, 72-140
KINNAMON, Jas. 80, 90-47
    James 22, 44-79
KINNICK, John T. 39, 32-298
KINSEY, John 26, 74-197
KINUCK, George 68, 27-195
KINY, John 17, 59-16
KIRBY, Effie 14, 46-161
    Franklin 27, 78-291
    Sarah 55, 76-256
KIRK, Wm. H. 34, 57-442
KIRKPATRIC, John 55, 67-5
KIRKPATRICK, Humphrey 64, 87-222
    Rufus 51, 81-61
KITE, Elizabeth 82, 107-71
    Margaret 37, 107-68
KIZER, Amzie R. 44, 17-76
    George 61, 28-206
    John W. 65, 17-75
    Polly A. 68, 17-79
KLEPPER, John E. 34, 20-129
KNIGHT, William 52, 83-106
KOOK, Margret 42, 29-241
KOUNTS, Samuel 43, 82-81
KRAUS, Nathaniel 45, 22-31
LACKY, Margritt 52, 35-71
LAKEY, Rachael A. 60, 105-27
    Witsher 17, 105-27
LAMAR, Thomas J. 53, 48-189

BLOUNT COUNTY (134)

LAMBERT, Sarah A. 53, 96-2
LAMBET, Levi 42, 3-68
LANE, Aberham 71, 101-140
    Abraham 35, 90-51
    Charles 49, 53-336
    Daniel 28, 96-6
    Dolly 35, 8-183
    Elizabeth 18, 18-94
    Elizabeth 51, 90-50
    Febe 51, 26-147
    Geo. W. 34, 97-29
    James 39, 101-124
    James 35, 91-78
    James B. 29, 27-175
    James N. 60, 3-75
    James P. 37, 27-176
    James P. 19, 102-158
    James W. 59, 16-39
    John 13, 20-144
    Joseph 54, 16-41
    Lucy 16, 58-460
    Margaret 80, 27-177
    Merda 54, 28-229
    Rachel 22, 14-2
    Richard 28, 90-56
    S. D. 51, 8-184
    S. H. 23, 8-17
    Samuel 43, 101-146
    Sarah 19, 17-80
    Sousan 21, 24-92
    William 33, 31-285
    William C. 40, 90-53
    William H. 25, 96-7
LANGFORD, Bartley 51, 41-118
LARGE, B. P. 26, 3-79
    John 31, 31-284
LATHAM, Harvy 31, 87-217
    John 20, 87-220
    John 73, 88-242
    John R. 24, 88-240
    Mila L. 19, 87-220
    Minerva E. 1/12, 87-220
    William 19, 83-103
LATHUM, Isabella 27, 94-175
    Joseph 53, 95-207
LAURANCE, Malissa 45, 34-36
LAURENCE, Estella 1/4, 54-365
    J. C. 25, 54-364
    John 27, 57-423
    Leanora 2, 54-365
    William 53, 45-114
LAUSON, Gorge 36, 28-218
LAW, James 30, 90-66
    John 31, 99-73
    Silvester 66, 90-59
LAWSON, Anderson 36, 75-241
    B. A. 27, 10-65

LAWSON, Daniel B. 53, 111-164
    J. W. 46, 97-34
    M. H. 48, 97-39
    Mary 74, 97-35
    Newton 33, 44-71
    Winwright 35, 44-83
LEADBETER, Mathew M. 21, 110-139
LEAFTOLLER, William 12, 11-86
LEATHERWOOD, Daniel 72, 31-287
    George 26, 31-288
    Joseph 38, 30-267
LEBONE, Madison 28, 73-185
LEBOW, Isham 72, 74-211
    Pyer 42, 73-184
    Richard 64, 73-183
    Samuel 29, 74-212
    Taylor 38, 74-210
LEDBETTER, Daniel 53, 65-203
LEE, Eliza 14, 48-186
    Ephraim 51, 16-45
    Ezra H. 30, 19-114
    G. W. 27, 53-320
    George 35, 55-381
    John G. 52, 22-27
    John G. 33, 19-115
    Jonathan 62, 19-110
    Thomas R. 45, 16-47
LEEPER, Edward 16, 15-20
    John 3, 15-20
    Laurena 19, 15-20
    Martha 13, 15-20
LEGUIRE, Isaac 41, 110-157
    Willes W. 26, 110-158
LEGURE, Joseph 51, 109-122
LEMING, G. W. 63, 100-95
LEMONS, Joseph 44, 44-80
LEWALLEN, John 18, 54-345
LEWIS, John 26, 29-253
    Samuel 43, 14-7
LILE, Merva 60, 24-98
LILLARD, Thomas 36, 51-277
LINGENFELTER, Henry 30, 36-95
LINGINFELTER, James 18, 24-89
    Samuel 52, 14-6
LINGRIGFELTER, George 37, 23-60
LOGAN, Alvin 64, 34-42
    Charlie 34, 38-147
    Georgia A. 8/12, 17-57
    Isabella 21, 17-79
    James 38, 31-291
    John 69, 28-215
    John U. 31, 18-91
    John H. 4, 28-215
    Leroy 55, 2-40
    Locky Jane 20, 8-10
    Loucretia 28, 17-57
    Martha 61, 29-255

LOGAN, Polaska W. 24, 15-38
    Sam 42, 35-64
    Samantha 44, 28-215
LONES, Mary E. 41, 61-88
LONG, Alexander 17, 89-20
    Andrew C. 41, 62-106
    Calvin J. 14, 46-153
    Elisabeth 72, 61-94
    George C. 20, 12-112
    George T. 50, 63-152
    Jacob 76, 63-153
    Jacob 18, 30-267
    James L. 44, 12-111
    John G. 27, 62-110
    Mill S. 1, 91-81
    Nancy 45, 67-4
    Rily 37, 91-81
    Taylor 33, 22-36
    Thomas 72, 84-137
    William S. 30, 61-95
LORD, B. 64, 69-76
    Claudiua 27, 54-369
LOTHERIDGE, Green 46, 48-192
LOUDON, Perry 21, 54-347
LOURY, Charles 21, 54-355
    Henry 35, 59-37
LOVE, Lucinda 51, 38-143
    Martha 57, 33-13
    Preston B. 40, 58-446
    Robert 26, 38-145
    Samuel 31, 38-154
LOW, James A. 33, 92-109
    Jerry 26, 92-102
    John 50, 92-103
    William 18, 97-16
LOWE, James 27, 56-394
    Lee 16, 53-320
LOWERY, Calip 60, 105-17
LOWRY, John M. 57, 89-41
LOYD, James M. 54, 81-59
LUNDY, Elizabeth 77, 32-299
LUNSFORD, Henry A. 51, 19-113
MACANTURFF, Betty 23, 6-155
MACFADDEN, Martha 54, 75-226
MACKADOE, David 13, 24-89
MACKMILLEN, Silis M. 33, 7-178
MACKMILLENT, Lewis 76, 7-177
MACLONAHAN, Mathew 57, 9-38
MACONTURFF, A. C. 50, 4-85
    G. A. 50, 4-81
MADISON, James 22, 31-279
    Levi 54, 55-380
    Martha 10, 57-435
    Polly 28, 57-435
    William 49, 73-167
MADSON, Jane 28, 53-334
MAGGOT, Jane 70, 18-83
MAGILL, Mary 44, 69-63

MAHONEY, Arch 30, 23-69
MAINES, Martha 30, 46-153
MAIZE, James 32, 70-89
    James 57, 70-90
    Jane 62, 69-61
    John 29, 72-139
    Pryer 28, 75-230
    William 25, 95-198
MALCOLM, Charlotte 29, 42-41
MALCOM, Esther 55, 17-57
    George 15, 49-233
    Oliver 12, 49-233
    Harvey 26, 42-42
    John 70, 48-193
    Peter 19, 49-233
    Rosanna 13, 49-234
    Samuel N. 50, 84-142
    Sena 22, 49-234
MALICOTE, William 17, 1-5
MALLONNEE, Thomas 35, 89-35
MALONE, Andrew 30, 68-51
MANAS, Micheal 38, 68-38
MANNIE, Margaret 32, 106-37
MARANVILLE, Riley 41, 76-243
MARISAN, John W. 52, 6-148
MARLIN, Sallie 60, 13-153
MARSH, Thomas E. 50, 17-66
MARTIN, Columbus 36, 106-35
    James H. 33, 8-13
    John 15, 11-77
    John L. 32, 104-208
    Joseph 40, 88-5
    Mary 35, 45-101
    Matt 30, 55-372
    Mildred 20, 92-122
    Moses 69, 14-158
    Robbert 51, 30-264
    Rosa 45, 72-160
    Sarah A. 42, 11-77
    Thomas 55, 72-160
    Thomas 30, 61-74
    Viney 78, 73-165
    William 61, 8-14
    William 45, 69-69
    William G. 31, 3-77
MARTON, John 38, 67-12
MASSEY, James 62, 70-95
    Samuel 26, 70-94
MASTIN, Charles 36, 77-281
MATHES, Samuel 29, 47-166
MATHEWS, David 32, 61-100
MATLOCK, Margrett 55, 35-61
MATTESON, Daniel 37, 8-6
MATTOX, William 36, 94-172
MAXEY, Marion 39, 78-297
MAXWELL, James T. 24, 19-118
    Thomas 55, 19-126
MAYFIELD, James 58, 78-289

BLOUNT COUNTY (136)

MAYNARD, Jason 46, 53-331
MAYS, Hannah 49, 41-8
    Mary 21, 48-186
MAZE, John 48, 95-179
    Wilson 62, 94-176
McADOO, Margaret 24, 55-375
    Ralph 20, 50-252
McAFEE, William M. 24, 84-146
McBATH, Alex 47, 78-304
    Andrew 51, 71-123
    James 28, 76-265
    Samuel 40, 73-179
McBRIANT, John 31, 97-13
McCAKLON, Andrew 12, 21-149
McCALLEY, James 47, 110-154
McCALLY, William 43, 103-187
McCAMBELL, Thomas 43, 77-286
McCAMBLE, Calvin B. 35, 84-138
McCAMPBELL, Dennis 8, 54-367
    Isaac 55, 98-43
    J. J. 29, 97-37
    Jam 23, 92-121
    James 38, 58-458
    Jas. 9, 54-367
    John 47, 98-42
    R. A. 24, 97-21
    Robert 46, 34-43
    Sam 35, 60-59
    T. M. 22, 97-32
    W. S. 56, 97-33
McCAMMAL, Anne 63, 41-120
McCAMMON, O. P. 40, 31-293
    Samuel 33, 29-248
McCAMY, Elisabeth 61, 70-88
    Elizabeth 32, 93-150
    James 35, 93-147
    Joseph 48, 93-148
McCANEY, John 49, 30-256
McCARRELL, Pleasant 38, 77-288
McCARTY, Aferd 39, 34-34-
McCASLINE, J. W. 32, 1-6
McCAULEY, John 18, 58-459
McCELDRE, Mary A. 46, 106-54
McCLAIN, Henry 24, 35-73
    John 40, 71-118
McCLANAHAN, Robert 30, 71-110
McCLANNEYHAN, William 22, 27-192
McCLENAHAN, D. H. 24, 97-30
McCLONNELL, J. H. 42, 12-98
McCLORY, William 73, 80-29
McCLURE, Anderson 30, 41-1
    Emma 35, 44-94
    H. R. 54, 41-11
    James A. 22, 111-163
    John 26, 72-145
    William 43, 44-77

McCOLLA, Jennie 10, 76-259
McCOLLOCH, Charles 8, 76-259
McCONNELL, Alfred 55, 54-340
    Amanda 37, 61-90
    James C. 49, 20-148
    John H. 40, 9-31
    John R. 41, 61-88
    Joseph W. 34, 16-44
    Lamar 40, 55-392
    Newton 71, 62-103
McCONNOLL, Harvy 61, 20-136
McCOY, J. C. 60, 41-13
McCRAY, George 58, 34-56
McCROSKEY, William 33, 68-34
McCROSKY, Marcus 28, 33-20
    Samuel 31, 68-31
McCROY, William M. 46, 108-89
McCULEY, William 19, 30-260
McCULLACH, Thomas J. 45, 106-55
McCULLEY, Henly 66, 26-154
    John 74, 39-188
McCULLOCH, John 64, 44-91
McCULLOCK, George R. 24, 88-253
    Martha C. 53, 83-120
    Samuel J. 27, 82-78
    Mary 47, 106-56
McCULLY, J. A. 45, 42-30
McCULY, James 22, 28-220
McDANIEL, Henry 35, 38-155
    Peter 23, 38-157
McDONALD, Donald 36, 47-182
    Henry F. 26, 60-54
    James 37, 60-70
    James 29, 60-44
McDONNAL, Riley 23, 76-257
McDOWELL, Lou 19, 56-397
McENTURF, Rily 24, 28-234
McETURF, Adam 20, 26-132
McFALL, Arther 27, 99-93
McFEE, Sabra 70, 19-121
McGEE, Charls 34, 29-235
McGHEE, Eliza 48, 50-238
    James B. 27, 13-142
    John 55, 13-141
    Lottie 11, 50-238
    Minnie 13, 50-238
    Robert 45, 14-157
    Robert J. 21, 10-60
    William W. 40, 14-160
McGILL, Brownlow 18, 61-99
    Elisabeth 69, 103-190
    Mary 9, 44-80
    P. B. 24, 101-145
    Wade H. 56, 85-161
McGINLEY, Nancy 27, 54-369
    Wm. D. 58, 58-456

McGINLY, David 30, 59-32
    John 56, 59-29
    Joseph R. 23, 59-30
    William 37, 59-31
    William C. 24, 91-84
McGUILLEY, James 23, 44-87
McHALL, James H. 51, 3-64
    N. W. 44, 5-127
McHUNT, Jackson 51, 97-15
McILVAINE, Andrew 78, 47-179
McINTERFF, A. C. 24, 98-59
McINTURF, Ida C. 2, 3-74
    James J. 23, 3-74
    Winney 19, 3-74
McINTURFF, Isreal W. 28, 66-219
McKEEHEN, Brewer 58, 28-209
McKEMY, Samuel 61, 79-8
McKENZIE, Bartley 28, 56-403
    John 30, 51-281
    Obadiah 21, 42-20
    Roderick 68, 56-407
McKINNEY, Eli 40, 50-248
McLALL, Edd 19, 7-162
    Mary Jane 59, 6-146
    Samuel R. 21, 4-104
McLANNAHAN, David 56, 86-188
    William S. 25, 86-187
McLIN, Thomas 29, 53-312
McLURE, George 25, 26-160
McMILLEN, Henry 28, 70-101
McMILLION, James 45, 29-257
McMURREY, Eagleton 35, 30-261
McMURRY, Alexander 53, 80-41
    Bartly R. 46, 80-32
    Ellen 79, 80-31
    James H. 49, 83-103
    Joseph C. 39, 80-30
    Margarett 72, 80-42
    Martha 50, 85-164
    Samul N. 26, 106-47
McNAB, William 51, 92-126
McNABB, Alexander 33, 21-160
    John N. 29, 21-161
    Martha 60, 21-159
McNALL, Agnes 79, 72-142
McNEAL, David 22, 57-422
McNEALY, William 67, 40-203
McNEECE, Andrew J. 30, 107-78
McNELLY, Elizabeth 13, 44-81
    Joseph 25, 88-253
    Lavina 58, 81-55
    Mary 14, 44-81
    Milton 10, 44-81
    Samuel 59, 84-153
    William H. 29, 82-96
McNULT, Hu L. 46, 43-50

McNUTT, Henry 21, 75-236
    _____ 48, 67-1
McONTURFF, Alx 14, 4-95
McPETERS, James 23, 68-39
    Mary 34, 68-38
McREYNOLD, Gilford 65, 60-49
McREYNOLDS, John 30, 66-233
    John G. 3, 60-50
    Mary M. 7, 60-50
    Miran 32, 60-50
    Robbert 31, 24-101
    Sarah T. 6, 60-50
    William M. 8, 60-50
McTEE, George W. 33, 16-56
    Wm. T. 25, 16-56
McTEER, Andrew B. 59, 83-130
    H. F. 51, 4-90
    James A. 57, 83-129
    Samuel 30, 76-248
    Siliman 42, 29-258
    William 36, 57-441
    William 49, 43-62
    William 26, 88-251
McTEET, Sarah 8, 41-7
MEAD, Homer 43, 34-41
MEANS, Sarah 37, 31-276
    William 64, 30-260
MEDLEN, Thomas F. 20, 95-196
MEEK, John F. 61, 9-33
MELSON, Andrew A. 30, 3-76
    Sarah 80, 5-117
MEYER, Benjamine 44, 22-39
    George 64, 22-38
    George 30, 23-58
MILLER, Daniel B. 44, 8-18
    David 54, 63-140
    David P. 50, 5-116
    Davis 52, 30-267
    Henry 46, 58-447
    John 65, 91-92
    Joseph 23, 60-45
    Joseph 35, 82-76
    Thomas 28, 63-139
    Thomas J. 36, 1-17
    William 18, 9-41
MILLIGAN, Elizabeth 34, 23-57
    Huldy 13, 22-18
    Mon 16, 22-18
MILLS, David 42, 18-108
    George W. 13, 105-25
    Sarah 15, 50-244
MILLSAPS, Eddie C. 3, 104-3
    James 50, 91-83
    James 42, 106-49
    Jesse B. 31, 109-131
    Jessee 44, 90-46

BLOUNT COUNTY (138)

MILLSAPS, Mary A. 22, 104-3
    Matida 51, 104-5
    Walace 35, 91-86
    William C. 53, 104-7
    William J. 11/12, 104-3
MINGLE, George W. 53, 63-142
MISER, Sarahan 22, 39-188
    Susanna 61, 34-45
MITCHEL, James 54, 33-19
    John 65, 40-205
    Nancy E. 50, 99-90
    Susan 54, 44-85
MITCHELL, Henry 25, 39-171
    Henry T. 76, 98-58
    Jasper 57, 45-120
    Wm. 17, 54-356
MIZER, George 32, 21-12
    Henry 27, 23-67
    Joseph 54, 25-126
MONGOMERY, Violet 50, 93-151
    Will 15, 92-108
MONROE, Margaret 30, 93-134
MONTGOMERY, Bart 22, 49-211
    Coll 23, 45-128
    Nick 49, 45-129
MONTGUMERY, James W. 30, 2-36
    S. 55, 1-7
MONTGUMRY, A. B. 24, 5-119
    C. M. 21, 2-38
    J. H. 70, 2-32
    Louis 14, 2-34
    Vig 24, 2-34
MONTGURVY, W. G. 64, 1-4
MOODY, Benjamine F. 30, 22-35
MOON, Celie 42, 88-15
MOOR, Anna 8, 93-153
    James 25, 26-159
    Jesse 32, 27-201
    John 59, 26-157
    William 34, 90-69
MOORE, Canzady 15, 10-56
    Dorsey 40, 55-389
    John S. 28, 7-170
    Joseph M. 47, 6-136
    Mahaley 45, 13-139
    Soliman 67, 9-28
MORE, Arnold 16, 33-27
    Ben 19, 33-27
    David 55, 26-144
    Elisha 49, 40-204
    Eliza 7, 33-27
    Elvira 35, 33-27
    George 10, 33-27
    Matilda 40, 70-85
MORGAN, Alexander 12, 73-187

MORGAN, Benjamin F. 15, 82-79
    Julies 15, 105-16
    W. J. P. 35, 104-212
MORISON, Enoch 33, 89-32
MORISSON, John P. 46, 26-145
MOROSEN, Tillman 16, 104-9
MORRIS, James 25, 46-148
    Simon 65, 46-141
MORRISON, George 9, 46-141
    Jessey 29, 6-139
    Martha 11, 46-141
    William 49, 76-246
    William 7, 46-141
MORRISSON, Robbert 20, 30-256
MORSEMAN, Elisabeth 74, 33-24
MORTON, Alvin P. 27, 66-214
    Benj. 49, 52-287
    Eliza A. 57, 66-218
    Harmon D. 20, 66-220
    James 25, 67-24
    John 57, 96-218
    John 51, 10-66
    John A. 27, 66-222
    John H. 15, 92-107
    Mary 84, 66-223
    Mary H. 80, 64-171
    Pope 27, 67-25
    Selers 54, 90-67
    Silas 31, 57-428
    William 55, 21-155
MOSELEY, Nancy 37, 106-38
MOSS, William 72, 77-270
MOUNT, Theodore 30, 54-341
MOUNTCASTLE, W. D. 32, 58-453
MULLINES, Mary 39, 108-96
MUNDY, Mattie I. 22, 60-49
    Carrie 1, 60-49
MURPEY, James P. 30, 11-78
MURPHEY, William L. 23, 108-95
MURPHY, Andrew 21, 82-102
    Edward H. 44, 80-45
    Icy F. 51, 103-189
    Isaac A. 32, 82-97
    John 60, 94-162
    John 28, 94-160
    Michael P. 41, 82-85
MURR, Alexander 22, 47-162
    Alexander 50, 13-136
    Jacob 29, 46-158
    Jacob 80, 46-157
    John 25, 46-159
    Joseph E. 19, 66-227
    Margarett 39, 46-161
    Martin 25, 46-152
MURREN, Robbert 82, 84-132

MURREN, William 76, 85-179
MYERS, D. H. 32, 99-70
    Daniel H. 23, 110-136
    Elisabeth 64, 98-45
    James P. 24, 109-117
    Jane 37, 101-137
    John 38, 99-84
    John 53, 109-114
    John 37, 99-68
    John C. 26, 109-116
    Leuvena 54, 111-165
    Nathan 36, 100-102
    Samuel 51, 39-183
    Thomas K. 27, 99-69
    William 63, 98-54
MYRES, Philip 40, 39-182
    Philip 50, 17-71
NATIONS, William W. 44, 2-51
NEAD, Jeard 68, 40-192
NEALEY, John 34, 74-194
    Pane 56, 74-196
    Samuel 68, 73-188
    Whyley 65, 74-192
    William 35, 74-193
NEEDHAM, Thomas 33, 4-89
NELLINS, Armintha 45, 110-138
NELSON, Carrie 57, 15-20
    Daniel 27, 96-216
    James L. 44, 105-29
    Joseph M. 4, 87-212
    Lucinda 59, 3-79
    Mary C. 53, 3-70
    W. M. 51, 2-29
    William 32, 56-405
    William O. 29, 106-57
NEUMAN, Jacob D. 83, 63-137
NEWBURR, A. T. 27, 6-150
NEWBURY, Richard 30, 18-96
NEWBY, James W. 43, 43
NEWMAN, John 26, 35-60
NEWMON, Jacob 62, 93-152
NICHOLS, Calvin 18, 92-117
    Hannah 55, 106-41
    James N. 13, 81-54
    Norman 40, 87-212
    Richard 59, 88-17
NICKLE, Harve 20, 25-123
NICODEEMAS, Jessee 27, 80-40
NICOLS, Albert N. 25, 105-28
NIPPER, James 57, 37-122
NIPPLE, Jackson 48, 44-73
NORTON, George C. 27, 84-134
    John 62, 95-199
    Joseph G. 28, 83-131
NORWOOD, Wesley 86, 56-412
NUCHOLS, Andrew 23, 89-30
    Cather 57, 90-44

NUCHOLS, Isaac 38, 59-38
    James 26, 89-28
    Mary 53, 89-29
    Wesly 36, 89-43
OADAM, Martha 45, 43-67
    Samuel 16, 43-67
OCONNOR, Granison 52, 40-206
    Samuel 26, 39-185
ODELL, Melton 27, 26-149
ODOM, Charity 71, 75-224
    Hinson 14, 36-108
    John 40, 36-110
    Martha 45, 75-224
    Samuel 15, 75-224
OGAL, Andrew 18, 9-29
OGLE, I. N. 22, 98-55
    James 33, 23-66
    Josep 18, 28-215
    W. H. 37, 102-156
    William 17, 31-281
    William 17, 31-281
    William 19, 102-163
OLIVER, Eliga 51, 108-105
    Lazraus 53, 109-128
    William 45, 109-129
    William H. 23, 109-120
ONEAL, George 8, 18-94
    Lucinda 49, 18-98
    Riley 25, 18-92
ONSBEE, Matison 35, 20-138
ORE, James 50, 38-153
ORR, Benjamin 52, 28-208
    John S. 27, 32-304
    Robbert 33, 27-163
    William 54, 44-81
OSBORN, J. L. 29, 21-165
    Jesse B. 23, 17-81
OTT, Marcus 21, 67-19
OWENS, James 30, 52-302
    Sarah 50, 51-270
PACE, Fleming 56, 54-344
    John 27, 54-346
PADGET, Eliga 69, 25-116
PAGET, Berry 55, 41-7
PALMER, James 35, 42-28
    James E. 54, 81-62
PANEL, Nancy 40, 48-197
PANNELS, Bengimon 25, 11-92
PARDNER, Mathew A. 37, 15-35
PARHAM, Annie 11, 50-237
    Bell 24, 34-47
    Clemmie 6, 50-237
    W. L. 47, 55-388
PARHAN, David 58, 39-175
PARKER, Cyrus 40, 30-277
    David 63, 70-81

BLOUNT COUNTY (140)

PARKER, Thomas 17, 70-80
PARKES, Calvin 55, 15-15
    Joseph 58, 14-14
PARKINS, John 26, 89-19
PARKS, Abner 31, 15-16
    Thomas 39, 69-67
    Viney 93, 21-170
PARR, John 16, 2-41
PARSONS, John 43, 29-252
    John 33, 26-142
PARTON, John 49, 65-205
PARTS, Robert 50, 3-71
PASS, Edward H. 44, 5-121
PATE, Addison 28, 43-57
    George A. 42, 88-4
    Rufus 68, 62-112
PATTERSON, Henry 48, 42-39
PATTON, Samuel 29, 53-319
PATTY, David 22, 72-142
    John 24, 103-174
    John 34, 70-84
    William 46, 102-173
PEARSON, Lucinda 36, 53-317
PEDIGO, E. W. 33, 4-94
    John 24, 92-105
    Joseph 36, 52-294
PEELE, Jessee 37, 48-190
PEERY, Minerva E. 42, 83-125
    Thomas 35, 95-196
PEIRC, Drewry 30, 27-188
PEN, Ella J. 16, 8-21
PERKINS, Jonathan R. 32, 21-156
    Maggie 18, 41-17
    Robert 14, 96-218
PERKY, James 30, 34-47
PESTERFIELD, Henry 23, 14-6
    James 28, 14-5
PESTERFILD, George 70, 26-131
PETERS, Jacob 48, 24-93
PETTY, R. P. 42, 13-150
PFLAUZE, Charles 39, 53-327
PHAR, John 14, 35-80
PHELPS, Elijah 54, 74-201
    George 33, 32-308
    James 20, 27-170
    Jefferson 48, 30-262
    Richard 41, 40-202
    Rufiem 40, 26-140
PHIFER, Ellen 37, 39-164
PHILIPS, Thomas 22, 19-111
    James 67, 20-127
PICKENS, Houston 30, 82-97
    John H. 28, 80-26
    Mary 50, 78-290
    Robert 70, 80-51

PICKENS, Sarah 43, 85-175
    Thomas 67, 81-53
PIERCE, Elizabeth 35, 24-104
    James 8, 24-104
PINNER, Nancy 64, 40-192
PITMAN, Martha 4, 44-96
    Mary 8, 44-96
    Rachel 17, 44-96
PITTS, William A. 53, 104-1
PLEASANT, Wilson 54, 53-321
POLAND, George 22, 10-61
    Mary 59, 11-85
    Robert 26, 11-84
POLARD, Buler 4, 5-115
    Elisabeth 9, 5-115
    Maty A. 6, Bo-5-115
POLEN, David 47, 26-133
POLLARD, James 27, 27-239
POPE, Ann E. 70, 50-238
    Thomas 62, 34-37
POPER, Marshall 35, 45-130
PORTER, Abraham 34, 94-169
    Cealie 57, 75-236
    Elisabeth 60, 3-78
    Florence 16, 48-189
    Gibson 23, 55-370
    Henry 26, 71-122
    Henry 28, 55-371
    James 69, 48-204
    James L. 23, 29-236
    Marthey Jane 49, 8-5
    Patrick 25, 46-139
    Pheoba 54, 73-171
    Richard 28, 75-238
    Robert 31, 68-48
POSEY, Daniel M. 55, 107-69
POST, Mary C. 32, 110-160
POSTON, Edward G. 18, 83-120
    Joseph A. 24, 80-26
POTTER, Alsup 32, 64-164
    David R. 37, 9-45
    George M. 10, 108-102
    Granville 32, 64-167
    Henry H. 29, 66-227
    Isaac 25, 60-67
    James 36, 61-73
    John 30, 63-134
POWEL, James K. 35, 11-73
    Nancy 48, 32-305
POWELL, George W. 42, 111-176
    Henry C. 25, 110-146
PRATER, Collins 39, 17-73
    Harkless 50, 16-52
    Hugh 33, 37-116
    James 40, 35-59

PRATER, Lackey 27, 34-58
    Samul 29, 24-109
PRATHER, Elya 70, 32-299
PRATR, James 59, 25-114
PRESLEY, Gorge 24, 26-146
    James 30, 52-299
PRESSLEY, Celsa 61, 36-111
    William 64, 39-165
PRICE, Agatha 40, 57-430
    Lavasso 24, 33-29
PRICHARD, Sarah 46, 58-10
PRIOR, Margarett 33, 81-56
    Mary C. 17, 81-63
    William 22, 80-33
    William H. 23, 81-63
    William M. 37, 80-34
PRITCHARD, Eliza 39, 51-264
    Martha 27, 51-264
PRITCHET, Hannah 20, 32-299
PRIVET, Mathew 50, 24-83
PROCTER, Harvey 78, 44-91
PRUNER, John 31, 58-452
PURKEY, John 27, 24-88
    Mike 23, 26-152
PURKEYPILE, Ralf 78, 23-73
QUEENER, Thomas 33, 25-129
RADER, Isaac 49, 36-91
RAICON, Cora May 4, 28-231
    Samel 14, 28-231
RAINES, Sarah 47, 39-169
RAINS, George 13, 95-193
    Nancy 15, 72-149
    P. John 20, 91-87
    William M. 41, 95-208
RAMBO, Andrew G. 23, 107-62
RAMSEY, Reynolds 80, 38-161
RANGE, Columbus 12, 44-72
RANKIN, Milton 34, 74-219
RASOR, James E. 46, 65-195
RATHBONE, W. C. 50, 99-74
RAUCON, Samuel 84, 27-165
RAUHOFF, Priscilla 22, 49-210
RAULSTON, Clemma 14, 43-70
    James 45, 44-84
    Jasper 19, 45-125
    W. H. 50, 11-83
    William 33, 45-117
RAWLINS, James 63, 66-210
    Joseph 37, 65-207
    William 25, 66-209
RAY, Obediah 47, 5-109
RAZOR, John 66, 105-20
    Sherman 16, 105=29
REAGAN, George 20, 88-243
    Harison 32, 88-245

REAGAN, James H. 42, 88-247
    John 30, 47-168
    John 23, 88-248
    Josias 26, 88-249
    Margaret 56, 92-105
    Nancy 35, 57-441
    Reuben 55, 88-244
    Richard M. 33, 85-168
REBENSON, Mary 15, 71-122
REDDY, William M. 44, 8-15
REDOFERD, Sarah 23, 95-201
REED, Abram 16, 51-266
    Mack 33, 91-100
    William 22, 68-31
REEDE, John W. 33, 2-29
REEDER, Allen 65, 71-127
    Andrew 21, 92-116
    George 24, 92-116
RENFO, Alice 15, 59-17
RENFRO, William 22, 59-25
REY, W. D. 51, 17-63
RHAY, James R. 26, 3-56
    John W. 24, 3-57
RHEA, Andrew J. 65, 79-10
    Jackson B. 25, 79-9
    John P. 49, 20-131
    Sarah 46, 30-266
    William 47, 58-449
    William A. 19, 20-128
RHYAN, H. F. 34, 68-50
RHYNER, Elisha 31, 4-93
    Ely 41, 6-134
    John B. 28, 1-12
    L. J. 51, 1-9
RICE, John 44, 88-8
RICH, William B. 32, 66-213
RICHARDS, James 31, 56-413
    Mariah 76, 23-63
RICHARDSON, Jesse 35, 56-404
    Steven 31, 56-399
RICHMOND, Eva 30, 47-164
RIDDLE, Amos 70, 14-159
    John 35, 89-23
    P. Thomas 32, 89-21
    Union 24, 14-158
RIDG, Jacob E. 21, 3-69
RIDGE, David 37, 6-153
    John 50, 106-52
    Phebe 74, 106-53
RIDINGS, Thomas 22, 101-139
RIFFY, Malinda 15, 53-320
RING, Jane 6, 93-148
    Lizza 1, 93-148
    Roda 25, 93-148
    Stephen 77, 17-80
RINKINS, James 38, 39-178

BLOUNT COUNTY (142)

RINKINS, James 38, 39-178
ROACH, Harison 37, 18-85
ROBBINS, John 52, 12-108
ROBERSON, Frank 45, 78-293
    Rachel 83, 67-21
    Rachel 50, 67-21
    Rebeca 60, 67-21
    Richard 52, 67-20
    Thomas 53, 78-300
ROBERTS, Debora 80, 67-5
    Docia 74, 64-171
ROBERTSON, Martha 19, 79-284
ROBESON, Mary 47, 18-90
ROBINSON, Rabourn 65, 63-154
    William 31, 32-4
    _____ 45, 50-248
ROBISAN, Ashley 19, 29-240
ROCKLY, Presley 42, 74-198
RODDY, John 32, 49-212
    Columbus 38, 70-98
    John 45, 38-151
RODY, James 26, 38-146
ROGERS, Abigail 84, 88-241
    Andrew C. 30, 85-172
    Charles 15, 41-7
    Eliza E. 17, 85-182
    Frank 21, 49-227
    George 46, 85-167
    Harvy 39, 86-200
    Henry 38, 53-331
    Jackson 19, 83-108
    Jessee 33, 87-236
    Jessee 33, 83-107
    John 44, 83-110
    John 70, 90-49
    John B. 26, 87-237
    John H. 55, 83-111
    John V. 29, 86-193
    Landon W. 27, 85-170
    Lavina 17, 43-62
    Marion 25, 49-229
    Marion H. 54, 86-192
    Nelson R. 51, 86-201
    Samuel E. 35, 87-233
    Shadrack 76, 86-199
    William B. 30, 87-227
ROLLINS, William 30, 12-101
ROMINES, Edwin 26, 35-81
ROMINS, Martha 50, 25-131
ROOR, Daniel 59, 13-138
RORAX, Mary 24, 91-92
RORCH, J. M. 32, 1-2
RORER, William R. 22, 13-135
    Alford 35, 72-141
    Andrew 44, 71-130

ROREX, Houston 53, 49-230
    James 9, 67-9
    John 22, 53-320
    John 70, 71-124
    Samuel 40, 71-125
ROSAR, Charles 23, 11-81
ROSE, Andrew 62, 18-94
    Arbey 14, 105-27
    Eliza 35, 105-27
ROSS, Blackburn 27, 51-262
    Sarah 52, 4-83
    William A. 46, 9-35
ROW, James 40, 105-19
    rowan, Mary 60, 68-27
    Saml. P. 42, 56-406
ROWLAND, Phillip 36, 65-192
ROWLET, Hisen 35, 90-65
ROWLSTON, Benjamin 25, 64-166
    James P. 59, 64-158
    Julia 82, 64-168
    Mathew 44, 64-167
RUBLE, John 38, 14-13
RUDD, Jackson 68, 98-49
    Margaret 17, 52-295
    Vaughn 54, 6-137
RULE, Andrew 35, 53-331
    Harvey 29, 69-55
    Peter 69, 42-34
    Peter 68, 76-254
    Robert 38, 76-255
RUNIOM, George 74, 31-269
RUSSEL, Bartley 47, 1-28
    George 35, 32-3
    Ike 20, 71-108
    Louis 53, 40-197
    Nicholas 52, 39-172
    Rily 11, 92-121
    Sarah 45, 35-75
RUSSELL, Anna L. 4, 62-105
    Calvin R. 42, 60-52
    Edward 36, 61-89
    Eliza J. 60, 61-101
    George 24, 19-123
    Henry 65, 59-40
    Huston 26, 61-77
    Isaac 45, 60-68
    Isaac 46, 60-64
    Jame 16, 109-121
    John A. 21, 61-85
    Johnson 26, 31-283
    Joseph 46, 61-71
    Loranza 43, 41-16
    Morgan 26, 105-24
    Nancy J. 36, 66-231
    Patience 43, 60-66
    Penilopy 63, 61-76

RUSSELL, Philis 40, 54-358
    Rabecca 26, 62-105
    Samuel 23, 61-102
    Sophina 41, 60-65
    Thomas 31, 60-63
    Thomas 55, 31-282
    William 20, 61-97
    Wm. 25, 21-152
    Wm. 35, 46-156
RUTLAGE, David 19, 28-215
    Jackson 44, 28-213
    Sarah 25, 28-215
    Sarah J. 2/12, 28-215
SAFFELL, Paley 54, 32-1
SAMS, Ann 43, 72-147
    Rice 36, 75-234
    Rice 76, 72-146
SANDERS, Christopher C. 35, 106-46
SANDERSON, Thomas 63, 68-45
SANDS, Lurida 36, 110-139
    Mary A. 59, 110-140
SARIDER, Ellen 47, 46-140
SARTEN, Thomas 48, 7-172
SATIFIELD, Ruth 64, 71-126
SATTS, A. J. 19, 100-103
SAUNDER, T. J. 60, 57-442
SAWYER, Elias 52, 81-58
SAWYERS, Robert 17, 88-253
SCALF, Archie 9, 49-227
SCATES, David 41, 23-50
SCOT, Joseph E. 43, 101-128
SCOTT, Ebert H. 23, 60-51
    Isaiah 45, 65-201
    James 73, 52-308
    James 39, 52-309
    James 13, 65-202
    James E. 35, 32-309
    John R. 29, 42-41
    L. J. 44, 8-9
    Martha 22, 42-40
    Sallie 45-128
    Sarah 91, 1-21
    William 61, 52-289
    William 64, 30-257
    Windfield W. 29, 9-32
SCRIVNER, Nancy 29, 52-298
SCRUGGS, Henry 52, 55-382
    Joseph 44, 50-254
    Martha E. 48, 63-149
SEATON, Alfred 55, 92-113
    Bruce 31, 89-39
    Granvill 33, 92-122
    James B. 48, 93-153
    Mary 75, 92-123
    Melvin 32, 92-114
SELLARS, Evelyn 54, 106-43
    Henry D. 25, 106-44
SENTRY, Melton 58, 77-275

SEWARD, John 57, 56-401
    John 23, 54-362
SEXTON, Andrew 41, 57-419
    Cina 25, 58-450
    John 57, 75-233
    John 14, 54-348
    Nancy M. 52, 16-46
    Thomas 24, 45-116
    Thomas F. 29, 16-48
    William M. 32, 16-50
SHADDON, Amos T. 56, 81-54
    Lydia H. 66, 80-37
SHAKE, Millard F. 21, 30-267
SHARP, Abram 62, 48-207
    Caldwell 55, 76-248
    Philip 16, 55-391
    William 50, 54-343
    William 27, 71-109
    Willie 12, 45-122
SHAVER, Houston 41, 71-115
    John 60, 72-164
    Margett 43, 69-60
    Thomas 60, 69-56
    William 62, 71-119
SHEDDAN, John E. 48, 20-142
SHEDDON, John 19, 30-263
SHEETS, Luisie 17, 26-135
SHELBY, W. M. 27, 1-3
SHERL, Ellen C. 30-279
    France 8, 30-279
    Tilda 30, 30-279
SHERREL, John 36, 2-44
SHERRELL, James 46, 93-131
SHETSELL, Wm. 33, 54-354
SHIELDS, Andrew W. 30, 110-159
    Eliga R. 31, 111-169
    Fredrick 65, 111-166
    Fredrick D. D. 25, 111-168
    William H. H. 66, 110-132
SHOULER, A. J. 17, 101-121
SHULER, James 46, 97-22
SILSBY, John 62, 50-256
SIMERLEY, Winnie 44, 21-16
SIMERLY, Abraham 46, 61-92
    Caldona 2, 63-153
    Elisabeth 15, 61-96
    Henry 24, 25-124
    James 63, 62-131
    James 21, 66-237
    James 22, 62-109
    James 50, 62-115
    Jeff 30, 35-68
    Jerimiah 13, 61-96
    Jerry 60, 25-122
    John 59, 60-46
    Loneazy 19, 63-153
    Margret T. 11, 61-96
    Mary J. 54, 62-111

BLOUNT COUNTY (144)

SIMERLY, Solimon 27, 23-70
    William 22, 61-81
SIMPSON, Mark 37, 50-257
SIMS, Mary 40, 83-117
SING, William 24, 92-123
SINGLETON, Charlie 16, 39-167
    Harrison 40, 73-171
    James 22, 39-170
    John 49, 39-167
    John 31, 73-170
    John 23, 67-8
    Lucy 8, 42-30
    Philander 30, 73-166
    Robert 58, 72-164
    Robert 18, 71-123
    Whyley 50, 73-176
    William 66, 74-200
SISEMORE, Thomas 54, 102-151
SKINER, Henry 43, 24-103
SLATERY, John A. 25, 79-21
SMALL, Foster 57, 53-332
SMART, Millard 26, 92-115
SMELSER, Robert M. 26, 67-3
    Sarah 58, 69-62
SMELSON, William 40, 24-102
SMITH, Alexander 32, 27-197
    Alexander 20, 99-79
    Alfred 59, 36-93
    Amanda A. 16, 20-126
    Andrew J. 60, 18-105
    Benjamin M. 21, 20-126
    Buchanan 23, 90-52
    David L. 26, 65-196
    Fanny C. 14, 20-126
    Fred D. 18, 64-163
    Henry 61, 20-126
    Houston 26, 24-110
    Jackson 25, 22-18
    Jas. 39, 22-40
    James 37, 49-231
    James 51, 100-98
    James M. 53, 65-197
    James P. 31, 43-51
    Jessa 27, 32-4
    John 26, 22-25
    John 26, 43-47
    John P. 8, 20-126
    John W. 42, 41-10
    Laffyette 32, 26-150
    Margret S. 16, 4-89
    Mariah T. 5, 20-126
    Mary A. 24, 5-131
    Matilda 28, 22-39
    Mose 23, 55-388
    Nancy J. 37, 20-126
    Penelopy 70, 32-299

SMITH, Robert H. 18, 20-126
    Samuel 39, 59-15
    Samuel 33, 40-116
    Samuel G. 35, 108-104
    Sarah 36, 27-171
    Sarah 46, 51-261
    Tempest 20, 51-261
    Thomas 28, 22-23
    Thomas 23, 33-21
    Thomas S. 20-126
    W. P. 24, 101-135
    William H. 16, 9-31
SNAP, John 27, 34-39
    William 21, 32-5
SNIDER, Barby 35, 91-76
    George 74, 92-121
    James 49, 61-86
    John M. 23, 88-10
    Laffayette 29, 27-174
    Robert W. 31, 97-14
    Samuel V. 39, 105-17
    Thomas 42, 37-127
SNODDY, John 18, 58-460
    William 49, 48-205
SPANGLER, Johnathan 28, 71-111
SPARKS, Harriet C. 39, 5-120
    James W. 42, 110-150
    John 26, 30-255
    John T. 21, 110-156
    Nathan H. 52, 109-121
    Thomas 20, 31-276
SPEAR, A. C. 47, 41-2
SPEARS, Elkana 20, 15-23
SPEARS, Hogan 17, 48-190
    Rebeca J. 45, 15-23
    Wm. B. 22, 15-23
    Wm. W. 29, 14-11
SPECK, Laurence 38, 77-284
SPEIRERS, Rubbecc 64, 24-105
SPELLMAN, Pherby 57, 33-22
SPENCE, Robert 40, 97-23
SPENCER, John 23, 15-21
SPRADDLING, Thomas M. 48, 107-67
SPRADLIN, John C. 28, 6-141
SPRADLING, David 39, 104-10
    Nathan G. 18, 109-124
SPRINKLE, John C. 41, 82-84
STAFFORD, Alexander 66, 86-203
    Wm. 26, 42-31
STALIONS, James F. 25, 14-163
    John 60, 11-90
    John M. 37, 11-91
STALLION, Stansfield 47, 95-205
STALLIONS, Eliz. 55, 42-33
    Jackson 33, 31-278
    William 44, 30-275

STANFIELD, James 21, 22-30
    Mary E. 19, 22-30
STAUNTON, Samuel M. 30, 85-174
STAWT, John A. 28, 111-173
STEEL, Benjamin 56, 89-31
    Eliza 35, 5-112
    Hugh 28, 35-86
    James 52, 77-280
    James A. 21, 83-130
    John W. 60, 5-107
    William 25, 78-316
    William 54, 21-14
STEELE, Harriet 55, 57-427
    James 24, 45-119
STEPHENS, Samuel 30, 94-178
STEPHENSON, J. J. 71, 97-28
    Peter R. 37, 83-121
STERLING, Henry 56, 32-297
    John 26, 53-331
STEVENS, Elizabeth 68, 46-153
    Kate 50, 75-240
    Richard 34, 46-151
STEWARD, William 19, 29-258
STILLWELL, J. C. 50, 99-71
STINNNETT, Bengimon 51, 98-67
    John 31, 43-65
    John 23, 98-66
    Samuel 56, 43-64
    William 23, 43-63
STIVERNS, John Y. 32, 110-155
STOCTON, Jesse G. 26, 106-42
STONE, Charles P. 28, 83-128
    Cliferd 42, 89-40
    Jsmes 21, 49-228
    Julia 18, 72-137
    Patten 50, 24-90
STONER, Joseph 17, 84-152
STOUT, James D. 32, 18-103
    Samuel S. 67, 3-67
STRAIN, Bluford 26, 55-382
    Nancy 45, 56-412
STRUTTON, Elizabeth 40, 106-34
    Mary J. 15, 105-32
STUART, John 40, 35-74
    John A. 45, 3-62
SULLIVARIAN, Pat 50, 98-60
SUMERS, James 12, 57-443
SUMMY, Peter 67, 102-165
    William 32, 93-128
SUNDER, George 24, 48-196
SUTTLE, William 32, 68-52
SUTTLEMYRE, Davis 56, 104-212
SUTTLES, Henry 62, 71-134
SUTTON, Mort 22, 24-111
SWAGERTY, Harrison 36, 73-180

SWAGERTY, Marion 36, 73-186
    Sirus 26, 90-63
    William 28, 96-211
SWANER, John 31, 44-95
SWEETE, James W. 51, 110-144
SWINNEY, David C. 40, 7-165
    James 62, 7-164
SYKE, Samuel 12, 81-57
TABER, Ervin G. 31, 16-53
TALBERT, Margrett 68, 40-200
TALBOTT, Bennet 19, 41-124
    Ellen 24, 41-124
    Eugena 42, 41-124
TALENT, Lemuel 28, 23-81
    Samel J. 27, 26-158
TALLEY, Caroline 40, 78-305
    John 15, 78-305
TALLANT, John 36, 33-21
    Mary 39, 34-48
    Pattent 27, 39-174
    Thomas 27, 35-82
    William 47, 32-2
TALLY, John 11, 71-122
TALOR, James W. 42, 31-272
TARWATER, Elizabeth 49, 94-164
TASS, Sarah 69, 20-135
TATE, Charlie 25, 40-191
    Lewis 52, 31-271
    William 33, 67-23
TAYLOR, Andrew J. 48, 84-143
    B. C. 29, 13-143
    Bengiman 52, 13-132
    Clarrie 55, 75-238
    Columbus O. 1, 5-109
    Elisabeth 58, 40-194
    Eliza 57, 55-381
    George 23, 37-129
    Harriet 50, 75-229
    Isoah W. 30, 12-121
    James 59, 12-118
    James 38, 35-69
    James 47, 103-195
    James 52, 72-143
    John 22, 13-145
    John C. 67, 1-10
    John J. 45, 94-174
    Lucinda 55, 37-126
    Lucinda R. 24, 21-155
    Magnolia M. 2, 21-155
    Martha 82, 75-221
    Martha 40, 37-131
    Marthey 24, 5-109
    Mikeal 21, 21-155
    Nela B. 1, 21-155
    Press 31, 38-138

BLOUNT COUNTY (146)

TAYLOR, Rufus 36, 54-348
   Sarah M. 62, 13-144
   Susan 25, 37-118
   Susan 42, 38-141
   Thomas J. 61, 106-15
   Will 17, 45-123
   William A.? 38, 5-123
TEAGE, Manerva 5, 87-231
TEAGUE, Andrew H. 3, 87-231
   Rebecca 27, 87-231
TEDFORD, Edward 30, 55-384
   H. C. 56, 2-41
   Hannah 59, 33-12
   Hilliary 49, 44-74
   Howard 52, 44-85
   Robert 46, 44-72
   Sarah 56, 55-383
TEELFORD, Caldwell 6, 73-173
   Elisabeth 11/12, 73-173
   James 4, 73-173
   Mary 27, 73-173
TEFETELLER, Ann 55, 62-127
   Calvin 29, 59-19
   Joseph 90, 62-128
   Samuel 34, 62-130
TEFFTALLOW, James 28, 89-20
   Jo 54, 90-60
   Stephen 25, 90-62
TEFTELLER, Michael 50, 59-12
TEMPLE, Andrew J. 19, 82-76
   S. Taylor 25, 67-14
   Sarah 33, 88-2
TERLY, William 26, 38-156
TERRY, Elisabeth 59, 76-266
   Joseph 24, 77-272
THOMAS, Andrew 35, 42-40
   Burrel 3, 79-20
   Charity E. E. 10, 81-59
   Eliza 44, 52-301
   George 71, 53-331
   Isabel 9, 71-113
   Jackson 18, 70-104
   James 23, 36-100
   Joel H. 27, 79-20
   John 10, 44-76
   Martha 18, 50-251
   Martha 54, 72-141
   Martha A. 30, 81-59
   Martha C. 4, 81-59
   Minnie 1, 79-20
   William 56, 79-13
   William 26, 69-61
   William M. 56, 80-49
THOMPSON, Aaron 20, 29-243
   Amos 66, 13-133
   Amos 58, 21-154
   Andrew 62, 63-150

THOMPSON, Asa W. 28, 64-160
   Darcas 62, 23-81
   George W. 23, 63-151
   Henry 37, 53-311
   James 67, 64-o59
   James 29, 20-134
   Jane 55, 47-176
   John H. 39, 66-216
   Lee 34, 5-118
   M. A. 50, 4-99
   Madison 47, 40-113
   Mary 68, 13-129
   Mary W. 36, 66-223
   Palmer 37, 50-235
   Robert 46?, 47-177
   Samuel 47, 23-77
   Thomas 36, 11-79
   Thomas 47, 25-120
   W. H. 53, 42-21
   William 29, 66-223
   William 16, 29-248
THOMSON, David 25, 88-6
THOW?, Thomas J. 52, 42-23
TICE, Hattie 18, 36-106
TILSON, Samuel 14, 69-76
TIMMONS, Lydia 44, 42-19
TIPTON, A. B. 48, 98-62
   Adaline 35, 101-134
   Benjamin 37, 87-228
   Ellen 30, 50-237
   Gabriel 59, 78-299
   Isaac 23, 110-148
   J. W. H. 51, 96-3
   Jacob 64, 86-194
   James H. 28, 86-198
   John 64, 111-182
   John L. 42, 88-250
   Martin W. 50, 111-162
   Mary 19, 76-259
   Nathaniel 32, 35-70
   Nathaniel H. 29, 110-153
   Ruben 63, 61-75
   William B. 44, 86-191
TOGGELMIRE, Wm. A. 45, 19-111
TOLIVER, James 24, 25-128
   Pattie 48, 25-125
TOM, Jim 47, 92-124
TOMPSON, Jane 53, 15-27
   Sarah 12, 15-27
TOOLE, Edward 57, 46-138
   George 31, 53-324
   Mary 22, 51-280
   Newton 65, 50-252
TOWAN, Charley 63, 110-152
TOWNSEND, John H. 67, 84-149
   Thomas 22, 84-148
TRICK, Semond 53, 9-34

TRIMPBELL, Margrett 40, 100-115
TRINDLE, Daniel 57, 38-163
TROTTER, Daniel W. 31, 81-73
TROUT, Dicy 54, 32-299
TRUNDLES, Wm. 56, 48-206
TUCK, David 35, 17-80
    Elisabeth 70, 4-85
    Hezekiah 52, 18-87
    Jackson 28, 104-217
    Melinda 50, 17-65
    Moses 35, 9-40
TUCKER, John 55, 40-117
    John C. 11, 49-217
    William 57, 108-91
TUFSTALLER, Calvin 26, 45-121
TUFUTALLER, Fordyce 7/12, 46-161
    Henry 6, 46-161
    Wm. 56, 47-163
TULLACH, Samuel 74, 1-22
TULLOCH, John M. 40, 14-154
    Mary A. 62, 4-101
    William H. 35, 4-102
TYLOR, Daniel 21, 74-218
UDEY, John 47, 1-14
UMPHERS, Joseph 27, 95-210
UNDERWOOD, James 10, 93-147
    James 32, 35-85
    John 19, 108-97
    John 49, 38-139
    Martha G. 18, 108-97
    Nat 10, 24-94
    Polly 51, 33-23
    Thomas 34, 37-117
    William 13, 108-97
UTALLER, Rachel 52, 46-158
VADEN, Elisabeth 44, 6-145
VANCE, Dolly 82, 58-463
VANHOOK, William 34, 39-181
VAUGHN, Addison 26, 67-436
    B. W. 42, 7-166
    Joal 94, 3-70
    Johannah 85, 3-70
    Wm. 63, 57-435
    William 32, 63-156
VAUGHT, Sarah 75, 5-122
VAULX, John 4, 41-6
    Luther 9, 41-6
VINEYARD, Elisabeth 61, 71-135
    James 37, 71-136
VINSON, Francis 48, 77-267
VINYARD, George W. 20, 80-24
    John 90, 81-65
    Jordon 20, 80-23
    Victoria 15, 81-66

VINYARD, William 52, 81-64
VOLENTINE, Emeline 50, 42-38
    George 40, 42-37
VON, Ann 30, 37-130
WALKER, A. H. 31, 103-196
    A. J. 20, 104-207
    Alic 33, 37-133
    Camel 46, 28-232
    Charlie 10, 37-126
    E. 16, 15-29
    Elijah 59, 56-396
    Francis P. 33, 19-123
    Harriet 28, 70-99
    Hiram 60, 10-52
    I. K. 32, 98-52
    J. C. 61, 100-96
    James 62, 75-235
    James 88, 88-6
    James 28, 68-46
    James A. 35, 3-63
    Jo L. 39, 97-26
    John 53, 70-91
    John 70, 19-124
    John M. 35, 89-18
    Joseph 21, 81-71
    Marinia 49, 10-53
    Martha E. 1, 17-57
    Nancy 47, 87-235
    Peter 27, 100-97
    Pleasant 40, 96-214
    Robert 62, 49-219
    Samuel 67, 74-218
    Samuel 58, 102-168
    Sarah 49, 14-118
    Spencer 46, 104-216
    T. W. 50, 99-78
    Thomas 32, 102-167
    Thomas J. 26, 64-169
    Tirze 27, 98-65
    Vance 78, 96-213
    Vance 35, 102-166
    Vance B. 27, 104-215
    William 28, 100-99
    William 51, 102-160
    William 25, 93-129
    William 51, 63-138
    Wm. 57, 55-386
    William 26, 70-93
    William 22, 66-221
    William M. 42, 98-63
WALLACE, Aberham 45, 32-306
    Abram 40, 63-143
    Anderson 47, 73-168
    Andy 23, 37-119

BLOUNT COUNTY (148)

WALLACE, Benjamin 35, 21-163
    Caroline 47, 54-365
    Charles 51, 51-280
    Charles 36, 72-159
    John M. 27, 63-144
    Joseph 58, 72-150
    Landen 38, 32-301
    Lewis 47, 3-78
    Nancy 35, 44-90
    Samuel 18, 104-1
    Susan 20, 72-158
    Thophilus 39, 60-47
WALLER, George 21, 77-277
WALLICE, Abe 20, 34-37
    Ellen 22, 38-161
    Jo 30, 36-107
    Thomas 24, 36-87
WAMPLY, George W. 58, 20-141
WARD, F. M. 50, 102-154
    Jame J. 13, 106-59
    John 21, 27-194
    Martha A. 11, 106-59
WARREN, Abram 57, 17-78
    Barton 80, 36-101
    Benton 42, 40-192
    John 48, 39-173
    Johney 3, 34-58
    Lavinia 36, 53-313
    Martha 13, 34-58
    Riley P. 27, 15-24
    Sam 35, 40-193
WATERS, A. F. 61, 103-180
    A. J. 35, 103-178
    Enoch 23, 69-71
    J. M. 30, 103-177
    J. R. 26, 103-182
    James 51, 93-130
    John 23, 89-22
    Moses 22, 92-110
    W. L. 27, 103-179
WATKINS, Wm. 52, 48-195
WATS, Aston 20, 27-173
WATSON, Best 36, 75-239
    Isabell 31, 39-181
    John 6, 39-181
    Nathaniel 8, 75-240
    Prier 9, 39-181
WATTS, William 25, 105-30
WAYMAN, John 24, 67-7
WAYMON, Samuel 18, 78-926
WEAR, Andrew 22, 45-122
    David 40, 31-281
    Dorcas 82, 44-79
    Esther 62, 44-83
    Isaac 13, 50-238

WEAR, James 68, 44-78
    Margaret 9, 43-50
    Millie 53, 56-398
    Preston 82, 44-82
    Rosa 87, 44-83
WEBB, Bengimon 36, 101-130
    Cristopher C. 32, 19-124
    D. C. 35, 101-131
    D. C. 34, 102-150
    Henry 43, 101-142
    M. A. 30, 99-81
    Madison 52, 46-149
    Merry 58, 101-129
    William 3, 104-217
    William 26, 42-31
*WEB, Corneleous 22, 65-204
    John 17, 93-134
WEBER, Christopher 42, 52-306
WEBSTER, Mary C. 43, 58-11
WELLS, Clara 20, 52-292
    James 41, 74-214
    Leonidas 36, 56-409
    S. M. 50, 7-162
WEST, George 35, 34-52
    Henry 56, 50-239
    James 42, 31-268
    James 30, 32-300
    John 25, 53-331
    Samuel 24, 42-25
    William 34, 31-270
WESTER, R. L. 34, 97-18
WHEELER, Elisabeth 54, 8-7
    Elisabeth 66, 74-220
    Jasper 59, 78-318
    Mary 27, 74-220
    Pheba 55, 41-125
WHETSELL, Isaac 22, 59-20
    Jesse 68, 59-17
    John 25, 46-146
    William 11, 62-103
WHITE, Alsup 52, 60-55
    David 45, 110-149
    Hugh 28, 67-9
    James 29, 89-24
    James H. 26, 60-56
    John 25, 89-33
    Ludora 8, 47-167
    Luna 33, 27-178
    Margaret 11, 47-167
    Mary 35, 36-89
    Mary Lee 4, 47-167
    Sarah 14, 47-167
    White 55, 90-55
WHITEHEAD, Alford 63, 62-129
    Andrew J. 34, 64-182

WHITEHEAD, Asa 25, 60-58
    Caleb 32, 64-177
    Daniel 26, 63-141
    David 52, 66-224
    Fanie 39, 64-184
    Henderson 26, 64-181
    Henry 28, 62-126
    Isaac T. 25, 108-103
    Jacob 53, 94-163
    James L. 21, 66-225
    Mary J. 49, 60-62
    Matthias 56, 65-199
    Nancy 8, 106-45
    Nancy A. 46, 64-170
    S. W. 29, 13-125
    Squire 67, 63-133
    Suton 20, 16-47
    Thomas 60, 64-180
    Thomas 67, 64-183
    William 26, 65-200
    William 30, 63-135
WHITEN, Albert 55, 93-145
    David 26, 93-146
WHITLOCK, Charles 28, 51-279
WHITTENBURG, Jaffe 53, 36-99
WHITTLE, Felix L. 55, 80-43
WIGONS, Abner P. 50, 19-128
WILBOURN, Barnet 35, 61-93
WILBURN, Andrew 10, 21-151
    Betsy 13, 62-119
    Charles 20, 41-14
    John 41, 62-120
    Taylor 33, 61-96
WILCOX, Alfred 35, 58-451
WILDER, Clark C. 53, 46-145
WILKESON, Elisha 9, 11-71
    John 17, 11-71
    Jose M. 12, 11-71
    Margret 15, 11-71
WILKINSON, Edward 58, 59-16
WILL, Davis G. 57, 95-186
WILLACK, Frank 27, 30-276
WILLACKS, Robbert 30, 30-274
WILLARD, Benj. 54, 50-253
WILLCOX, Calep 45, 111-173
    Eliza 17, 111-171
WILLIAM, P. 27, 89-25
WILLIAMS, Alex 48, 76-263
    Annie 21, 42-33
    Cinda 35, 34-53
    Houston 56, 96-213
    James 59, 92-112
    James 62, 52-293
    Joel 72, 61-83
    John 25, 47-183
    Martha 50, 53-329

WILLIAMS, Rachel L. 1, 87-214
    Rebecca 5, 87-214
    Samuel 50, 53-328
    Sarah 30, 42-24
    Thomas 20, 54-369
    William 30, 92-111
WILLIAMSON, Alexander 70, 1-19
    Isaac A. 22, 108-87
    James 53, 21-166
    L. A. 50, 4-82
    Margaret 35, 107-77
    Mary J. 16, 106-55
    Nancy 52, 18-106
WILLIS, Martha 63, 45-118
    Michael 22, 45-127
WILLOCKS, John 22, 57-439
    Moses 60, 57-434
    Rush 50, 78-292
    Samuel T. 24, 7-167
WILLS, Mary 39, 88-14
WILLSON, Harvey J. 49, 64-173
    Margarett 29, 86-209
    Matthew 80, 64-172
    Ross 23, 58-454
WILSON, A. J. 61, 8-2
    Alex 46, 48-192
    Alexander 51, 108-102
    B. W. 40, 11-76
    Bird 35, 57-438
    Cornelius 33, 57-437
    Edward 49, 51-263
    Elizabeth 11, 47-173
    Frances 11, 72-141
    Gald 64, 8-19
    Hattie 9, 58-448
    Henry 42, 55-391
    Henry 27, 52-286
    James L. 35, 8-1
    John 9, 58-463
    John 47, 45-102
    John A. 35, 56-400
    John E. 11/12, 32-304
    Mary C. C. 12, 49-215
    Octavia 19, 58-461
    Oscar 60, 54-366
    Scott 28, 52-297
    William 39, 32-302
    Winnie 22, 47-174
WINE, Elisabeth 51, 77-287
WINTERS, Orlando 43, 51-264
WINTON, Abram 30, 17-74
    Wm. H. 25, 15-19
WOHONA, John L. 35, 22-24
WOLF, Elizabeth 62, 90-45
    Isabella 45, 61-91
    Joseph 51, 81-68

BLOUNT COUNTY (150)

```
WOODARD, John 45, 107-79
WOODS, Cela J. 18, 20-130
       George 28, 74-217
       George W. S. 18, 111-176
       Mary J. 4, 20-130
       Nicholas B. 59, 43-55
       Rachel 18, 20-130
       S. T. 53, 3-55
       Thomas 40, 74-208
WOODSBY, L. K. 23, 97-31
WOOLF, Cornelius 62, 68-44
       Franklin 49, 69-72
       James 86, 68-47
WORD, Elizabeth 55, 29-254
WRANKIN, Thomas 16, 73-168
WRAY, James O. 53, 85-177
WRIGHT, Deve 60, 78-312
       Elbert 46, 41-120
       James 32, 74-199
       Jeff. 30, 45-130
       Jessa 31, 40-198
       Robert 48, 37-125
       William 65, 78-313
       William 42, 93-139
WRINKLE, Emerson 51, 72-142
       Jacob 45, 75-241
WRITE, Rhea 47, 105-21
WURTH, Gorge 21, 24-92
YANCEY, Miles 38, 55-375
YARD, Samuel 66, 59-22
YEAROUT, P. N. 56, 41-17
       William 61, 32-295
YOUNG, Bartly 38, 31-277
       George 29, 98-41
       Isham 50, 35-63
       William 46, 34-44
ZACHARY, Flora 23, 43-61
_____, Elizia 36, 103-181
_____, Abraham 33, 90-57
```